研究生教学用书
教育部研究生工作办公室推荐

词汇语义学

Lexical Semantics

(第三版)

张志毅　张庆云　著

商务印书馆
创于1897　The Commercial Press

图书在版编目(CIP)数据

词汇语义学/张志毅,张庆云著.—3版.—北京:商务印书馆,2012(2022.7重印)
ISBN 978—7—100—08910—4

Ⅰ.①词… Ⅱ.①张…②张… Ⅲ.①词汇学:语义学 Ⅳ.①H03

中国版本图书馆 CIP 数据核字(2012)第 028606 号

权利保留,侵权必究。

CÍHUÌYǓYÌXUÉ
词 汇 语 义 学
(第三版)
张志毅 张庆云 著

商 务 印 书 馆 出 版
(北京王府井大街36号 邮政编码100710)
商 务 印 书 馆 发 行
北 京 冠 中 印 刷 厂 印 刷
ISBN 978—7—100—08910—4

2001年4月第1版 开本 710×1000 1/16
2005年8月第2版 印张 21
2012年6月第3版
2022年7月北京第4次印刷
定价:86.00元

序

关于词义的研究,我国有悠久的历史。由于传统文化的核心是儒家思想,词义的阐述以解经为主要任务,注释笺疏大都就文论义,不免以偏概全,自然形不成系统。

语言内部有许多系统,词义系统是其中之一。分析语言系统,有一种常用的方法,那就是一面把语言单位区分成若干小类,一面把语言结构切分成若干部分,同时找出相互的对应关系。例如语法分析,把词区别成名、动、形等等,又把句子切分成主、述、宾之类。在此基础上说明词类与句子成分之间的关系。又如汉语的音节分析,先把音素区分成元音、辅音,再把音节切分成声和韵,进一步把韵切分成韵头、韵腹、韵尾。在此基础上说明元音、辅音和声韵之间的关系。这种方法也曾用于分析词的结构。例如把词素区分成实素和虚素,再把词切分成词根和词缀,然后说明它们之间的配合关系,词义系统的分析能不能采取这种方法呢?

英国有个叫克鲁士(A. Cruse)的语言学者曾作过尝试,他把表示上位概念的词区分出若干表示下位概念的词,又把表示整体概念的词切分出若干表示部分概念的词,然后探求其中的对应关系。他的尝试并不成功,刘叔新先生在这方面有过精辟的论述。我想要说的是,为什么词义系统不能使用传统的描写方法?这是因为,第一,词义的结构单位如何确定,是一个十分复杂的问题。第二,词义与词义的联系错综复杂,不是单单用上位与下位的关系以及整体与部分的关系可以概括的。

然而克鲁士提倡的"词汇语义学"(Lexical Semantics)的基本思想是可以肯定的。用词汇语义学的观点研究词义,把词义看成一个系统,用多角度的观点加以分析,对汉语来说,这是一块待开垦的荒地。

荒地总得有人开垦,然而从事这一工作必须具备几个条件。一是长期从事词义的研究,积累了丰富的资料。二是熟悉有关词汇学的理论和方法,能察其得失。三是能从多角度分析汉语词义之间的关系,并着手进行系统的描写。我熟悉的汉语语言学者当中,张志毅教授和他的夫人张庆云教授是具备这些条件的。

  我以为,这一本《词汇语义学》是汉语词汇学和语义学园地中新的硕果。

张斌

2000 年 1 月

目　录

第一章　语义学和词汇语义学简史 …………………………………… 1

第一节　传统语义学 ……………………………………………… 1

1.1.1　语义研究的历史 ……………………………………… 1

1.1.2　传统语义学的研究对象 ……………………………… 2

1.1.3　传统语义学的缺陷 …………………………………… 2

第二节　现代语义学 ……………………………………………… 3

1.2.1　20 世纪 20～30 年代是现代语义学孕育期 ………… 3

1.2.2　20 世纪 60 年代是现代语义学诞生成长期 ………… 3

1.2.3　20 世纪 70 年代以后是现代语义学发展期 ………… 4

1.2.4　现代语义学的五个趋势 ……………………………… 6

第三节　词汇语义学 ……………………………………………… 9

1.3.1　词汇语义学是现代语义学的分支 …………………… 9

1.3.2　词汇语义学的特点 …………………………………… 11

第二章　义位结构论 …………………………………………………… 13

第一节　义位的界说 ……………………………………………… 13

2.1.0　义位的大中小三种概念 ……………………………… 13

2.1.1　直观定义:义位相当于义项 ………………………… 13

2.1.2　操作性(或功能性)定义:义位是自由的、语义系统中的最小单位 …………………………………………… 14

2.1.3　属性定义:义位是最基本的语义单位 ……………… 15

2.1.4　分析性定义:义位是义素的综合体 ………………… 15

2.1.5　系统性定义:义位是语义系统中的抽象常体 ……… 15

2.1.6　结构性定义:义位是由义值(基义和陪义)和义域组成的 … 16

第二节　义位的微观结构 ………………………………………… 16

2.2.1　义值 …………………………………………………… 16

2.2.2　基义 …………………………………………………… 17

2.2.3　义位(基义)的二值划分 …………………………………… 17
　　2.2.4　义素学说简史 ………………………………………………… 19
　　2.2.5　基义内部义素的层级结构 …………………………………… 21
　　2.2.6　分析层级结构义素的方法 …………………………………… 23
　　2.2.7　陪义 …………………………………………………………… 34
　　2.2.8　陪义观的沿革 ………………………………………………… 35
　　2.2.9　陪义的类型 …………………………………………………… 36
　　2.2.10　陪义的性质 ………………………………………………… 54
　　2.2.11　陪义的存在形态和标记 …………………………………… 56
　　2.2.12　义域 ………………………………………………………… 59
　第三节　义位的宏观结构 …………………………………………………… 64
　　2.3.0　义位在语义场中的结构 ……………………………………… 64
　　2.3.1　语义场学说史 ………………………………………………… 64
　　2.3.2　语义场切分的主体因素 ……………………………………… 66
　　2.3.3　语义场中的义位结构 ………………………………………… 68
　　2.3.4　义位来源的三界说和义位的三种因素 ……………………… 87
　　2.3.5　义位来源的三条信道和相对应的义位的三种形态 ………… 97
　　2.3.6　义位的类型 ………………………………………………… 105

第三章　义位定性论 …………………………………………………………… 112
　第一节　义位定性说——柏拉图以来词义说的新审视 …………………… 112
　　3.1.1　指称说 ……………………………………………………… 112
　　3.1.2　观念说 ……………………………………………………… 117
　　3.1.3　用法说 ……………………………………………………… 118
　　3.1.4　关系说 ……………………………………………………… 120
　　3.1.5　行为反应说 ………………………………………………… 122
　　3.1.6　因果说 ……………………………………………………… 123
　　3.1.7　概念说 ……………………………………………………… 124
　　3.1.8　反映说 ……………………………………………………… 125
　　3.1.9　四角说 ……………………………………………………… 127
　　3.1.10　五因素说 …………………………………………………… 127

- 3.1.11 词义说的总结 ……………………………………………… 127
- 3.1.12 七因素新说 …………………………………………………… 128

第二节 义位的语言性 …………………………………………… 130
- 3.2.1 义位功能的语言性 …………………………………………… 130
- 3.2.2 义位特征的语言性 …………………………………………… 130
- 3.2.3 义位义域的语言性 …………………………………………… 131
- 3.2.4 义位语用的语言性 …………………………………………… 131
- 3.2.5 义位的全民特点和民族特点显示的语言性 ……………… 132
- 3.2.6 义位历时特点的语言性 ……………………………………… 132

第三节 义位的系统性 …………………………………………… 134
- 3.3.1 关于义位系统性的假说 ……………………………………… 134
- 3.3.2 假说证明的低谷阶段：运用低强度和一般强度支点事实 … 136
- 3.3.3 假说证明走出低谷：发现运用高强度支点事实 ………… 139
- 3.3.4 假说证明攀向高峰：义位的层级系统 …………………… 144
- 3.3.5 义位的非系统性 ……………………………………………… 146

第四节 义位的模糊性 …………………………………………… 147
- 3.4.1 以哲学为先导的新概念 ……………………………………… 147
- 3.4.2 含有集合意义的语言变量 T ………………………………… 148
- 3.4.3 模糊性的三种原生体 ………………………………………… 150
- 3.4.4 具有相对模糊性的义位 ……………………………………… 154
- 3.4.5 模糊与明确的相对性和互相转化 ………………………… 156
- 3.4.6 模糊性的利弊 ………………………………………………… 157

第五节 义位的民族性 …………………………………………… 158
- 3.5.1 义值的民族性 ………………………………………………… 159
- 3.5.2 义域的民族性 ………………………………………………… 161
- 3.5.3 义位的有无 …………………………………………………… 163
- 3.5.4 派生义位的民族性 …………………………………………… 163
- 3.5.5 陪义的民族性 ………………………………………………… 165
- 3.5.6 义位聚合的民族性 …………………………………………… 168
- 3.5.7 义位组合的民族性 …………………………………………… 169
- 3.5.8 义位理据的民族性 …………………………………………… 171

第四章 义位语用论 …… 172

第一节 义位组合论 …… 172
- 4.1.1 义位组合研究 …… 172
- 4.1.2 义位组合类型 …… 174
- 4.1.3 义位组合的选择规则 …… 176
- 4.1.4 义位组合的序列规则 …… 193
- 4.1.5 组合规则的再研究 …… 201
- 4.1.6 义位的组合意义 …… 201

第二节 义位语境论 …… 215
- 4.2.1 语境学说简史 …… 215
- 4.2.2 主体语境——语境 A …… 216
- 4.2.3 客体语境——语境 B …… 217
- 4.2.4 语言语境——语境 C …… 217
- 4.2.5 语境的界定 …… 218
- 4.2.6 义位语境意义 …… 218
- 4.2.7 义位语境意义的性质 …… 219
- 4.2.8 义位语境意义的特征 …… 221
- 4.2.9 义位语境意义的类别 …… 223
- 4.2.10 义位语境意义研究的价值 …… 227

第五章 义位演变论 …… 228

第一节 词义演变学说简史 …… 228
- 5.1.1 系统词义演变是语义学课题 …… 228
- 5.1.2 心理学模式 …… 229
- 5.1.3 修辞学模式 …… 230
- 5.1.4 逻辑学模式 …… 230
- 5.1.5 历史学模式 …… 231
- 5.1.6 训诂学模式 …… 232

第二节 对保罗派逻辑学模式的检验 …… 233
- 5.2.1 定量分析检验 …… 233
- 5.2.2 对定性分析的检验 …… 234

第三节　词义演变综论和新说 ………………………………… 235
　　　5.3.1　词义演变界说 ……………………………………… 235
　　　5.3.2　词义演变研究的新趋势 …………………………… 238
　　　5.3.3　义位演变的语言学模式 …………………………… 241
　　第四节　义位演变的原因 ……………………………………… 260
　　　5.4.1　词义演变原因研究简史 …………………………… 260
　　　5.4.2　客体世界的原因 …………………………………… 261
　　　5.4.3　主体世界的原因 …………………………………… 264
　　　5.4.4　语言世界的原因 …………………………………… 269

第六章　义位描写论 …………………………………………………… 277
　　第一节　义位两种变体的描写 ………………………………… 277
　　　6.1.1　三种词典的描写比较 ……………………………… 277
　　　6.1.2　描写原则 …………………………………………… 278
　　第二节　义位描写的整体论 …………………………………… 279
　　　6.2.1　现代语文词典的整体论 …………………………… 279
　　　6.2.2　宏观整体论 ………………………………………… 280
　　　6.2.3　微观整体论 ………………………………………… 281
　　　6.2.4　词典元语言整体论 ………………………………… 288

附录
　　（一）参考、引用和转引主要文献 …………………………… 290
　　（二）外国人名中外对照 ……………………………………… 302
　　（三）主要术语索引 …………………………………………… 306

第一版后记 …………………………………………………………… 315
第二版后记 …………………………………………………………… 317
第三版后记 …………………………………………………………… 318

CONTENTS

1. **A brief history of semantics and lexical semantics** ········ 1
   - 1.1 Traditional semantics ·· 1
     - 1.1.1 History of semantics research ································ 1
     - 1.1.2 Object of study of traditional semantics ··················· 2
     - 1.1.3 Defects of traditional semantics ····························· 2
   - 1.2 Modern semantics ·· 3
     - 1.2.1 1920s ~ 1930s—embryonic stage ······························ 3
     - 1.2.2 1960s—establishment ··· 3
     - 1.2.3 1970s and hereafter—development ···························· 4
     - 1.2.4 Tendencies of modern semantics ······························ 6
   - 1.3 Lexical semantics ·· 9
     - 1.3.1 As a branch of modern semantics ···························· 9
     - 1.3.2 Characteristics of lexical semantics ························· 11

2. **Theory of glosseme structure** ·· 13
   - 2.1 Definitions of glosseme ·· 13
     - 2.1.0 Three concepts of glosseme ···································· 13
     - 2.1.1 Ostensive definition ·· 13
     - 2.1.2 Operative definiton ··· 14
     - 2.1.3 Attribute definition ·· 15
     - 2.1.4 Analytical definition ··· 15
     - 2.1.5 Systemic definition ··· 15
     - 2.1.6 Structural definition ··· 16
   - 2.2 Microstructure of glosseme ·· 16
     - 2.2.1 From denotation to value of meaning ························ 16
     - 2.2.2 Three values of fundamental meaning ······················· 17

2.2.3	Binary opposition of glosseme		17
2.2.4	A brief history of seme theory		19
2.2.5	Hierarchical structure of seme		21
2.2.6	Analysis of seme in hierarchical structure		23
2.2.7	Connotation		34
2.2.8	Evolution of connotation theory		35
2.2.9	Types of connotation		36
2.2.10	Quality of connotation		54
2.2.11	Existing form and sign of connotation		56
2.2.12	Field of meaning		59

2.3 Macrostructure of glosseme 64

2.3.0	Structure of glosseme in semantic field	64
2.3.1	History of semantic field theory	64
2.3.2	Subjective factors in semantic field segmentation	66
2.3.3	Glosseme structure in semantic field	68
2.3.4	Three-world theory of glosseme sources and three-factors in glosseme	87
2.3.5	Three channels of glosseme sources and appropriate three forms of glosseme	97
2.3.6	Types of glosseme	105

3. Qualitative theory of glosseme 112

3.1 Qualitative theory of glosseme—New observations on the signification theories since Plato 112

3.1.1	Referential theory	112
3.1.2	Idea theory	117
3.1.3	Use theory	118
3.1.4	Relation theory	120
3.1.5	Responsive theory	122
3.1.6	Causality theory	123
3.1.7	Conceptual theory	124
3.1.8	Reflection theory	125

CONTENTS

- 3.1.9 Four-angle theory ········ 127
- 3.1.10 Five-factor theory ········ 127
- 3.1.11 Summary of signification theories ········ 127
- 3.1.12 Seven-factor theory ········ 128

3.2 Linguistic nature of glosseme ········ 130

- 3.2.1 Linguistic nature of glosseme functions ········ 130
- 3.2.2 Linguistic nature of glosseme characteristics ········ 130
- 3.2.3 Linguistic nature of glosseme fields ········ 131
- 3.2.4 Linguistic nature of glosseme uses ········ 131
- 3.2.5 Linguistic nature of glosseme of whole people's and national traits ········ 132
- 3.2.6 Linguistic nature of glosseme diachronic characteristics ········ 132

3.3 Systematicness of glosseme ········ 134

- 3.3.1 Hypothesis on glosseme systematicness ········ 134
- 3.3.2 The winter of hypothesis verification ········ 136
- 3.3.3 The earlier spring of hypothesis verification ········ 139
- 3.3.4 The spring of hypothesis verification ········ 144
- 3.3.5 Non-systematicness of glosseme ········ 146

3.4 Fuzziness of glosseme ········ 147

- 3.4.1 Philosophy based new concept ········ 147
- 3.4.2 Language variable T of containing set meaning ········ 148
- 3.4.3 Three protoplasts of fuzziness ········ 150
- 3.4.4 Fuzzy glosseme ········ 154
- 3.4.5 Relativity and convertibility of fuzziness and explicitness ········ 156
- 3.4.6 Advantages and disadvantages of fuzziness ········ 157

3.5 National traits of glosseme ········ 158

- 3.5.1 Nationality of sematic value ········ 159
- 3.5.2 sematic field ········ 161
- 3.5.3 have or not have glosseme ········ 163
- 3.5.4 Nationality of derived glosseme ········ 163
- 3.5.5 Nationality of connotation ········ 165
- 3.5.6 Nationality of paradigmatic relations ········ 168

3.5.7	Nationality of syntagmatic relations	169
3.5.8	Nationality of motivation	171

4. Pragmatic theory of glosseme 172

4.1 Theory of syntagmatic glosseme 172

4.1.1	Syntagmatic study of glosseme	172
4.1.2	Types of syntagmatic glosseme	174
4.1.3	Selection rules for syntagmatic glosseme	176
4.1.4	Sequencing rules for syntagmatic glosseme	193
4.1.5	Reflections on syntagmatic rules	201
4.1.6	Syntagmatic meaning of glosseme	201

4.2 Contextual theory of glosseme 215

4.2.1	A brief history of context	215
4.2.2	Subject context	216
4.2.3	Object context	217
4.2.4	Linguistic context	217
4.2.5	Definition of context	218
4.2.6	Contextual meaning of glosseme	218
4.2.7	Quality of contextual meaning of glosseme	219
4.2.8	Characteristics of contextual meaning of glosseme	221
4.2.9	Types of contextual meaning of glosseme	223
4.2.10	Value of the study of contextual meaning of glosseme	227

5. Theory of glosseme change 228

5.1 Brief history of the theory of glosseme change 228

5.1.1	As a semantic topic systematic change of meaning	228
5.1.2	Psychological pattern	229
5.1.3	Rhetoric pattern	230
5.1.4	Logic pattern	230
5.1.5	Historical pattern	231
5.1.6	Pattern used in critical interpretation of ancient texts	232

12 CONTENTS

5.2 Examination of the logic pattern of Paulian school ········· 233
   5.2.1 Quantitative analysis ·· 233
   5.2.2 Qualitative analysis ·· 234
5.3 Synthetical study and new theories of meaning change ········· 235
   5.3.1 Definition of meaning change ····································· 235
   5.3.2 New trend of meaning change study ··························· 238
   5.3.3 Linguistic pattern of glosseme change ························· 241
5.4 Causes of glosseme change ·· 260
   5.4.1 Historical study of the causes of meaning change ········· 260
   5.4.2 Causes of object world ·· 261
   5.4.3 Causes of subject world ··· 264
   5.4.4 Causes of language world ·· 269

6. Description theory of glosseme ············· 277

6.1 Description of the two glosseme varieties ························· 277
   6.1.1 Comparative description of three dictionaries ·············· 277
   6.1.2 Principles of description ··· 278
6.2 Holism of describing glosseme ······································· 279
   6.2.1 Holism of modern philological dictionary ···················· 279
   6.2.2 Macroholism ·· 280
   6.2.3 Microholism ··· 281
   6.2.4 Holism of dictionary metalanguage ···························· 288

APPENDIX

   Ⅰ: Bibiography ·· 290
   Ⅱ: Names ·· 302
   Ⅲ: Terminology ··· 306

POSTSCRIPT 1 ·· 315
POSTSCRIPT 2 ·· 317
POSTSCRIPT 3 ·· 318

第 一 章

语义学和词汇语义学简史

第一节 传统语义学

1.1.1 语义研究的历史

关于语义研究的历史,无论中外,都可以分成三个时期:训诂学、传统语义学、现代语义学。训诂学时期,那时的训诂学是语义学的一部分,是解经,附属经学;是释句,阐释经学文本句群中的疑难字、词、句义。这里没有必要回顾训诂学,只从传统语义学讲起。

传统语义学也叫历史语文语义学,其活动期主要在19世纪60年代以后至20世纪30年代以前。传统语义学的孕育雏形可以追溯到19世纪初。那时语言学开始从语文学中独立出来,有了自己的理论、方法、体系。语言学的一个分支——词汇学研究的一个重要内容就是语义问题。1825年雷西格(K. Reisig,一译莱齐希)草创研究意义的学科 semasiologie(拉丁词,法语、德语同形,英语转写为 semasiology)——义符学或语义学,研究词义及其历史演变。

19世纪末是传统语义学诞生期,语义学开始从词汇学中独立出来成为新学科,这就是早期的语义学。"语义学"这个术语,于1893年被法国语言学家布雷阿尔(M. Bréal)正式创造出来,他借用希腊语词根 sēma(符号)创造一个法语词 sémantique,英语转写为 semantics。四年后,即1897年他出版了第一部专著《语义学探索》,于是成了最著名的传统历史语义学家。新语义学和新哲学为互动因素,新的语言哲学有弗雷格的逻辑语义学,胡塞尔的认识论语义学。语义学这个术语至今已经整整用了一百年,经久不衰。

20世纪20年代是成长期,语义学研究进入了新的发展阶段。达尔梅司脱(Darmesteter)《词的生命》(巴黎,1922)、奥格登、理查兹《意义之意义》(1923)是这个时期语义学最有名的著作。

总之,从雷西格、布雷阿尔开始,后经弗雷格、胡塞尔、保罗、梅耶、奥格登、理查兹、艾尔德曼等奠定性的研究,传统语义学终于形成了一门科学。即使到50年代以后,传统语义学仍然在国内外中小学的本族词语教学、外语教学以及翻译、词典编纂中占着主要地位。它跟现代语义学并行走了一段路,但是越走两者距离越远。

1.1.2 传统语义学的研究对象

传统语义学研究是以词义为轴心的,涉及下列十个问题:①词源,②词的理据,③词义的变化和演变,④词义类聚——多义词、同义词、反义词、同音异义词,⑤词的中心义和色彩附属义,⑥词义和概念的关系,⑦词义、语音和客观事物三者的关系,⑧词语解释及教学,⑨词语翻译,⑩词典编纂。

1.1.3 传统语义学的缺陷

传统语义学有四个缺陷。这些缺陷是跟语音学(特别是音位学、音系学)、语法学(特别是句法学)相比较而言的:

第一,它研究的单位是一元的,只局限于词义。而语音学和语法学研究的单位则是多元的,分别有:音素、音位、音节、词及词组的音,句子的语音;语素、词、词组、句子。

第二,它的研究方向是单向的,只是静态地研究语言中词义纵向的聚合。而语音学、语法学的研究方向是双向的,既在静态中研究语音单位、语法单位在语言中的纵向聚合,也在动态中研究它们在言语中的横向组合。

第三,它的研究思想,从宏观上说没有把词义视为一个整体系统。观点多是孤立、分散的、原子主义的,有较强的心理倾向:词义是心理实体,词义变化是心理过程。而语音学、语法学则是系统论,它们把研究单位抽象出一个系统。

第四,它的研究方法,没有充分运用分析法。从微观上说,它没有从词义中分析出更基本的元素,没有深入到词义内部,只是把词义当做一个一元整体。而语音学已经分析出音素,语法学分析出词(语)素、形素。

这些根本性的缺陷,是传统语义学的桎梏。

第二节 现代语义学

1.2.1 20世纪20~30年代是现代语义学孕育期

这个时期产生了现代语义学的第一个流派——结构语义学。其活动期主要在20世纪30年代至70年代中期。它产生的标志是20~30年代初,德国语言学家伊普生1924年提出语义场(Bedeutungs – Field),特里尔在1934年进一步确立发展了语义场(Semantic Feld)理论模式。它在理论上、方法上,都是对传统语义学的重大突破。它使得传统语义学面对的开放性的、分散性的词汇语义单位变成了封闭性的、系统性的词汇语义板块。

这时期的代表作是德国希透恩的《意义的意义》(哥德堡,1932),还有美国卡尔纳普的《语义学导论》(剑桥·哈佛大学,1942),卡茨的《语义学原理》(纽约,1952)。

50年代末以前,语言学家还没有清醒地认识到语义学的对象及方法,因而系统语义学著作极少。

1.2.2 20世纪60年代是现代语义学诞生成长期

20世纪60年代,在欧洲广泛地使用了"结构主义语义学"这一术语。

1962年,结构语义学派中有影响、有代表性的学者英国的乌尔曼出版了他的代表作《语义学》。其主要成绩是推进了同义关系、反义关系、下义关系等方面研究。结构语义学的方法是超越直觉的。

这个时期产生了现代语义学的另两个学派:解释语义学(interpretative semantics)、生成语义学(generative semantics)。

1963年,美国麻省理工学院的卡茨、福多等人把语义学从哲学带进了语言学领域。他们虽然接受乔姆斯基的转换生成语法基本框架,但是一反乔姆斯基的做法,认为句法是第一性的,语义是隶属于语法的,语义以句法为基础生成句法表达式,再转为语义表达式,语言学中的语义规则能解释语法的深层结构,认识句子的意义,因而得名"解释语义学"。

雷科夫、麦考莱、罗斯等乔姆斯基的门生,在60年代提出跟解释语义学相反的语言理论模式,认为语义是第一性的,是语法的基础,先产生语义表达式,后转换为句法表达式,一切句子都是从语义结构产生的,即所谓"生成语义学"。

虽然解释语义学和生成语义学都不是纯粹的语义学派,但是它们使用的义素分析法,特别是卡茨等人设计了一套元语言来界定自然语言的词语,以及对句子的语义分析,则是现代语义学诞生的更重要的标志。这一基本方法和研究范围扩大的特点,是对传统语义学的更进一步突破。

到了60年代中期,乔姆斯基把语义规则同句法、音系规则一起纳入他的标准理论之中。

1.2.3 20世纪70年代以后是现代语义学发展期

结构语言学的穷亲戚语义学(格雷马斯,1966)到70年代开始阔起来。70年代一开始,便产生了蒙塔古语义学,它用数学模范地处理、描写了自然语言,扎扎实实地研究了自然语言语义学。

几乎与蒙塔古语义学同时,转换语法融进了词汇语义学,这一主要原因促使逻辑语义学取代了结构语义学的主导地位。它把逻辑方法运用到语义学中,用形式符号、公式和推理规则研究和描写自然语言的逻辑关系和语义结构。

1975年以后又产生了一个跟逻辑语义学分庭抗礼的认知语义学,它认为语言是认知的工具,用非自治的原则方法研究意义的心理学方面。它注重范畴结构的原型论,主张同心理学、人工智能、神经生理学、文学、人类学合作,不可忽视语言使用者的经验和文化背景。

20世纪70年代初期,以柯林斯等人为代表的一些人创建了词义新理论——网络说(network theory),用几种关系的网络来表示概念的种属层次。90 年代初期,朗格克尔以多义词及其演变为课题语料研究了网络理论。詹达用网络模型描写了俄语里某些动词前缀的意义,比较有成效。以史密斯等人为代表的一些人创造了另一个词义新理论——特征说(feature theory),区分出定义特征(普遍具有)和属性特征(大多具有,主要的)(《语义记忆的结构与处理》,1974)。70 年代中期,两种理论渐失市场。

另有些语言学家集中精力研究语义本身,注意介绍、吸收、总结已有语义学派的理论、方法及成果,不追求新的理论模式。这些著作有较大影响:A. J. 格雷马斯《结构语义学》(中译本 1999),利奇的《论英语的语义描述》(1969)、《语义学》(1974,1981 新版有中译本),F. 帕尔默的《语义学》(1976),莱昂斯的《语义学》(1977,两卷,900 页),肯普森的《语义理论》(1977),克鲁斯的《词汇语义学》(1986),莱昂斯《语义学引论》(1995),Ю. Д. 阿普列祥《语言整合性描写与体系性词典学》(1995,中译本 2011),拉宾的《当代语义理论指南》(1996),萨伊德《语义学》(1997)。

80 年代以来出现了语义学,特别是认知语义学研究的热潮。在美国,1983 年出版了贾肯道夫的《语义学和认知》;1986 年出版了艾伦的《语言意义》;1987 年出版了三部认知语言学著作:朗格克尔的《认知语法》,雷科夫的《女人、火、危险事物——范畴揭示了思维的什么奥秘》,M. 约翰逊的《心中之身:意义、想象和理解的物质基础》;1990 年又出版了贾肯道夫的《语义结构》,着力研究概念语义学,使其理论趋于确立和完善,进一步探讨了语义形式化描写方法。

国内在介绍和起步研究中已有创新,主要著作有:贾彦德的《语义学导论》(1986),伍谦光的《语义学导论》(1988),徐烈炯的《语义学》(1990),贾彦德的《汉语语义学》(1992),石安石的《语义论》(1993),倪波、顾柏林的《俄语语义学》(1995),詹人凤的《现代汉语语义学》(1997)林杏光的《词汇语义和计算语言学》(1999),郭聿楷、何英玉的《语义学概论》(2002),张家骅等的《俄罗斯当代语义学》(2003),李福印的《语义学概论》(2006),朱跃《语义论》(2006)。语言语义学之外的有:朱水林主编的《逻辑语义学研究》(1992),蒋严和潘海华的《形式语义学引论》(1998),吴有富主编的《国俗语义学》(1998),吴国华等的《文化语义学》(2000),马清华的《文化语义学》(2000)。

1.2.4 现代语义学的五个趋势

(一)不同学科范畴的语义学合流趋势

语义学,历来是语言学、逻辑学和哲学的交叉学科。按不同学科研究的对象和范畴分,共有四种语义学:

(1)语言学的语义学,它研究各种自然语言单位的意义及其相互关系,语义的共时变化和历时演变。其中分词汇语义学、句子语义学、语用语义学。

(2)逻辑学的语义学,它研究逻辑形式化语言中的指示、真实和可满足等问题。现代逻辑语义学是由塔斯基开创的,广义的逻辑语义学(即符号学)还研究语用学和符号关系学。

(3)哲学的语义学,即语义哲学,它认为哲学不是经验科学,而是分析科学,分析的主要对象是语词和语句的逻辑关系,他们的兴趣不再是认识论、方法论。这种分析哲学是现代欧美哲学界的主流。这种新的哲学是新实证主义,其理论是唯我论和约定论。

(4)普通语义学,自1933年在美国诞生,至今还在流行、发展。它主要研究活语言使用的实际问题——言实相符。柯日布斯基(1933)提出思、听、说、读、写应该"面向外延",说普通语义学是"新的外延学科"。其所谓"外延"就是事实,主张用实在检验语言。外延论是其中心理论,抽象论是其认识论。

掌握外延法,得用两条原理:非等同原理(语言不等同于事物,事实不等同于推论),非全原理(语义反应的非完全性)。其目的是要"根除人们在思想中的谬误"。而这个学科重外延,轻内涵,贬低理性认识;过分强调个人经验,常有主观主义成分。另外还有不少杂乱和谬误。

除了第四种语义学,前三种,特别是语言学的语义学和哲学的语义学在80年代出现了合流趋势。

(二)研究的范围在扩大,重点突出

现代语义学研究的范围比起结构主义语义学的研究范围(词、语素),从微观上说,已经扩展到词义内部的各种基本元素(义位、义素、语素义)。从宏观上说,已经从词汇单位、词法单位扩展到短语、句子、句群以至更大的言语作品(一席话、一篇文章、一本书、某个人的全部著作);从一种民族语的语义特点扩展到各民族语的语义共性;从语义内部扩展到语义外部。"Fillmore 在 1977 年提出的有关意义和'情景'的讨论可能是值得一提的一种很有前途的发展趋势。他称为'情景'的是一种思维上的联系网。当人们提到这种'情景'的某一部分时,人们就会联想到'情景'的其余部分。这样,买卖货物和货币与商品的交易就形成了一种基本商业'情景',而'买'和'卖','支付'和'花费'等概念则以'情景'中的不同方面为中心。"(利奇,1981:506)

研究的重点是对自然语言做形式化的精确描写。与之有关的当前热点语义课题是:题元、照应、量词辖域等。

(三)生气勃勃的发展趋势

除了前面讲过的四种不同学科的语义学以外,还有十多个语义学流派,如结构语义学、程序语义学(约翰逊—莱尔德,1977)、解释语义学、生成语义学、概念(作用)语义学(也叫心智主义语义学或表达语义学)、蒙塔古语义学、境况语义学、分解语义学(60年代卡茨等人把人类语言学用过的成分/义素分析引入生成语法描述语义)、目的论语义学、模型理论语义学、认知语义学、客观主义(真值条件)语义学等等。这些流派的层见迭出,是现代语义学蓬勃发展的标志。

在众多的流派中,蒙塔古语义学和境况语义学处于主流和领先地位,正以受到赞同的理论、方法吸引着许多学派靠拢过来,并领导着他们前进。

蒙塔古是美国逻辑学家,以他为代表的这个学派把语言学、逻辑学和数学紧密地结合在一起,用数学和逻辑描写自然语言,使逻辑语义学周密化,建立了自然语言语义学。他们认为句法与语义同构(即二者结构一一对应),通过"翻译规则→句子→内涵逻辑→语义解释"这个链条可以理解、描写自然语言。这是 70 年代以来有较大影响的学派。

80 年代产生了更有影响的情景(境况)语义学。创始人有美国哲学家巴怀士、佩里等。

他们认为,各种情景时时、处处、事事都存在。组成情景的是以下几类基本单位(uniformity):(1)个体,有一般的物质性的实体,也有特殊的个体(如"词");(2)性质;(3)关系;(4)地点;(5)时间。这几类常项可以构成抽象情景(abstract situation),它可以分为情景类(situation type),可以具体化为现实情景(actual situation)。情景语义学的目标是解决以下六个语言问题:(1)外部意义;(2)能产性;(3)效率;(4)表达角度相对差异;(5)歧义;(6)心理意义。(徐烈炯,1990:92~98)总目标是构造出一种自然语言意义的形式理论,并已迈出了一大步。情景语义学发展了形式语义学,其主要特点有三个:(1)句子的内容是情景,而不是真值;(2)为分析句子的意义,必须说明有关的情景;(3)把自然语言作为符号体系,其结构是由交际效益原则决定的。其缺点有五个:(1)仍旧局限于命题意义或描写意义;(2)对主观现象(自我表现的主观活动,是语言语义学的中心问题之一)没有足够的重视;(3)局限于句子;(4)只涉及用语言描述为具体实体的情景;(5)把时间和地点看做跟物体处于同样地位的实体。(莱昂斯,1987:7 章)

(四)理论方法的新趋势

至今为止,主要的理论有:(1)概念理论(语义就是概念);(2)对应理论(事物、意义和符号三角对应);(3)语境理论;(4)语义场理论;(5)成分分析理论;(6)解释语义学理论;(7)生成语义学理论;(8)蒙塔古语义学理论;(9)情景语义学理论。作为语义学的共性问题,应满足四性要求,受制于两个条件(贾肯道夫,1983)。四性要求是:(1)充分性,即能区分各种不同的语义;(2)普遍性,即不同语言的语义结构具有共性;(3)结合性,即说明词义结合成句子意义的原则;(4)能释性,即对同义、反义等语义特性做出解释。两个条件是:(1)语法制约,即语义理论要能对语法做出解释;(2)认知制约,即解释为什么语言能表达各种心理感觉。(沈家煊,1985)因为义素分析有些局限性,它不是语义学的主流和前沿,因此国外研究义素分析的学者已经寥若晨星,而研究语句数学逻辑式的则是满天星斗。

从20世纪60年代中期至今,演绎法渐渐取代了归纳法的主导地位。(莱昂斯,1987)

语义学研究意义,虽然不能过分依赖其他科学的理论和方法,但是只有借鉴哲学、数学、逻辑学、数理逻辑、认知心理学等科学的相关理论和方法,研究状态才有可能从较多的个别性、随意性、非公理性转入较多的普遍性、系统性、客观性、公理性。

19~20世纪之交,哲学发生了第二次大转向——从认识论转向语言,以语言为坐标进行哲学研究,语言哲学是当代西方哲学的主流,而意义问题又是其核心、主线。如果离开语言哲学这个宏观大背景去讨论意义问题,就是瞎子摸象。

(五)将要成熟的趋势

当今的语言学,已经进入语义学时代。(阿普列祥,1974:3)语义学的科学性,主要表现在它对语言单位和语义价值的分析和描写上。现今的语义学最新的成就已经能对自然语言用比较清晰和详尽的公式来描写,但是它的理论及其成果还带有"推测性",对具体语言材料研究得还不深透,应用的程度还不够高。它还要走一段很长的路,才能从不十分成熟的未来科学变成未来的成熟的科学。语义学研究的不足之处是只求得陈述句真值条件。疑问句、命令句等一般情况无所谓真假,常有适当不适当的区别,而对言语行为的研究则可以补上语义学研究的这一不足之处。

第三节 词汇语义学

1.3.1 词汇语义学是现代语义学的分支

词汇语义学是传统语义学(词汇学)的发展,是现代语义学的分支。

语义学研究通常是在词汇和句子两个层面上进行的。在词汇层面上的语义学就是词汇语义学。结构语义学的首要部分就是词汇语义学。在转换语法纳入语义问题以前,语义学基本上一直在词汇层面上研究。

传统词汇学的衰落不可避免,现代词汇学的新兴已成必然。现代词汇学的特征之一就是吸收语义学成果。另一方面,词汇学也促进了语义学。有的语言学家认为,"词汇学对语言语义学进化的影响也许跟哲学的影响一样,也许更大。"(哈扎·库隆,1991)

语言是"词的语言",词决定着其他语言单位,"是语言的机构中某种中心的东西"。(索绪尔,1916)每一个词都是语言学的微观世界,都是文献、文化的缩影。而词的核心是词义。因此,词义在语义学史中一直处于重要地位。现代语义学有三个阶段:一,研究词义演变,以词义为中心;二,研究言语交际(双方在语境中的互动机制、理解)和语义结构关系,以词义为基础;三,语义学和语用学互相重叠,离不开词义研究。

20世纪50年代,乌尔曼把语言符号区分为外部方面(能记)和语义方面(所记);跟这两个方面相对应,产生了词汇形态学和词汇语义学,句法形态学和句法语义学。这样词汇语义学便占有了语言学的近四分之一的天下。词汇语义学,乌尔曼又把它分为共时的和历时的。(阿普列祥,1959)

苏俄的词汇学在语言学中占的地位,比起其他国家,一直比较显赫。在语义学的影响下,苏俄也较早地产生了词汇语义学。其中的代表作是阿普列祥的《词汇语义学》(莫斯科,1974),库兹涅佐娃的《俄语词汇学》(莫斯科,1989年第2版;中译本据第1版,上海外语教育出版社1988年),诺维科夫的《俄语语义学》(莫斯科,1982)。

蒙塔古在1970年前后比较关注词汇语义学,其后继者多伍蒂(1979)在模型语义学基础上建立了一种词汇语义学(word semantics)。格语法的开创者菲尔墨从1971年起也转向研究词汇语义学,1976年他出版了《词汇语义学的研究课题》。1996年向美国基金会申请基金研究《框架网:基于框架语义学的英语语义词库》,其中主要研究英语5000动词框架。"框架语义学"就是系统描写词义的一种方法,主要描写词义的相似性和差异性。(林杏光,1999:238)英美词汇语义学专著中较有代表性的是克鲁斯的《词汇语义学》(剑桥大学,1986)。此外还有莱文的《词汇语义学评论》(论文集,1985)和兰姆的《词汇学和语义学》(载《今日语言学》,纽约)。以上著作虽然名字不同,但是内容都是用现代语义学的理论方法研究词义等单位及其内容的相互关系,在研究的广度和深度上都比传统语义学(词汇学)大大地前进了。

1.3.2 词汇语义学的特点

词汇语义学比起传统词汇学(语义学),其特点有三:

(一)语素、词、短语、句子、句群是语义的五种载体,而词是最基本的载体。因此研究词所承载的语义,便成了语义学的中心课题之一。词汇语义学研究的单位有四个:义位、义素、语素义(素义)、义丛(由义位组成,是短语的意义方面)。四个单位中以义位为主,以义位的系统为主,不是研究单个的义位。传统词汇学和传统语义学只研究词义。

(二)在词汇语义学中,本书研究的内容主要是义位的四种特色理论:

(1)义位结构论

①义位的微观结构:义值(基义,陪义),义域,基义内部义素的层级结构及对它的义素分析法。

②义位的宏观结构:义位在语义场中的结构,多义词义场中的义位结构。义位的来源、因素、形态,即义位跟外部世界、人类认知的关系。

(2)义位定性论

①词义的诸学说。

②义位的性质。

(3)义位语用论

①义位的组合及其规则。包括义位内的组合,义位间的组合,义丛内的语义组合,义丛间的语义关系。

②义位的组合义。

③义位的语境论。

(4)义位演变论

①义位演变的诸学说。

②义位演变的多视角、广角分析。

(三)词汇语义学所用的理论和方法源自现代语义学,诸如:

(1)语言之间的义位比较、分类研究,通过比较、分类推进系统研究;

(2)在聚合和组合两个坐标上的静态与动态的双向研究;

(3)语义场理论,少用内省式实证主义的有限枚举法,多用封闭域的分析方法,建立典型群理论模式;

(4)有限度使用分布法、公理法和分解法(语义成分分析法);

(5)注意义位的数学、逻辑式;

(6)用演绎法取代归纳法的主导地位(莱昂斯);

(7)定性—定量—定性往复循环的方法;

(8)语境理论,语境是求得义位的语流义变和系统演变真值的首要参数;

(9)把义位作为人类认知功能或工具的一部分,而不作为自治语言结构的一部分。因此必须在哲学、逻辑学、数学、心理学、人类学、人工智能、认知语言学等多视角下研究义位。

综观世界语言学新趋势,词汇主义是其八个趋势的首要趋势。词汇主义就是主张从语法结构事实的解释转移到词汇事实的解释。该思想主要贯穿在其中五个趋势中:整体主义,要求词库和语法统一为整体;跨结构体主义,要求寻找各语言结构体的共性,用尽可能少的原则管辖多种结构体,有些问题可以放到词库里去解决;多样结构体主义,要求寻找结构体的个性,使各语言的特殊结构尽量显示出来,以便用词汇手段予以解决,减少语法规则的数目;关系主义,要求更关注词与词之间的依存组合关系;单一层次主义,反对乔姆斯基的双层论,主张单一层次,词汇功能语法更强调让词汇承担更多的语法任务。(R. Hudson,1991:3)

自从20世纪60年代以来,计算机语料库不断建立发展。在这一大背景下,对词汇的分析、确认、描写,有些语义学家放弃了非语言学标准,甚至放弃了词汇学视角,转向意义领域——微观语义世界,想要从中发现关联、共生现象,提出假说,建立各种描写模型。(格雷马斯,1966/1999:201)

第 二 章

义位结构论

词汇语义学的主要任务之一,是把词汇层面的无数意义单位概括为少数的几个基本义类——义素、语素义(素义)、义位、义丛,并研究它们的结构,以及它们在语义体系中的位置、关系。在上列义类单位中,基本的、核心的单位就是义位。

第一节 义位的界说

2.1.0 义位的大中小三种概念

1908 年,瑞典语言学家诺伦首先提出义位(sememe)。1926 年,布龙菲尔德说"一个最小的形式就是 morpheme,它的意义就是 sememe",并把它作为结构语言学的一个意义单位。1949 年及以后,美国奈达沿用布氏的义位,并认为是"一组语义上相关的义素"、"诸义素的总和"。(伍铁平,1979)此后对"义位"有大中小三种概念:(1)指一个词的所有义项(高名凯,1963);(2)指一个词的一个义项;(3)指一个义项的语义成分(semantic component),因此 sememe 也常译成"义素"。而布龙菲尔德常用 noeme 表示义素,用 glosseme 表示义位。义位组合就是义丛(cluster),相当于词组的意义。

义位指一个义项,是中观概念(介于宏观和微观之间),是通说,以从众为宜。在这个前提下,讨论义位的多视角的多种界定。

2.1.1 直观定义:义位相当于义项

词的一个义项在词典中被阐释的状态是一个范畴中词与词之间的组

合关系。一个单义词只有一个义位,多义词有多个义位。非自由的语素义,在字词典里算是一个义项,但是不能称为义位。如在《现代汉语词典》(以下简称《现汉》)里,"家"列出十二个义项,其中多半不是义位。如:

> ④经营某种行业的人家或具有某种身份的人:农~|渔~|船~|车~|行(háng)~。⑤掌握某种专门学识或从事某种专门活动的人:专~|画~|政治~|科学~|艺术~|社会活动~。⑥学术流派……⑧谦辞……⑨饲养的……

还有"家"的后缀义,也是义项,但不是义位。

相比之下,义位的客观性突出,一个词的义位数目客观地存在于语言之中;而义项的主观性更突出,词典编者可以根据词典的宗旨和规模删掉、合并或细分一个词(语素)的义项。70年代以前的《新华字典》只给出"家"的五个义项。其中第一义项(家庭和所住的地方)等于《现汉》的第一、二个义项,也等于两个义位。而《汉语大词典》和《汉语大字典》都给"家"列出27个义项。

2.1.2 操作性(或功能性)定义:义位是自由的、语义系统中的最小单位

义位的自由,是指它借助音节(群),在语句中能独立运用。语义系统,各语言不同,古今不同,普方不同。非自由语素义、义素虽然是最小的,但不是自由的。义丛,虽然是自由的,但是不是最小的。"家"的"安家、定居"义位能独立运用:"乐羊死,葬于灵寿,其后子孙因家焉。"(《史记·乐毅列传》)、"家于杭州"等,那是古代汉语语义系统的。"家"的"住所"义位,与"居"(故居、旧居、民居、徙居、蜗居、安居乐业)、"宅"(宅院、宅第、私宅、凶宅、深宅大院)、"邸"(官邸、府邸、私邸)、"第"(府第、宅第、门第)同义,但是"居、宅、邸"属于现代汉语的书面语义系统,都是非自由的,而且"邸"特指高级官员的住所,"第"特指官僚贵族

的住所。

2.1.3 属性定义:义位是最基本的语义单位

义位是语言共同体用语音单位记录的、对世界认识的、最基本的语义单位。语言共同体是指一定历史阶段的一个民族的广大社会成员,他们总有无数的语言共识。语音单位,这里指音位、音节或音节群,是反映语义的基本单位,而且是进入意识中的音响形象,即音象。对世界的认识,包括各民族、各时代、各地域、各行业的语言主体(社团)对物质世界、精神世界和语言世界的切分多少(大小)、理解的深浅、提取特征的差异。比起义素、语素义、义丛、句义,义位是最基本的,它是最容易为常识所认同的自然的较小的语义单位。它具有个体的概括性。"家"不是某个家,而是概括了古今中外的所有的家的共有的最易识别的特征。

2.1.4 分析性定义:义位是义素的综合体

现代语义学的解释语义学和生成语义学等学派认为,义位是一组语义成分的集合,是义素的综合体。下文有详细讨论,此处暂不说解。

2.1.5 系统性定义:义位是语义系统中的抽象常体

义位是言语中围绕一个中心的一些具体意义或实际意义(兹古斯塔,1971)在语义系统中的抽象常体。如:

　　[房子] 有墙、顶、门、窗,供人居住或做其他用途的建筑物。(《现汉》)

"房子"的具体意义是:砖房、木房、土房、草房、瓦房、毡房、平房、楼房、营房、民房、厂房、库房、仓房、禅房、牢房、门房、茅房、耳房……,从中抽象出共有的意义:(1)结构要素——有墙、顶、门、窗的建筑物;(2)功用要素——供人居住或做其他用途。"房子"还有一些变异的实际意义:A. 分到了四室一厅的房子(指楼房的一些房间);B. 街道两侧都建了房子(指多种房子);C. 他家正在刷房子(指房子的墙、棚部分);D. 远远望去,他家的房子很漂亮(指房子的外观)。A、B、C、D 是"房子"义位的变体。在言语(话语层面)中先有各个变体,在语言中形成语义小类的聚合,互补变体集合成一个复合体、一个常体。没有这个常体,人们就不能互相沟通。因此,义位不仅是超个体的和超具体类别的,而且是超变体的。

2.1.6 结构性定义:义位是由义值(基义和陪义)和义域组成的

义位是能够跟语音结合的最小的语义单位(义素不能),义位和语音匹配成词。而义位又是由义值(质义素)和义域(量义素)组成的。下文将有专节讨论这个界定,此处暂不说解。

总之,以上六种定义,视角不同,揭示了义位的面貌、功能、属性、组成、系统、结构,有利于理解和把握义位整体。

第二节 义位的微观结构

事物的结构是事物的本质标志之一。按照语言哲学界绝大多数人主张的整体论(与罗素、维特根斯坦的"原子论"相对),义位不是孤立的个体,也不属于单个句子,而是属于一种语言的语义整体。只有在这一整体视角下,才能更科学地分析义位的结构。义位内部结构称为微观结构,义位之间的结构称为宏观结构。

2.2.1 义值

义值是布龙菲尔德(1933。1980:182)用语。阿普列祥提出"语义值"(семантические валентности)。诺维科夫(1982:97)是在索绪尔思想框架内使用"义值"(значимость)的,指聚合之中、系统之中一个词的意义,即系统义。莱昂斯(1995:80)用 sense(关系义)指同一语言中词位之间的意义关系。我们用"系统值"、"关系值"或"位置值"来概括索绪尔学派这一重要发现或重大贡献。(参见2.3.4.3节)与之相关的还有组合值。(参见4.1.1~4.1.6节)

我们使用的义值是个更广泛的概念,就是词形式所表示的内容。

义位(代之以 G)是由义值(代之以 V)和义域(代之以 F)构成的。义值是义位的质,即质义素;义域是义位的量,即量义素。

义值是由基义(代之以 B)和陪义(代之以 C)构成的。基义是基本义值,陪义是附属或补充义值。

2.2.2 基义

它部分地相当于传统词汇学(或语义学)的"理性义"、"概念义"、"指称义"、"实物·逻辑义"、"对象·逻辑义"。

基,是建筑物的根基,是事物的根本。基义是义位的基本义值、基本语义特征,是义位的核心(义核)、基础、支柱、主导。从认识等级上说,语义特征已进入了意识阶段。意识中的语义特征包括三类特征:范畴特征,表意特征,指物特征。(苏卡连柯。石肆壬,1981:188)下文将分别阐述这三类特征。

任何种类的义位都有基义。实词义位的语义(词汇)意义固然是基义,虚词义位的语法意义也是基义。

2.2.3 义位(基义)的二值划分

大多数义位在言语中都有多个变体,在语言中,基义有两类变体:学科义位,普通义位。这两种义位是密切相关的。因为在现代化环境中的语言词汇统一体,主要是由两个密切相关的词汇系统构建的:日常的普通词汇,专门的学科词汇。(捷尼绍夫,1980:121)兹维金采夫(1981:376)认为除了这两类词汇之外,还有一类词汇是"双重性能的词",同时包括术语义和普通词义。这两种义位的接近程度不同,最亲密的是一个义位有学科/普通二值变体:a)"水"的 H_2O 义;b)人们日常饮、用最多的液体。

学科义位就是各学科(社团)用的专门义值,相当于传统词汇学的"概念义"。它具有逻辑因素,反映的是科学概念内涵、范畴及指物特征。按亚里士多德的说法,范畴特征包括四种内容:"①实体的差异,如人和马定义中的属差谓之不同的质;②数方面的不同质,点线面有不同的质;③实体的固有属性,例如冷热变化;④人的品性,如善恶。"(《形而上学》)总之,它反映的是经过科学研究才能发现的事物的本质或特有的属性。术语和专门词语承载的是学科义位。如:

[光谱] 复色光通过棱镜或光栅后,分解成的单色光按波长大小排成的光带。日光的光谱是红、橙、黄、绿、蓝、靛、紫七色。(《现汉》)

[光年] 天文学上的一种距离单位,即以光在 1 年内在真空中走过的路程为 1 光年。光速每秒约 30 万公里,1 光年约等于 94605 亿公里。(《现汉》)

即便是语文性的词典,对这类义位的解释也得反映学科义值。从人工智能、机器翻译和科技交际的经验看,用学科知识解释义位是必要的。

普通义位反映的是经验意义,是普通人凭经验感知的表意特征、指物特征。表意特征,表示的是一般的属性或对一般人来说的最显著的可感特征,靠前科学语感,靠常识性认知。指物特征,是跟所表示的对象对应的,指的是某种(类)事物,多具有物质性。相当于莱昂斯(1995:78)的 denotation,即"指示意义",是指一类对象(而"系统意义,独立于话语场合的用法之外"),也有人把指称意义叫 signification。莱昂斯认为 reference 是所指意义,而 referential meaning"是可变的,依赖话语的表达式"。实际上就是言语中的特指义(指某个对象)。一般词语和虚词承载着普通义位。如:

[绿] 像草和树叶茂盛时的颜色,蓝颜料黄颜料混合即呈现这种颜色。(《现汉》)绿在光谱上是以 5500 埃光波波长为中心的可见光色。

[筷子] 用竹、木、金属等制的夹饭菜或其他东西的细长棍儿。(同上)

对"绿"等的释义,一般词典只给出普通义值,《简明牛津词典》(1990)有时给出学科义值(光谱上的规定性)。

学科义位和普通义位,相当于俄国语言学家波铁布尼亚(1888:19)

的远义(дальнейшее значение)和近义(ближайшее значение),他认为远义和近义分别属于科学和语言学。后来,谢尔巴(1940)把释义区分出"百科词典"的和"普通词典"的。20世纪60年代美国生成语义学家卡茨也把词义划分为"百科"的和"词典"的,并认为"百科"不属于语义学范畴。而且在"百科"那里常出现模糊集,如绿色和蓝色;而在"词典"这里,义位之间的界限常是清楚的,因为它所反映的常常是语言共同体的有显著区别特征的前科学语感。阿普列祥(1974)又区分出"科学概念"和"朴素概念"(有人又称之为"常识概念"、"生活概念"、"形式概念"等)。利奇(1987:288)又区分出科学的(或专门的)定义和日常意义。这些划分,内容可取,术语欠妥。尤其是以"概念"代替词义或义位,已被许多欧美语言学家和语义学家斥之为混淆了词义和概念。

上述对义位的二值划分,代表了一个多世纪以来语义学史上的主要倾向。此外,德克·吉拉茨(1988)认为,认知语义学和现代词汇语义学受心理学倾向影响,在义位层次上不再严格区别百科知识和语文知识。但是,在语言运用和辞书编纂中还是区分学科义位和普通义位这两种义位的。学科义位不宜都称作普通义位的深化。(克里普克)

这两种义位在语言运用中是互补分布的,一个分布域是专门语域,一个分布域是普通语域。

2.2.4 义素学说简史

义素是结构主义语义学用来描写语义的最小的意义单位,是义位的组成成分,也叫区别性语义特征。

在19世纪20年代,洪堡特(1997:220)认为,"每个词都包含着某种无法再用词进一步区分的内容"。可是20世纪初,保罗提出按语义特征考察语言系统,索绪尔提出"差别成分"。(格雷马斯,1999:27)到了20世纪20年代以前,俄国学者别什科夫斯基提出,词义可以分解为独立的成分。布龙菲尔德在1933年以前提出"语义特征"这一用语,雅柯布逊叫"区别特征",哥本哈根学派创始人叶尔姆斯列夫1943年提出词义可分的设想,但是都没把它上升到语义分析的科学高度。法国语义学家波蒂埃提出 seme(义素,指最小的意义单元。结构语义学的 seme 相当于叶尔姆斯列夫的 figurae[记号素])。1956 年,人类学家的代表古迪纳夫在其论文《成分分析以及意义研究》中提出语义成分分析法,并用它从文化角度研究印第安语亲属称谓等词语的意义。1963 年,波蒂埃、卡茨、福多同时提出语义成分分析论。卡茨、福多用这种分析法为转换生成语法寻求语义特征,雷科夫、麦考莱、罗斯、多伍蒂等也推动了这一研究,于是受到了当时的语法学和语义学界的特别青睐。几乎同时,我国的高名凯先生于 1961 年和 1962 年撰文著书阐述素位理论。此后,许多国家几乎各种语义学派都研究并运用语义成分分析法。美国各学派多使用成分分析法(componential analysis)这一术语,西欧和苏俄多使用义素分析法(sememic analysis)这一术语。

  义素就是义位的语义成分(semantic component),从义位之间区别对立的角度,又叫语义特征(semantic feature),偶尔又称语义特性(semantic property)、语义标示(semantic marker)、语义原子(semantic atom)、语义成素、语义因子、语义基元、义子,生成语义学又称之为标记(marker)。严格意义上的义素就是辨义成分(distinguisher)。美国多用"语义成分",西欧和苏俄多用"义素"。从另一个角度看,语义成分,是人类语言学家和注重实际分析的语言学家多用的术语;语义特征或义素,是理论语言学家多用的术语。有的主张:具体分析某一词义所得的语义要素,可称为语义成分;从词汇整体抽象出的语义要素,可称为语义特征。(福伍勒,1974:560。许余龙,1992:115)

  义位和义素的提出,是受了布拉格学派音位和音素的启发。可是这两对术语之间的关系并不等同。特分别用公式表示如下:

音位与音素:$P = [P_1] / [P_2] / \cdots [P_n]$

义位与义素:$G = [S_1 + S_2 + \cdots S_n]$

  音位 P 与音素 P_1、P_2、P_n 是类别和成员的关系,是一般和个别的关系。其中包含典型变体和变体的关系。音位 P 常以变体的形式存在于言语中。

  义位 G 与义素 S_1、S_2、S_n 是整体和部分(组成成分)的关系,G 等于

S_1、S_2、S_n 有机组合。因为义素也叫语义特征,所以一个义位既是义素之和,也是语义特征之和。但是,音素和语音(区别)特征是两个不同的概念,因此音位不能是音素之和,只能是语音(区别)特征之和。在功能上义素跟音位学中的区别性特征相似。(乌尔曼,1975)音素有形无义,都可以以实体存在于自然语言中;义素有义无形,不是一个实体,没有语音形式,是自然语言中潜在的个体,它是分析语言并抽象出的观念成分或理论产物。

2.2.5 基义内部义素的层级结构

义位含有义素的多少,就是义素的密度。(格雷马斯,1999:156)一个义位最少含有两个义素,密度最小。多的含有十几个乃至二十几个义素,含的义素越多,其密度越大,因而义素层级越多。

请先看实例。(见图表 2-1)

图表 2-1

S\G	施事	方式		方向		速度	动作
	人或鸟兽的脚	交互	同时离地	向前	向上	迅速	移动
走	+	+	-	+	-	-	+
跑	+	+	+	+	-	+	+
退	+	+	-	-	-	-	+
跳	+	-/+	+/-		+	+/-	+

义位并不是义素的简单集合,而是由不同层次的义素组成的义素体系。高层级义素是概括性强的上位义素,低层级义素是比较具体的下位义素。具体分析其层次是(参见倪波、顾柏林,1995:85~91):

第一层级的义素是概括整个词类的上位语法义素(грамматическая сема 或 граммема)。如"走、跑、退、跳"等动词的"动作或行为、变化",名词的"事物",形容词的"性质、状态"。

第二层级的义素是概括一个词类之中一部分词的"语义·语法义素",是词类次范畴的语义特征。如名词"事物"之下的"生物"和"非生物","具体"和"抽象","可数"和"不可数"。形容词的"形状"、"感觉"

和"质料"。动词的"及物"和"不及物","结果"(看见、看中、打住、离开)和"非结果","状态"(醉、饿、麻)和"心理"。上面实例的"走、跑、退、跳"是不能带受事宾语的不及物动词、非状态动词、非心理动词。

第三层级的义素是上位语义义素,即一个义场的各义位的共性义素,也就是"类素"(classeme:波蒂埃)。如"走、跑、退、跳"的"移动"、"人或鸟兽的脚"。名词类的义位的类素就是较高的事物范畴,如"客体、动物、植物、人"等。

第四层级的义素是下位语义义素之中的主要的个性义素,是义素常量、主义素(格雷马斯),是义位的核心义素,主要的区别特征。如"走、跑、退、跳"中的"方向"、"速度"。

第五层级的义素是下位语义义素之中的次要个性义素,是义素变量、辅义素,是义位的边缘义素,次要的区别特征。如"走、跑、退、跳"中的"方式"。这个层级的义素常被简明语文辞书的编者舍弃。因此《现汉》解释"走"舍弃了"不同时离地","跑"舍弃了"同时离地"。这个义素在体育词典里,则是一个核心义素,不能舍弃。凡是这类在辞书或语境中不显露的义素都是"潜义素"(virtume)。

第六层级的义素是义位语义义素之中的附属义素,即陪义,请见2.2.7节。

第一至第三是共性义素(general seme),第四至第六是个性义素(specific seme);第一至第五是基义义素(基本义素,不可缺少),第六是陪义义素,即附属义素。

以上六个层级的义素可以列一个简表。(见图表2-2)

图表2-2

1	上位语法义素:动作、事物、性质	共性义素	基义义素
2	语义·语法义素:心理、具体、性状		
3	上位语义义素:动物、植物、人、移动等		
4	主要个性义素:"走、跑"的"速度"	个性义素	
5	次要个性义素:"走、跑"的"方式"		
6	附属义素:形象义、语体义		陪义义素

2.2.6 分析层级结构义素的方法

第一和第二层级的义位结构义素,多属于语法常识范畴和次范畴,是显性的,在一些外语中还常有语法形式做标记,不必特意分析。第三至第五层级的义位结构义素,是隐性的,它们潜伏在自然语言之中,不能直接观察到,必须经过分析才能得到这些最小的极限的语义单位。分析的方法就是义素(成分)分析法。具体方法有:(1)掌握元语言。(2)确定底层义场及其义位。(3)四种比较法:①二元法和多元法;②图表法——场图法、树形法、矩阵法;③义素配列比较法;④小语境比较法。(4)掌握分析原则:①等值原则;②系统原则;③简化原则;④区别性原则。(5)列出义位结构:①线性结构式子;②矩阵表;③场图;④树形图。

2.2.6.1 掌握元语言

这里的元语言(metalanguage。辜正坤[1999]主张译为"解释语言"或"工具性语言")是狭义的,指记录语义特征并用来分析和描写目标语言(objectlanguage,这里是指自然语言)的更高层次的语言,是人工创造的"形式语言",也叫符号语言、纯理语言、语义标示语。至少到 20 世纪 40 年代初,希尔伯特、塔尔斯基、卡尔纳普就区分出对象语言和元语言。1956 年首倡用元语言(形式语言)研究自然语言的是乔姆斯基。它的雏形是卡茨等人 20 世纪 60 年代设计的。这种元语言的形式,或用英语单词大写,或用小写英语单词、汉语词置于方(圆、尖)括号中,被分析义位也可以置于花括号{}中,同时辅以一些其他符号。元语言及所记录的语义特征,例示如下:

ANIMATE /［有生命］　　HUMAN /［人类/人］
ANIMAL /［动物］　　　LIVE /［活着］
MALE /［雄性／男性］　　ADULT /［成年］
STUFF /［物质］　　　　CONCRETE /［具体的］
COUNTABLE /［可数］　　SINGULAR /［单数］
SUBJ /［施事］　　　　OBJE /［受事］
POSS /［领属］　　　　SUB /［主体］

此外,还有固体、液体、气体、时间、空间、距离、方向、整体、已婚、配偶、长辈、直系亲属、血亲、同胞、年长、有翼、偶蹄、双足、普通、质、量、高、大、多、致、死、生育、使、有、开始、停止、知道、多于、直接、书面、庄重、褒义、亲昵、感情……

语义特征,跟有限的语音区别特征(雅柯布逊提出12对,哈勒增至15对,乔姆斯基等人增至30多对)相比,其数目大得多,现在还在探索之中:英国人工智能专家威尔克斯(1974)在研究自动翻译的辅助学科"优选语义学"时,选出80个义素(分5组),用来描写词语意义。还有另一类元语言:词典用来释义的元语言,即义元(primitive)。例如:《朗曼当代英语词典》用2000个常用词解释56000个词项,威斯特和因迪科特的教学词典(第4版)用1490个词解释24000个词项,法国的古根海姆两卷本词典解释中包含1374个"成分词汇"和55个下定义词。(阿普列祥,1967:9~11)俄罗斯学者研究出用1000个定义词汇解释10万个词语。词典学上叫定义词汇,语义学上叫语义元语,一般科学上叫"元名"。总之,它们应该是"最低限量的词汇",组织在最基本的语法框架中。罗斯·吉琏(Ross Quillian)为语义描写而设计的元素总数是100多个,马斯特曼(Margaret Masterman)设计国际语(interlingua),把语义分类元素定为100个。(格雷马斯,1999:93)这两个数字都带有很大的设想性,都不是从实际中提取的语义因子。

符号举例:

+:表示肯定。

-:表示否定。

A:表示施事。

G:表示受事。

I:表示工具。

N:表示名词。

V:表示动词。

S:表示主语。

O:表示宾语或客体。

P:表示意图。

$\begin{Bmatrix} a \\ b \end{Bmatrix}$:表示并列的 a、b 项,可任选其一。

$\begin{bmatrix} a \\ b \end{bmatrix}$:表示并列的 a、b 项,有条件选其一。

／:表示或者。

←:表示从属、依赖。

∧:和,合取。

∨:或,析取。

A∪B:A 并 B。

A⊂B:A 包含于 B。

∀:全体。

∃:部分。

≈:近似。

∈:从属于,是……的元素(或成员)。

∉/∉:不从属于,不是……的元素(或成员)。

♂:雄性。

♀:雌性。

a、b、c:个体常量。

x、y、z:个体变量。

此外,还可以自己设计一些符号。例如本书设计的符号:G 表示义位、V 表示义值、F 表示义域、B 表示基义、C 表示陪义、SS 表示个性义素、GS 表示共性义素。

用元语言分析义位的典型传统实例是:

{男孩} = [+人][+男性][－成年]

boy: + HUMAN + MALE － ADULT

2.2.6.2 确定底层义场及其义位

底层义场,就是最小的、相邻或相关的子场。首先选定一个义位,然后以它为中心,划定同义义场、反义义场、近义义场、下义义场、类义义场等。也可以借助、参考同义词词典、反义词词典、义类词典(如《同义词词林》、《简明汉语义类词典》)。例如,查到《简明汉语义类词典》的"十三·运动"的"76 脚动"之⑤"徘徊",得出同义义场的九个义位:徘徊、彷徨、踯躅、徙倚、踌躇、踌伫、盘桓、盘旋、趸。再补充上"逡巡、踟蹰",共得十一个义位。

2.2.6.3 运用四种比较法

比较义位的异同,先求同后求异,即先找出共性义素,后找出个性义素。帮助求同求异的有四种比较法:

(一)二元法和多元法

二元论及其二元分析法,是哲学自古有之的观点和方法,是文化结构分析的常见方法。20 世纪初索绪尔提出"二元对立"。到 20 世纪 30 年代,雅柯布逊及布拉格学派提出了二项现象(binarism)和二项对立或对分法(binary opposition)两个术语。后来也叫二元属性描写法(binary feature system)。简称二元法。它是语言结构原理(二分对立)派生的方法,是结构主义语言学对比原则(principle of contrastiveness)在方法论上的体现。既用于音位学,也用于语法学和语义学。在语义系统中,把一些属性概括为:"一个概念的两个对立的互相排斥的值,一个为正,一个为负,在正负之间没有任何其他属性。"如语义特征(见上文"元语言"所记录的语义特征)是 X,那么便得出有值特征[+ X][- X]等二元制描写体系(桂诗春、宁春岩,1997:72~75):当 X 为[有生命]时,那么 X 的值便是[+ 有生命]、[- 有生命]。

二元法的运用,在语义分析上并不像在音位分析上那么见效,因为语义特征太多太复杂,所以不得不在二元法之外求助于多元法,即同时把义

位的多种义素或多项语义特征值进行比较。(见图表 2-3)

图表 2-3

S V G	基义				陪义	
	来回走		犹疑		褒贬	语体
	共性	个性	共性	个性		
徘徊	+	多用	+	少用	中	通用
彷徨	+	去向不明 心情不好	+	多用	贬	通用
踯躅	+	少用	−		中	书面
徙倚	+	少用	−		中	书面
踌躇	+	少用	+	多用	中	通用
踌伫	+	少用	−		中	书面
盘桓	+	逗留	−		中	书面
盘旋	+	留连	−		中	通用
逡巡	+	不敢	+	少用	贬	书面
踟蹰	+	缓行	+	迟疑	中	书面
趑	+	折回	−		中	口语

(二)图表法

图表法,包括在图论方法之中,这里使用其中的三个方法:场图法,树形法,矩阵法。

(1)场图法

"褂子、袄、背心、坎肩"四个义位都属于"上衣"语义场。通过场图比较可以发现两对区别性语义特征:[+有袖、领][−有袖、领],[+单层][−单层]。其间关系,见图表 2-4。这个场图显示的是两个层面的近似值:"褂子"是有袖、领的,单层的上衣;"袄"是有袖、领的,非单层的上衣(如夹袄、皮袄、棉袄);"坎肩"是无袖(可以有领)的,非单层的上衣(如夹坎肩、棉坎肩、线坎肩)。"褂子、袄、坎肩"还有共性语义特征——中式的。"背心"不限于中式的,是无袖、领的,可以是单层或非单层的(如西服背心、棉背心、皮背心)。"背心"和"坎肩"在场图上用虚线,表示二者在[袖领][单层]两个层面无太严格界限,它显示了义位的语义特征的复杂性。

图表 2-4

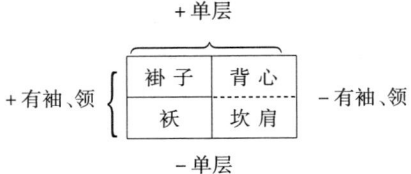

(2) 树形法

树形法就是树形分析法(tree analysis method),它是用树形图(tree diagram,不同于谱系树[family tree]),把节点和枝的内部关系显示为二向度(二元偶分)分支图,它用于语法学(如生成语法、广义短语结构语法)、音系学,也用于语义学。以"寡妇"为例。(见图表 2-5)

图表 2-5

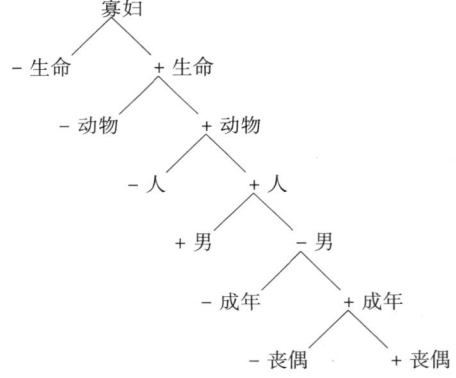

(3) 矩阵法

用矩形(长方形)的方阵模式表,把被考察对象和特征排列进横纵(需要时也可以相反)向度。在横纵向交叉点上,考察对象特征的有无(偶值特征)及程度,做出定性、定量标记(+、-、0[未加规定]、数字)。请看"洋、海、湖、河、溪"的矩阵比较。(见图表 2-6)

图表 2-6

S \ G	洋	海	湖	河	溪
面积大	++	+	-	0	0
陆地内	-	-+	+	+	+
曲带状	-	-	-	+	+
带状宽窄	-	-	-	++	+
流 动	+	+-	-	++	++
盐 度	+	+	-+	-	-

(三) 义素配列比较法

义素配列是指一个义位的各义素的线性组配序列。在自然语言中,对一个义位的说明或阐述,就是义素配列的一个具体形式。在辞书中,对一个被释词义位的解释所用的短语或句子包含着若干个义素或义素群,是义素配列的典型形式。

义素配列比较,最佳选择就是比较同一底场(最小子义场或相邻义场)中的两个或多个义位的辞书释语。请看《现汉》中的实例:

[肥胖](人体)脂肪多,肉多(跟"瘦"相对)。

[肥硕](肢体)大而肥胖。

[肥壮](生物体)肥大而健壮。

从释语的正文(括号内容不计)看,"肥胖"义位有两个义素:①脂肪和肉,②多。"肥硕"有三个义素:①脂肪和肉,②多,③大。"肥壮"有四个义素:①脂肪和肉,②多,③大,④健壮。①、②是三个义位共性义素。跟"肥胖"相比,③是"肥硕"的个性义素。跟"肥胖"相比,③是"肥硕"、"肥壮"的共性义素。④是"肥壮"的个性义素。三个义位的义素由少到多,丰度加大。

(四) 小语境比较法

小语境,指除了社会、情景、语篇等大语境以外的语境,即上下文语境,包括"最短的上下文"(микроконтекст)。义位的各种义素是在上下文语境中显现出来的。因此,比较同一底层义场中的两个义位所处的小语境,便能得到其间的语义特征异同。最好是从计算机语料库中提取含有将要比较的义位的全部例句,或者用传统方法搜集、选择典型例句。

通过比较小语境,可以发现义位的义域语义特征,即量义素。"翩翩"古今义位共有十来个,现在常用的是两个。大量的小语境显示,当"翩翩"形容跳舞和飞舞时,其义域很大,既可以用于动物,也可以用于人,而且不限于男女老少。当"翩翩"形容举止洒脱时,其义域很小,只用于人,而且只用于男人中的青少年。如:

~少年|~公子。

~读书郎|风度~的青年。

通过比较小语境,可以发现义位的陪义语义特征。数十个小语境显示,"标榜"的基义是宣扬自己提出的好名义,陪义是贬的——不适当地宣扬所谓的"好名义"。如:

~自己一贯是唯物主义者。

口头上~自己是救世主。

常常~自己是个老手。

~他们的仁义道德。

他们一向~自由、平等、博爱。

通过比较小语境,可以发现义位的基义区别性语义特征。请看"一起"和"一齐"的用例:

[一起]:

苏轼与黄州人民~泛舟饮酒。

明天同他们~去。

和学生~劳动一天。

跟他们~工作了几个月。

咱们曾经~学习了几年。

[一齐]:

会场上~鼓掌。

坐在凳子上的人~站起来。

拔河必须两侧的人~拔。

我们~收拾房间。

许多炮~发射。

台上几个人的眼光~射进来。

这些小语境显示了:"一起"(副词)表示"同处或集合在一块",其前常有"同、与、跟、和"和体词组成的介词短语,其前后可以有时间词表示时间。"一齐"表示"同时",前后语境衬托着"同时"义。

2.2.6.4 掌握分析原则

(一) 等值原则

义位 G 等于分解出的各义素综合。各义素是指：义值 V，义域 F；义值 V 又包含基义 B，陪义 C；基义又包含个性义素 S_1、S_2、S_n，类素 GS。列出示意各公式为：

$G = V + F$

$V = B + C$

$B = S_1 + S_2 + S_n + GS$

[眷恋]　〈书〉　（对自己喜爱的人或地方）　深切地留恋：
　　　　　　C　　　　F_1　　　　　　　　　S_1　　GS

~旧物|~故园。(《现汉》)
　F_2

右侧的义素的综合，粗略地看，等于"眷恋"；仔细分析，义域 F_1 中还应加"事物"，F_2 应换上一例"~新文化"，以提示不仅用于故旧。

(二) 系统原则

把义位放在语义（非逻辑）系统中加以考察、把握。跟古典非系统分析相反，现代系统分析是从语义系统中分析出义位、义素，并把它们作为整体的一部分，并时时注意义位之间、义素之间的互相联系和作用。

语义系统是指古、近、旧、方、外、普、口、书、术等等语义亚系统。每个系统内，又分为不同词类和次范畴系统。对不同的词类系统必须建立不同的分析系统模式。每个小系统中的义位，又分属于不同更小的系统，即语义场，场中的每个义位又分为六个层级的义素。（见 2.2.5 节）每一个上一层系统都是下一层系统单位的综合，而不是相加之和。格式塔（Gestalt）思想（完形性）的格言是"整体不同于它的部分之和"。

系统工程的标准框架，就是霍尔（1969）的"三维结构"：（1）逻辑维，确定进行义素分析的逻辑步骤——明确义素分析的内容、目标、方法等。（2）时间维，确定工作程序——调查义位的内外主次因素，确定义素分析模式，定出定性定量分析标准，遵循"定性—定量—定性"循环往复的过程,用语言实践验证分析结果。(3)知识维,确定跟某个(类)义位分析密切相关的专门学科知识(包括各种自然和社会科学知识),以促进义素分析的科学性。

(三)简化原则

任何一个义位的语义属性都是很多的,有的几乎是无限的,因而义素分析不能罗列过多的属性,只能选取典型的区别性特征,这就是简化原则。简化包括两方面内容:(1)简化类素(共性义素),如下例"男孩"的[+有生命];(2)简化个性义素中的边缘义素,如下例的"嫁"的[+到男方][+组成家庭]:

男孩 = [+有生命][+人类][+雄性][-成年]

嫁 = [-男人][+到男方][+结婚][+组成家庭]

(四)区别性原则

在底层义场中,对下位义位的描述,不要把共性义素误为个性义素,选取个性义素中的核心义素,借以区别邻近的下位义位。如:

[毛笔] 用羊毛、鼬毛等制成的笔……(《现汉》)
$\quad\quad\quad\quad\;\; S_1$

[钢笔] 笔头用金属制成的笔……(《现汉》)
$\quad\quad\quad\quad\;\; S_2$

[铁笔] 刻蜡纸用的笔。(《现汉》)
$\quad\quad\quad\quad\; S_3$

"钢笔"的义素 S_2 对"毛笔"说是个性义素,对"铁笔"说是共性义素;"钢笔"的核心义素应该再加上"用墨水书写"。"铁笔"的义素 S_3 对"毛笔"和"钢笔"而言是个性核心义素。

2.2.6.5 列出义位结构式

义位结构的矩阵表、场图、树形图在 2.2.6.3 节中已经有实例。义位结构的线性式子有两种:Ⅰ式是用自然语言和符号结合表示(多是标准词典释义的分解并形式化),Ⅱ式是用元语言表示。两种式子都是语义特征集,用最少的语义成分表示的义位组成成分公式。第二种式子更形

式化,更精确化,便于计算机识别、转换。如:

Ⅰ式 [报纸] GS(出版物)S_1(+新闻[为主])
　　　　　　S_2(+定期,多是一日)S_3(-成册)
　　 [刊物] GS(出版物)S_1(-新闻[为主])
　　　　　　S_2(+定期,多是年、季、月或旬等)S_3(+成册)

Ⅱ式　　bullock　　[+MALE,　-ADULT,　+OX]
　　　(小公牛)　　(雄性)　　　(成年)　　　(牛)
　　　　　　cow[-MALE, +ADULT, +OX]
　　　　　(母牛)

义位结构式中包括义素序列:一种是有序的,呈线状,不宜变换次序;一种是无序的,呈束状,可以变换次序。

2.2.6.6　义素分析法的利弊

义素分析法的优点是:有利于分析、确定义位的语义特征;有利于义位对比,辨析义位的异同;有利于语法中的语义特征分析、配价分析、格语法分析;有利于逻辑语义学的形式化,便于计算机识别;使词义分析简明扼要。《郎文当代英语词典》(1995)较多地运用了成分分析法。威尔克斯(1974)选出80个义素描写词义,虽然不见得够用,但是可见其简明。更简明的例证是,用辈分、近亲、姻亲、性别这4个义素可以分析英语的23个亲属义位,罗马和阿拉伯的157个亲属义位,夏威夷和洛特马的176个亲属义位,易洛魁印第安人和南印度人的218个亲属义位,(摩尔根,1981)汉语的300多个亲属义位。为理解自然语言,必须建立语义网络。其前提是:一要解决义素分析问题,二要解决语义场问题。黄曾阳的HNC(概念层次网络)就是沿着这条路建立的。(林杏光,1999:309)

义素分析法自20世纪70年代以来受到许多人的多方面批评:主观性较强,义素的确定和义位结构的分析难免有主观成分;义素排列无序;义素数量偏多,烦琐。

义素分析法并不适用于所有的词,只适用于一些普通名词、一些形容词和一些动词,不适用于抽象词、综合词(如汉语的"伟大")、泛义词(如汉语的"打、做、东西",英语的 games[可指下棋、打牌、打球等等]),甚至对虚词、普通名词"牛"、形容词"红、好"、动词"爱、恨"都很难进行义素分析。(福多等,1975)

此外,义素分析还遇到两个难题:义位的模糊性;义位集除了包含一般的成分外,还另有例外。为解决这两个难题,义素分析至少得有三个条件:(1)必要的公设条件,例如"红"必须有"颜色"这个语义要素作为语义公设。(2)程度(渐次)条件,以便在模糊中划界,从中区分出来。例如在光谱中波长渐次变化,有一段光谱是"红"的中心色,以此确定"红"的词义。(3)典型条件,以便解释例外,说明维特根斯坦的家族相似性。例如典型的苹果是"红"的,但也有例外。(贾肯道夫,1983。徐烈炯,1990:124)1986 年克鲁斯放弃了这个方法。

利奇(1987:165～168)转述过对义素分析法的六种批评:只能解释某些词,是一种"恶性循环"(用一套符号解释另一套符号),不需要假设语义特征,忽视语言系统个性,缺乏解释力,不能解释词义本质。批评之词也许数哲学家刘易斯(1972)最激烈:"这种方法无非是把英语翻译成一种辅助语言,分解语义学并不是真正的语义学,充其量不过是语义学的代用品。"

2.2.7 陪义

陪,就是伴随;在旁做伴,从旁协助。陪义是义位的附属意义、附属语义特征、附属义值、补充义值,是"一个词的基本意义之外的含义"。(《朗曼现代英语词典》)如果说基义是义位的第一级意义,那么陪义就是义位的第二级意义。

它比基义,具有次要的交际价值,但它能提高、加强语言的表达功能。而各种附属义是一切语言所固有的表达要素之一,是语言表情达意不可缺少的手段。维诺格拉多夫(1955)认为,词既是思想符号,又是心理感受的标志。许多同义词的差别就表现在陪义上。没有陪义,便没有词义的丰富多彩。不了解陪义,就不会全面认识义位及其用法。它是第二语言学习者不易掌握的。

2.2.8 陪义观的沿革

传统的语义学、词汇学称陪义为色彩(意义色彩、色彩意义、伴随色彩)。

欧洲中世纪就有了附加意义的观念。到了1660年,《波尔·罗雅尔语法》称之为"伴随意义"(созначение)。19世纪20年代,洪堡特(1997:221)使用了"色彩"和"附加意义"等概念。19世纪末,英国哲学家密尔提出了 connotation 这一术语,指名称同时表示着的一层意思,即所谓"涵义"。connotation 的拉丁语词根就是补充或伴随意义,因此应该译为"补充义值"、"附带意义"、"附加含义"(兹古斯塔,1983:29),而不应该译为"内涵(意义)"。索绪尔虽然忽视了语言表情的研究,但是他的学生巴利(1909)对此做了补充研究,区分出附加色彩(与语体有密切关系)和符加意义。1910年,德国学者埃尔德曼《词的意义》称为附带意思(Nebensinn)和情感评价(Gefuhlswert)。后来,萨丕尔(1921:42)称之为 feeling-tones,中译本(1964:25)译为"情调"。相当于奥格登、理查兹(1923)所说的第十一种意义,即"任何事物所引起的情感"。到1933年,布龙菲尔德在指示意义之外分出附带意义(内涵义或隐义)。60~70年代,一些国家对 connotation 的讨论一度出现高潮,普遍认为它是义位的次要意义、形象、情感、态度、风格等补充义值的反映。

英语除了 connotation 外,还用 connotative meaning,偶用 colouring。俄语称为 коннотация, колорит, окраска, оттенка 或 лексическая модальность(词汇情态)。在我们国内,最早是李安宅(1935)在介绍奥格登、理查兹《意义之意义》时提到了"伴随感情"。后来更多的是受了 colouring 的影响,除了偶尔叫"联想的意义"(吕叔湘,1947:46~49),多叫"色彩"(吕叔湘,同上)、"修辞色彩"(周祖谟,1955)、"感情色彩"(郑奠等,1956)、"意义色彩"(高名凯,1965:207)、"表达色彩"(刘叔新,1990)。现代语义学常称之为"附加义"(贾彦德,1992)、附属义、伴随意义等。阿普列祥(1995/2011:146-165)"把直接纳入词条注释的词汇意义中的'添加的'(情态的、评价的和表现力的)成分称作附加意义"。

2.2.9 陪义的类型

有人认为,附属义的类型是无限的。就小类而言,或许不算夸张。就大类而言,现状是类无定数,类有交叉,类无定名,同名异类,同类异名。国内对汉语义位附属义的分类,摘要如下:

一二元论:修辞色彩;修辞色彩分为感情色彩、社会色彩。这是欧洲学者的主流观点。(张会森,1999)

三元论:情态色彩、格调色彩、形象色彩。(武占坤、王勤,1983)形象色彩、感情色彩、语体色彩。(符淮青,1985)表情色彩、语体色彩、联想色彩。(王德春,1983)

四元论:形象色彩、感情色彩、修辞色彩、风格色彩。(高名凯,1963)形象、情感、风格、理性意义。(贾彦德,1992)

六元论:表情色彩、风格色彩、形象色彩、地方色彩、外来色彩、古奥色彩。(武占坤,1983)感情色彩、语体色彩、形象色彩、社团色彩、时间色彩、地域色彩。(詹人凤,1997)

七元论:感情色彩、形象色彩、风格色彩、时代色彩、外来色彩、民族色彩、地方色彩。(杨振兰,1996)

八元论:感情色彩、态度色彩、评价色彩、形象色彩、语体色彩、风格色彩、格调色彩、语气色彩。(刘叔新,1990)

九元论:感情色彩分为褒、贬、中。社会色彩分为:雅俗中格调色彩、时代色彩、社会阶层色彩、语体色彩、地域色彩、个人色彩。(彼·基罗,1961。张会森,1997)

在诸家成果基础上,我们提出十元论:属性陪义、情态陪义、形象陪义、风格陪义、语体陪义、时域陪义、地域陪义、语域陪义、外来陪义、文化陪义。万事万物的发展大多是适当地繁化,而不是不当地简化。

2.2.9.1 属性陪义

附属义不能用"感性"范畴来概括。现代语义学认为,形象陪义、风格陪义、语体陪义绝不是感性的,甚至情感陪义也不完全是感性的。利奇提出的"内涵意义"是一种理性更突出的陪义。乌尔班把利奇的"内涵意义"分为概念内涵(conceptual connotation)、直感内涵(intuitive connotation)、情感内涵(emotional connotation)。我们不再细分,就把它叫做属性陪义。

大多数属性陪义,就是法国语言学家艾尔德曼在20年代所说的"附带的意思",即词在我们头脑里习惯而自然地引起的一切伴生的和次要的印象,(倪波等,1995:61)是义位的次要理性特征,有的是概念的非重要内涵,是事物的非重要特征。(阿普列祥,1957)它是跟事物的本质属性相联系的,是"非标准的特性"(利奇,1983),常反映出语言共同体的理性习惯。不是所有的词都有属性陪义。

属性陪义是义位基义之外的边缘义素。主要有四类:

第一类,可以归为次要的附属的理性义素。

"博得"和"赢得",基义(这里指的主要是理性义素)相同,都是取得(好感、同情、时间、称号、赞誉、评价、群众等等)。"赢得"还有次要理性义素——胜利而得,所以可以说"~和平/战争/胜利/考试/战功/友谊/爱情/奖金/金钱"。

我们常说"水火不相容",这个"水"用的是水能灭火这个次要语义特征(《汉书》说"水性灭火")。"绿水青山"、"水色天光"的"水"是江河湖海中的自然界的水,其色或白或青或黄或蓝,这是水的次要语义特征(水的基义是"无色")。"掬水闻香",说的是水有香味的次要语义特征(水的基义是"无味")。"水性无常"、"水性杨花",说的是水随势而流的次要语义特征。

"山"的基义是"地面形成的高耸的部分",此外还有些次要语义特征:①如山聚集土石之多——人山人海;②如山一样永恒——海誓山盟;③确定不移——铁证如山;④坚定不动摇——执法如山。

有些次要理性义素就是俄国学者所说的"意味"(оттенки значения)。格罗特(1895)、多比阿什(1897)、乌沙阔夫(1935)、维诺格拉多夫(1938)都阐述过"意味"。阿赫曼诺娃《语言学词典》(1966)说"意味"有三种意义:义位的陪义,准义位,义位变体。有些意味可能发展成独立的义位。刘叔新(1993:11)的意味另有所指。

第二类,转义的背景义。

据雷科夫、约翰逊、内特等人研究,在多义词的语义框架里,本义和转义不是截然二分,而是有梯度的,本义衬托转义,是转义的语义背景。因此转义具有本义这一背景义。(斯沃涅波埃尔,1995)即以本义为背景的陪义。"海"的转义是"比喻连成一大片的很多同类事物:人海|火海"。(《现汉》)"海报"的"海"也是用的这个比喻,跟"广告"的"广"相比,"海"总有"面积很广大,数量很多"这样的背景义。

第三类,事物的非重要属性及对它的理性评价。

这一类例如:"木头"的"无灵性","石头"的"不通人情","家"的"温馨","妇女"的"柔弱","羔羊"的"温顺","狐狸"的"狡猾","驴"的"愚蠢","蛇"的"阴毒","狼"的"贪婪、凶残"。这些大多属于联想意义,它们一般不包含在辞书的释义中,而感情等陪义常包含在释义中。

第四类,是比较特殊的属性陪义——理据义。

它是义位命名的理由和根据,常以表层义赋予义位以次要因子、补充义值。索绪尔(1916)之后,皮尔斯等许多人用 motivation(理据)描述符号和所指之间人的动机或目的,其中多数是任意的;而在本义和引申义之间,在初始词和复合词之间有所谓的"第二动机",即是有理据的。理据的语音理据,词汇间和语言间的关系理据,形态理据,这三个亚范畴,姑且不论,这里只谈语义理据。这个亚范畴又分为造词理据和构词理据。造词理据,揭示的主要内容是语素义(偶尔涉及词的外部形式)和所指事物特征的联系。构词理据,主要从命名角度揭示义位内部的语素义结构,即内部形式。这样理解内部形式,是俄国权威语言学家斯捷帕诺夫(1989)、权威语义学家诺维科夫(1982)、权威汉学家郭列洛夫(1989)在他们的新著中多次阐述的。早在他们之前,布达哥夫(1953。1956:53)曾说内部形式是指词的声音与其最初内容间的联系性质。1958 年他出版另一专著时虽然还是坚持这个提法,但是在 63 页末加了一个长达 15 行的注释,回答许多学者对他的批评:内部形式定义太窄。欧美语言学的传统观点认为,外部形式属于表达层面,内部形式属于内容层面。后者是

理解词义的有价值的因子。(张志毅、张庆云,1994:22)

同一语言的同一事物的不同名称,其语素义跟事物特征的联系不同。汉语的"青蛙"通称"田鸡","田"说它常生活在田间,"鸡"说其肉味美如鸡;又叫"水鸡","水"说其中一种常生活在水中、水旁;又叫"长股",说其股长、善跳。《现汉》给"东床、捉刀、企鹅、首级、针砭、逐鹿、问鼎"等600多个词注明理据,占收词总量的1%。(吕波,1996)

不同语言的所指事物相同的义位,其不同的语素义跟事物特征的联系不同。

英语的"火车"train,其词根语素义是"一串,一系列",它跟火车的一系列车厢相联系。

日语的"火车"叫"汽车",其语素"汽"是跟火车动力用蒸气相联系。

汉语的"火车",其语素"火"是跟火车动力用火相联系。

不同语言的所指事物相同的义位,其语素义的结构可能不同。

汉语的"向日葵",是"朝向 + 太阳 + 葵花"。

英语叫 sunflower,是"太阳(的) + 花"。

法语叫 tournesol,是"转向 + 太阳的(花)"。

俄语叫 подсолнечник,是"阳光 + 下面的(花)"。

德语叫 Sonnenblume,是"晒 + 太阳(的) + 花"。

西班牙语叫 girasol,是"跟着转 + 太阳(的花)"。

以上实例,是理据中的习惯(规定)型,该类型另外还应有典故造词、修辞(比喻、借代、夸张、委婉等)造词。习惯型之外,还有自然型("知了"因声得名)、缩略型("格致"、"八仙")、流俗型("狼狈")。

2.2.9.2 情态陪义

语言有三大功能:社交,描写,表情。表情义位有两类,一类是基义表示情感态度本身,石安石(1993:15)把它叫做情感概念化。实际上是把情感态度抽象、概括为不同的类别,作为义位的内容。如善良、诚恳、慈爱、喜悦、温柔、谦虚、热情、凶恶、仇恨、怨恨、厌恶、悲伤、骄傲、冷淡。另一类是陪义表示情感态度,是主体对基义(所指)的感情、态度和评价。

后一类就是这一小节要讨论的情态陪义。

雅柯布逊(1960)认为,感情功能(emotive function)描写了所指倾向,即情感、态度、身份等。帕默尔(1981)认为,感情意义和评价意义相似。利奇(1983)则索性把"态度意义"包括在"感情意义"之中。兹古斯塔(1983:42~43)的"情态表征"就是"态度"和"情感"表征。倪波、顾柏林(1995)则把"感情意义"称之为"情感—评价意味"。俄国语言学家多称为感情评价义素。诸家涉及"情感、态度、评价"三种陪义,倾向于合并。顺势,我们把这三种陪义合称为"情态陪义",它反映的是语言共同体的喜、怒、爱、憎、敬、谦、褒、贬等伴随基义的主观信息。

把情感、态度、评价这三种陪义分成并列的类,分类较乱,归类更乱。我们的处理办法是,以《现汉》括号内外标注的情态陪义为语料,按其标注的小类类名及义位列出,然后讨论一下各小类的归属问题。

(1) 惋惜:功败垂成、功亏一篑。

(2) 喜爱:宝宝、蚕宝宝、银燕。

(3) 亲昵、亲热:小鬼、小家伙、老头儿。

(4) 厌恶、憎恶:尊容、老头子、充斥、叨叨、伸腿(插足)、花不棱登、花里胡哨(颜色)、滑不唧溜、灰不溜丢、灰溜溜(灰暗色)、鬼子。

(5) 轻蔑、鄙视:女流、交际花、阿猫阿狗、穷光蛋、穷措大(穷困的读书人)、可怜虫、土人、戏子、市井之徒、小子(男人)。

(6) 讥讽、讽刺、嘲笑:夫子(读古书而思想陈腐的人)、裙带、老爷(人民的~)、馋猫、钦差大人、守财奴、土包子、冤大头、万事通、狗吃屎(前倒姿势)、窝囊废、佛头着粪、粉墨登场。

(7) 戏谑:黄毛丫头、独眼龙。

(8) 斥责:滚(离开)、不识抬举。

(9) 客气(客套):挂齿、发福、失陪、劳驾、借光、慢走、留步、屈尊。

(10) 骄傲(自负):老娘(已婚妇女自称)、老子。

(11) 谦虚:不敢当、过奖、老粗、老朽(自称)。

(12) 尊敬:老兄、屈驾、光临、光顾、请问。

(13) 委婉/避讳:试想、老实(不聪明)、作古、长眠、洗手间、走水。

(14)詈骂:酒鬼、崽子、不要脸、胆小鬼、号丧(哭)、混账。
(15)褒义:无与伦比、风采、效果。
(16)贬义:气焰、得宠、嘴脸、贩子、流俗、心术、放空气、高谈阔论、歌功颂德、生财有道、紧锣密鼓。

(1)小类"惋惜",基本上属于"情感"类,兼有"态度"。(2)~(5)小类"喜爱、亲昵、厌恶、轻蔑"是兼属"感情"和"态度"两类的。(6)~(13)小类"讥讽、戏谑、斥责、客气、骄傲、谦虚、尊敬、委婉"基本属于"态度"类。(14)~(16)小类"詈骂、褒义、贬义"基本属于"评价"类,兼有"态度"。

《现汉》共标注敬谦语素44个,敬谦辞362个。如果加上敬谦短语,再补上漏标的语素和词,那么现代汉语中的敬谦辞至少有1000个。

《现汉》标注褒贬的陪义共有300多个,其中褒陪义不足10多条,绝大多数是贬陪义。这是有待研究的悬殊比例问题,其中一个是语言事实问题,一个是编者标注问题。但是,值得称赞的是编者标注的界限明确:标注的是陪义的褒贬(传统把这类词叫做带褒贬色彩的词),而不是基义的褒贬(传统把这类词叫做褒义词或贬义词),更不是语用平面的组合义的褒贬。

委婉陪义(《现汉》给委婉语标注的是"婉辞"),表现为委婉义位的表层义的褒化升扬(美化、愉悦、礼貌等)。莱文森(1983)所说的委婉语开始是一种礼貌的隐喻,仅仅是升扬的一种。广而言之,它是粉饰"玫瑰色世界观"的妙语。从人类文明早期一直盛行至今。很古,人们就婉称"死",至今英语中已经有"死"的婉辞100多个(有人说有102个,恐怕不止),汉语中"死"的婉辞已有200多个。墨西哥人的"死"的婉辞竟有数百个。极尽粉饰之能的是把 missiles(cruise)([巡航]导弹)婉称为 peace-keepers(和平保卫者)。因此有些结构主义者认为,委婉语的替换在历时语义链中是无止境的。几种汉语新词词典告诉我们,自1978年至1994年汉语至少涌现出200多个婉辞。如:瓷饭碗(=泥饭碗、纸饭碗,与铁饭碗相对)、大墙(监狱)、待业、下岗、弱智、议价生(高价学生)、调价(涨价)。

2.2.9.3 形象陪义

义位基义之一是把有形象的对象概括成抽象的类,如"牛、海、跑、跳、高、长、红、香、硬"等等,这是基义中的形象(直觉的,在基义中或显或隐)。有些学者常把对象的形象混同为形象陪义。

形象陪义,是陪义中显现的伴随对象的形、色、音或味等等素义。在一个语义场里,有些义位没有形象陪义,有的义位有形象陪义。"房子、住宅、楼房、宫殿、宿舍"等数以百计的义位都没有形象陪义,同一义场中只有"吊楼、摩天楼、蜗居、斗室"等有形象陪义。"伤员、伤兵、伤号"没有形象陪义,"彩号"有形象陪义。有的对象没有形象,反映它的同义的义位却可以有形象陪义,如:心潮(:心情)、怒火(:愤怒)、包袱(:负担)。

形象陪义存在形态和标记,请见 2.2.11 节。

形象陪义的类别主要有如下七种:

形态形象:汗颜(:惭愧)、梯田、蘑菇云。

颜色形象:彩霞、挂花(:〔战士〕受伤)、银白、红扑扑。

声音形象:啊呀、知了、蛐蛐儿、乒乓球。

动态形象:蚕食、爬行(以上表明人的动作形态)、哽噎、沉甸甸(以上动作感觉)。

味觉形象:酸溜溜、甜滋滋、苦森森。

嗅觉形象:香扑扑、臭乎乎。

触觉形象:冰冷、火热、暖烘烘、硬邦邦、光溜溜。

形象陪义受表象、意象制约,因此它有很强的地域性和民族性。普通话、南方常叫"带鱼",北方常叫"刀鱼",俄罗斯则叫"剑鱼"。

2.2.9.4 风格陪义

20 世纪以来,广义的风格是多元概念,它包括时代风格、地域风格、语域风格、语体(功能)风格、个人(作家)风格、表情风格(多属"情态陪义")、表现格调风格。狭义的"风格"也有不同理解:利奇(1983)、刘叔新(1990)在附属义中讨论的风格指语体,我们这里指的是表现格调风格。它是义位因语源、语体、语域、语气、语用以及心理诸多因素形成的，按表意的不同层次的正式程度(levels/degrees of formality)划分出的典雅、粗俗等附属义。

风格的主要类别有：

(一)正式

(1)高雅、典雅的：

弄璋、赧颜、头颅、拊掌、后嗣。

(2)庄严、郑重的：

协商、神圣、诞辰、宴会、拜会、父亲、头脑、羞耻。

(二)非正式

(1)粗俗的：

狗屁、浑蛋、老狗、老娘们、老婆子。

(2)随便的(不庄重、不郑重的)：

大肚子(饭量大的人)、老外、爸、脑袋瓜、害臊、爷们、媳妇儿、拍手。

(3)诙谐的：

教头(教练员)、哭鼻子、打屁股、报(纸)屁股、玩儿完、玩儿命、打游击(做事没固定地点)、孔方兄、病包儿、铁将军(门锁)、口福、伸腿儿(死亡)。

2.2.9.5 语体陪义

义位在语体类别领域里的常态、最佳分布，就是义位的语体属性，由此给定一些义位以一种补充义值，即语体陪义。英美等学者传统叫法是语体意义(stylistic meaning)或语体色彩(stylistic colouring)。俄国学者传统叫法是功能语体色彩(функционально-стилевая окраска)。巴利和基罗称之为"社会联想"、"社会色彩"，这种名称是缺乏理据的。

现代语体学的研究,导源于索绪尔的得意高足巴利(1909)的《法语语体学》(法语 stylistique"语体",又译"文体"或"风格"),代表了法国学派;其次是开创者、先驱者德国学派的施皮策;继承、发展者有苏联学派的维诺格拉多夫,东欧学派的布拉格学派学者,伦敦学派的韩礼德。60年代兴盛起来的现代语体学从传统的语文语体学、风格学中解放出来,独立出来。语体是一个多元概念:受交际方式、手段(媒介)、意向、语境(交际者、情景、时代等)、语域、地域、体裁、题材、话题等诸多因素制约而运用语言的风格综合类型。语体划分不是绝对的,而是相对的(依据占优势的典型因素)。下面列举的就是相对的语体类型(语体变体,stylistic variety)和义位在其中的常态分布:

(一)标准语体

(1)书面语体(笔语体)

①文学语体(含诗歌、戏剧、小说、散文等)。如:

麦浪、心潮、翱翔、疾驰、崎岖、悠扬、绿油油。

②科技语体(含自然科学、社会科学、政论、工程技术等语体)。如:

守恒性、变动性、系统性、控制论、信息论、定性、定量、结构、类型、初始、推导、均为、给定、求出、当且仅当、产卵(下蛋)。此外还用一些文言单音义位:尚、均、置、设、则、若、皆、因、故、且、亦、其。

③应用语体(含公文、法规广告、书信等)。如:

呈报、当否、报批、批转、转发、审示、附件;便条、条据、启事、兹有、特此;来函收悉、迟复为歉、日后面谢、大安。

④一般书面语体。如:

下榻(住宿)、邂逅、造访(拜访)、问鼎。

⑤新闻语体。如:

消息、通讯、评论员、社论、短评、按语、报道、新闻、电讯、广播、播放、直播、解说词、新闻稿。

(2)口头语体(含谈话、讲话、讨论等,这里侧重随便谈话体)。如:

下巴颏儿(颏)、下半晌(下午)、下辈子(来世)、下生(出生)、虫牙(龋齿)、傻瓜相机(平视光学取景自动或半自动相机)、糯米纸(食用孢糖纤维纸)、吓唬(恐吓、恫吓)、棒、帅(好、漂亮等)、没治(好极了)、次(差、不好)、麻利(敏捷)、搭腔、耷拉(下垂)、大伙儿(大家)、忙乎(忙碌)、下劲(使劲)、打盹儿(瞌睡)、遛弯儿、遛早儿、溜达(散步)、拉扯(抚养)、拉倒(作罢)、给(给予)。

(二)非标准语体
(1)方言土语语体。例略。
(2)文言古语语体。例略。

大多数义位是通用的,在语体陪义上是无标记的。少数义位是有语体陪义标记的,常用于某一层次的语体,是限用义位。这里的限用,主要指多用于口语或书面语,《现汉》给3000多个义位标注了〈书〉(〈书〉是语体标签 stylistic label),指的是义位限用于书面的文言。口语和书面语义位一般不宜交叉使用。如叶圣陶《多收了三五斗》原稿写的是"茶叶和垃圾不复可见",改为"再也看不见了"。吴伯箫《记一辆纺车》原稿用的是"锱铢计较",改为"斤斤计较"。都改得跟口语语体十分协调。

在一种语体里,适当地借用具有另一种语体陪义的义位,可以产生较好的修辞效果。

基义相同,而语体陪义不同的词,常称作语体同义词(stylistic synonym)。

2.2.9.6 时域陪义

语言整个义位系统经常吐故纳新,新陈代谢。这种变动性规定了义位在时间轴上的位置,这就是义位的时间属性,由此义位便产生了一种补充义值,即时域陪义。

按时间层次,义位划分为:历史义位,文言义位,近古义位,旧义位,现代义位,新义位。现代义位是现代通用的,其时域陪义没有特色,不必论述。

历史义位,指历史上一度存在过的义位,其所指早已消亡,后无义位取而代之。"指今天已不存在的习俗或制品"。(《简明牛津》10 版)它们保存在历史文献或叙写历史和外交的现代书面语里。如:

有巢氏、炎帝、禅让、殷商、宰(手工业奴隶)、冢宰(管宰的大官)、诸侯、采邑、册立、分封、皇帝、不穀、寡人、宰相、科举、宾天(驾崩)、长矛、盾牌、驿站、凌迟。

文言义位,也叫古义位,基义所指仍在,能指早已消亡,后有能指及其义位取而代之。具有古雅陪义。如:

布衣(平民)、苍生(老百姓)、黉门/庠序(学校)、首(头)、面(脸)、足(脚)、罟(网)、舟(船)、冠(帽)、犬(狗)、饮(喝)、食(吃)、行(走)、视(看)、曰/云/谓(说)、闻(听)、惧/畏(怕)、窃(偷)、吾侪(我们)、汝(你)、此(这儿)、颇/甚(很)、何其(多么)、均/皆(都)、将(把)、故(所以)、方(才)。

"现今日常生活根本不用的过时的词语,有时出现在过去的作品中"。(《简明牛津》10 版)文言义位保存在古代文献、文学作品、成语、复合词等等之中。在构建典雅、古雅语体(含外交文件、某些应用文),创造时代环境,重现历史事实,刻画历史人物,表示庄重、讽刺、诙谐等方面,常常用得着文言义位。文言义位的古色古香的时代陪义是无可取代的。在标准语文辞书释义中,对这种时代陪义也是不可忽视的。"目"不可简单地释为"眼睛",应该释为"〈书〉(或〈古〉)眼睛"。古今义位有许多不是等值的,辞书应该尽可能地反映古今语差(语义差别)。

近古义位,这里指早期白话义位,即唐宋至五四运动前书面上使用的口语义位,现在大多不用了。多见于当时的小说、话本、语录、戏剧作品等。《现汉》标注"早期白话"的有近百条。如:洒家(我)、头领(首领)、在下(自称)、探子(侦察兵)、浑家(妻子)、小可(自称)、造饭(做饭)、镇日(整天)、老身(老太太自称)、好生(很)。

旧义位,即将消亡或消亡不久的义位,许多人还记得它们的意义,但是现代不通用,只有叙写现代早期社会生活时才用得着。具有陈旧陪义。如：

学堂(学校)、报馆(报社)、水师(海军)、通事/通译(翻译)、兵丁/兵卒/兵勇/老总(士兵)、伶人/戏子(演员)、堂倌(招待员)、买卖人(商人)、伙计(营业员/服务员)、茶房(供水的招待员)、剃头匠(理发师)、民众(人民)、洋火(火柴)、洋布(机织布)、洋行(外国商行)、洋铁(镀锡/锌铁)、薪水(工资)、关饷(发工资)。

新义位指具有新鲜感的、进入词汇系统不久的、已被许多人公认的义位，或其所指新，或其表达法(expression)新。义位新生的量大于消亡的量，因此义位日趋丰富。尤其进入20世纪，发现发明层出不穷，知识爆炸，广义的新义位在全世界也在爆炸——每年产生十几万个！狭义的新义位(如本段开头所说)，据巴黎国际法语委员会调查，1973～1979年间产生10000个。英语每年产生500个新义位。汉语的新义位，1919年开始的新文化运动产生了一批，1949年开始的新中国时期产生了一批，1978年开始的新时期产生了一批，近十年每年产生300～400个。它们具有新颖陪义。新义位随着产生时间的短长，新鲜感由强而弱。这里仅以新时期的为例。如：

一国两制、二传手、三连冠、四小龙、十佳、万元户、专业户、外星人、地球村、方便面、利改税、炒鱿鱼、试管婴儿、迷你裙、卡拉OK、广告学、女能人、光纤、电脑、飞碟、穴头、减肥、打的、反馈、反思、失控、炒作、导游、空嫂、军嫂、警花、克隆、环保、视角、软件、光盘、软包装、国格、国脚。

新义位的使用，应该适合它们的时代语境和情景语境。

《现汉》给一些义位标注了〈古〉(或"古代")、"早期白话"、〈旧〉("旧时"、"旧社会")等时代陪义。所谓的"早期白话"与"现代白话"(即语体文)相对而言，"指唐宋至五四运动前口语的书面形式"，是唐宋以来口语的反映，开始只用于通俗文学，如唐代的说唱文学"变文"(《目连救母变文》)。到宋代用于儒家讲学言辞记录的"语录"(如《朱子语类》)。明清又用于长篇小说《水浒传》《红楼梦》等。旧时陪义比较容易变化。"招标",《现汉》1978年1版注有"旧时",1983年2版删去了"旧时";而该版给"倒闭"注有"旧时",到1996年修订本删去了"旧时"。

2.2.9.7 地域陪义

地域陪义,这里专指语言的地方变体的附属义,它是共同语的元气源泉、生命源泉。语言的历时轨迹常在方言中有投影。在地域义位的基义和陪义的视角下,有四类义位值得注意:

(一)义位的基义反映方言区独有的事物,而且具有显著的文化意义,不仅是方言区的文化标记(culturally-marked),而且也是民族、国家独特的文化负荷(culturally-loaded)。如"茅台、龙井、荔枝、龙眼、龙舟"等等,它们早就进入民族共同语,因此它们没有方言陪义。《现汉》对这类义位不标注〈方〉。

(二)一些方言义位早已进入民族共同语,长久的时间冲刷掉了它们的方言陪义。如:

里手、搭档、老公、扯皮、带劲、拉倒、蝌蚪、雪糕、货色、名堂、把戏、尴尬、晓得、垮、搞、打交道、出洋相、夹生饭、二流子。

《现汉》对这类义位也不标注〈方〉。

(三)进入民族共同语不很久的义位,还保留方言陪义,《现汉》标注〈方〉。如:

瘪三、老财、噱头、近乎、节骨眼、娘儿们、亭子间、蹩脚、筋道、坍台、砸锅、磕巴、啥、靓、侃大山、打摆子、阿猫阿狗。

(四)通行的方言区较广,未进入民族共同语的义位,有较浓重的方言陪义,《现汉》标注〈方〉。如:

阿拉、侬、阿公、阿婆、俺、绢子(手绢儿)、孖仔(māzǎi,双生子)、恁地(这么、那么、怎么)、白相(玩)、卖底(泄密)、嫩生(嫩,不成熟)、甭、孬。

上述后两类方言义位具有方言陪义,《现汉》共标出2000多个。使用方言义位,受语体因素制约,一般书面语体、科技语体、应用语体和一般的文学语体,不用方言义位,只是在戏剧、小说等文学的直接引用或对话中,为了描写地方的风土人情,塑造带乡音的个性人物,才偶尔使用方言,这被称为方言法(dialectism)。欧洲文艺复兴之前,用方言法较多。尤其是用于社会地位较低的人物。文艺复兴之后,一般用标准语,偶用方言法,法国的巴尔扎克、福楼拜、乔治桑等在描写农村题材和外省生活时偶用方言法。俄国屠格涅夫的《猎人日记》在表达农民谈话时才用奥尔勒方言。但是英国诗人罗伯特·彭斯(1759~1796)常用苏格兰方言写作,有很大局限性。中国的正统文学基本上是用雅言、官话、国语、普通话。现代作家沙汀、赵树理、周立波的一些作品用了较多方言,使作品产生了一定的局限性。据杨玉秀的《老舍作品中的北京话词语例释》统计,老舍用了北京方言土语1064条。后来老舍认为"地方色彩并不仗着几个方言中的词汇支持着"。高尔基说"一个文学家应该用俄罗斯语言来写作,而不应该用某一省县的方言来写作"。因此,文学作品偶用方言法的时候,应当少量地谨慎地选用上述第三类,特别是第四类带方言陪义的义位。

2.2.9.8 语域陪义

语域(register),是20世纪60年代提出并着手研究的问题。恩克维斯特、斯宾塞、格莱格里,特别是韩礼德(1964)提出了许多看法。他们认为,语域一指语体,一指语言应用领域。语体,已有专词表示;语域,还是不指语体为宜。我们这里所说的语域就是指语言应用领域或交际范围,是社会情景制约的语言变体,是同职业(或兴趣)群体常用词语、用法的集合。Martin(1992)把它叫做话语范围、基调、方法和集合,是一种情景语境。从社会语言学三个角度,可以划分出三种语域变体。①从社会群体角色(或同行,或同爱好,或同性别,或同龄段等等)角度,得出社团语言变体,如教师语言、律师语言、医生语言、集邮者语言、影迷语言、妇女语言、儿童语言。②从社会行业角度,得出行业语言变体(主要是术语),如:法律语言、商业语言、政治语言、外交语言、军事语言、新闻语言、宗教语言。③从社会环境角度,得出环境语言变体,有人称之为"话语场"

(field of discourse),如:家庭场(语言)、学校场(语言)、战争场(语言)、公关场(语言)、日常场(语言)。

一个语域(如外交)可能包括几种语体(如外交论文、国书、条约、公报、声明、照会、函电、祝酒词、讲演等)。

语域之下有次语域(subregisters)。如学校教育语域下有课堂讲授、课堂讨论、课下谈话等。

义位在上述语域里的常态分布,就是义位的语域属性,由此给定了义位的一种补充义值,即语域陪义。请看下列实例:

(1)法律语域的义位:

配偶、前科、伙同、刑事、民事、公诉、上诉、申诉、抗诉、判处、判决、裁定、证据、逮捕、拘捕、拘留、辩护人、辩护词、代理人、代理词、免予起诉、免除刑罚、无罪释放。

(2)商业语域的义位:

商品、热门货、抢手货、紧俏商品、处理品、畅销、滞销、经销、展销、促销、出售、零售、批发、购买、收购、选购、邮购、价格、廉价、涨价、降价、削价、顾客、柜台、光顾。

(3)外交语域的义位:

元首、国王、陛下、女王、亲王、殿下、太子、外长、使节、大使、公使、特使、信使、代办、总领事、领事、使馆、领事馆、领事区、驻在国、派遣国、国书、阁下、条约、照会、复照、备忘录、豁免、特权、坦率(隐含分歧)、关注(将有强硬态度或措施)、官方消息、最后通牒、替罪羊、橄榄枝。

在一般情况下,是按在语域中的正态分布来使用义位的。为了一定的语用目的,也可以语域交叉(registermixing),即把次语域A的义位用到次语域B中,这样就可以取得幽默、讽刺、渲染等效果。许多学者认为,用《圣经》语言作拳击报道就是开玩笑。在体育报道中用军事义位,就是渲染体坛如战场——搏斗争夺、你败我胜、尚武精神。如:

拉开战幕、点燃战火、移师奥运、披挂上阵、发起猛攻、全线出击、重兵看守、筑起防线、重兵把守、攻坚战、阵地战、拉锯战、收缩防区、战功赫赫、连战皆捷、鏖战曼谷、场上制高点、空中优势、兵力不济、败下阵来、鸣金收兵、降下战幕、战术、突围、反击、偷袭、怯阵、出击、决战、会战。

义位的语域陪义，随着术语的普通化趋势，由强变弱。各语域的术语因为表意的独特和交际的需要，已经大量进入了共同语。术语在某些国家的新词词典中已经占到 50% 至 80%。利奇（1987:48）称之为"行话化"。《现汉》从经济(含工农业等)、文学、文艺(含音乐、戏剧等)、医药、物理、数学、化学、生理、地理、生物、天文、电子、工程、信息、政治、军事、法律、历史、外交、语言、哲学、逻辑、心理、宗教、教育、新闻、体育等 40 多个门类选收 15000 多个术语，占收词总数的 26%。这些术语在不同程度上进入了普通话，其语域陪义有强、中、弱的不同。

靠近专业语域的术语义位，语域陪义强些。如：

穿刺、下焦、羞明（医学）

化入化出、切入切出（电影）

乙种粒子、载流子、衍射（物理）

衍生、同分异构体（化学）

靠近通用层的术语义位，语域陪义次强。其中较多的是几个语域共同使用的或一个语域使用而近于普及的义位。如：

造型、悬念、音响效果、主题音乐（戏剧、音乐、舞蹈、电影）。

关节、血液循环、消化系统、细菌、血小板、神经末梢（医学、生物、生理）。

软件、硬件、光盘、编码、程序、编程（计算机）。

负数、正数、锐角、直角、互补角、等式、不等式、圆锥体（数学）。

进入通用层的术语义位，语域陪义弱。如：

循环、吸收、周期、误差、阵地、旋律、沉淀、饱含、香火、战斗力、信息、反馈、热点、渗透、内耗、载体、同步。

2.2.9.9 外来陪义

世界上有二百来个国家和地区的几千种语言,"很少是自给自足的"(萨丕尔,1921),它们经常进行着跨语言文化式的词语代码转换,从而生成民族化的外来词,即借词。借的最多的语言应当是英语,它在 5000 个常用词中有 73% 是借来的(其中借自法语的有 47%)。从外语借得较少的语言或许有汉语,即使在词汇总量中,至今才超过 5%。借意转换(即所谓的"意译词")又占了其中的 75% 左右。尽管闻一多在半个世纪之前还称"洗礼、心弦"等为洋名词,但是这类借意转换的"意译词"和从日语转借过来的"汉字词"(所谓"侨词")其洋味总是不浓的。狭义借词(外来词)不包括这一类。

这里所说的外来陪义,是指下列三类义位,除基义之外还有"外来"陪义。

(一)借音意而转换来的义位

(1)音意兼借,音译隐含意译,选用能兼表意的汉字作为音译字,循音赋意,其中包括"美好音译法"。如:

  index→ 引得　　　　　　mini→ 迷你
  Utopia → 乌托邦　　　　TOEFL → 托福
  tutem → 图腾　　　　　Coca-Cola→ 可口可乐

(2)借音+借意。如:

  Wall Street → 华尔街　　　ice cream→冰激凌
  Trojan horse →特洛伊木马　Hellenism→希腊主义
  Wendy house→温迪之家(儿童游戏室)

(3)借音+类名。如:

  car→卡车　　　　　　　hamburger→汉堡包

card→卡片　　　　　　　　jeep→吉普车
hippy→嬉皮士　　　　　　Gypsy→吉卜赛人

(二)借音而转来的义位。如：

bus→巴士　　　　　　　　disco→迪斯科
taxi→的士　　　　　　　　copy→拷贝

(三)借形而转来的义位
(1)西文字母+汉字(语素或音节)。如：

　　三 C 革命(通信网络化、计算机化、自动控制化)、卡拉 OK、VCD 光盘、BASIC 语言。

对这类词,有人讽刺为"马褂加领带",有人称之为"混血儿"。它的学名,应当叫"混合词",英法德俄分别称为 hybrid word, mots hybrides, hybrides wort, гибрид(或意译为 полукалька),都是指语源不同的成分构成的词。这是许多语言共有的现象,只不过汉语的混合词是不协调的中西合璧。这种混合词能进入辞书正文的(以汉字开头的)和不能进入正文的(以西文字母开头的),已分别选入 1979 年以来的《辞海》、《中国大百科全书》、《现汉》(修订本)的正文和正文的后面。

(2)原形词和原形缩略语。如：

MTV(音乐电视节目)　　　DNA(脱氧核糖核酸)
CAD(计算机辅助设计)　　CPU(计算机中央处理器)

　　原形转换,是 120 个使用拉丁字母国家间古今常用的,也是中日等使用汉字的国家间古今常用的。而今是拉丁字母原形与汉字合璧。《现汉》(5、6 版)已在正文之后选收 100 多个原形缩略语,还有很多待选的。这些原形词似有与日俱增之势,或许因为其中有"国际接轨"在做动力。例如:DNA,这个原形词是国际通用的测量公众科学素养的三个概念之一

(另两个是"分子"和"计算机软件")①。GMDSS,是 1992 年 2 月新规定的国际求救信号。

外来陪义,时间可以冲淡它。借入越早,外来陪义越淡,甚至可以淡到无的程度。上古汉语借入的"骆驼、猩猩、琵琶、葡萄、石榴、狮子",17 世纪徐光启翻译欧几里得的"几何",甚至连 20 世纪译的"绷带"等都早已消失了外来陪义。《现汉》不再给它们注明语源。

俄国的普希金、别林斯基、屠格涅夫、契诃夫、托尔斯泰、高尔基都既反对排斥外来词,又反对滥用外来词。同样,我们对外来陪义比较浓的借音意的、借音的、借形的义位也应该不排斥、不滥用。70 多年前,新文化运动的先驱鲁迅已经率先根据各种表达的需要使用了上百个外来陪义浓重的义位。如:海乙那(hyena 音译,鬣狗,意译土狼)、K 学堂、Alps 山、propaganda(宣传)、sketch(速写)、Ade(再见,德语)、democracy(民主)、mob(乌合之众)、censor(检查官)。现在的报刊和科技文献,也常使用外来陪义较浓的义位。其使用的原则是:第一,为了表达独特的基义,特别是术语类的意义,而汉语本族词又没有同义词取代;第二,虽然汉语本族词有相应的同义词,但是为了表达细微的基义差别或外来陪义;第三,为了简洁;第四,为了再现从前的一个时代或表现当代特征;第五,为了建构一个典型环境;第六,为了突现作品中人物的个性化语言。

2.2.9.10 文化陪义,这里指基义所附带的文化象征义。这是义位的民族性表现之一。带文化象征义的义位在汉语里约近万个。《汉语国俗词典》收了 3000 多条。如"玫瑰"在汉语中文化陪义是,象征爱情;有时用它表示对生日的祝贺。英语的对应词 rose 则象征天真、美丽等,而且上升为基义。

2.2.10 陪义的性质

2.2.10.1 陪义的语言性和言语性

大多数语言学家认为,陪义有两类:一类(大多数)是语言性的,属于

---

① 见《光明日报》1998 年 11 月 10 日,第 1 版。

语义学或词汇学范畴,是静态的、规约意义(常规的约定俗成的意义),如《现汉》已标出的"兔崽子"是骂人的话;另一类(少数)是言语性的,属于语用学或修辞学范畴,是动态的、非规约意义,其中主要是情感意义,可以称为用义或一种意味(维诺格拉多夫,1960:144),也称为语用意义。(诺维科夫,1982:99~100)

如《现汉》未标注的"兔崽子"指儿孙,暗含喜爱意。

2.2.10.2 陪义的附属性

外部说。以巴利(1909)为首的,认为色彩附属在词义之外,是"意义之外"的,不是"词汇意义本身的组成部分",(斯米尔尼茨基,1954)不是词汇意义的组成成分,(兹维金采夫,1957)是"义位以外的因素"。(贾彦德,1992)

内部说。以布龙菲尔德(1933)为首的,认为色彩附属在词义之中,"包括在词汇意义之中"。(阿摩索娃,1957)包括在词的自身之中,而不是由使用引起的。(阿赫曼诺娃,1957)是词汇意义的组成成分。(列夫科夫斯卡娅,1962)词义"另一部分是附加意义"。(吕叔湘,1981)情感意义依附于理性等范畴。(利奇,1983)"感情色彩也是义位的意义的一部分"。(蒋绍愚,1986)

色彩,本来是借自心理学的术语,其本身已经表明附属性。对附属性这一点,各家已有共识。分歧是,附属在哪里?按传统,词的意义分为词汇意义和语法意义,陪义当然应该附属于词汇意义,不宜跟词汇意义和语法意义鼎立。按新观点,词的意义分为语义意义、语法意义和语用意义。陪义当然应该附属于语义意义,不宜跟三者并立。陪义附属于语义意义就是附属于词汇意义,附属于基义;离开基义,它便无法存在。只有以基义为基础,陪义才能被感知、被理会,才能发挥其表情达意的作用。陪义是义位中的陪义。在叹词和拟声词里,基义和陪义大多合而为一。如叹语"哎"表示惊讶或不满意。拟声词"哗"形容撞击、水流等声音。总之,词义之外没有词义,意义之外没有意义。

2.2.10.3 陪义的社会性和主体性

马丁内(1973)认为,伴随色彩是在个别人头脑中唤起的东西,是个人感情联想。但是有些色彩("口头"、"粗俗"、"不用于体面场合")"普遍存在",不同于伴随色彩。陪义至少其中的大多数是社会所公认的。(萨丕尔,1921)甚至陪义的所有类型都是社会用法。(布龙菲尔德。莫利诺,1971)陪义是某一语言社团范围内人们对语言符号的社会性感应。(巴尔胡达罗夫、奈达)陪义是意义的一种社会变体,而不是个人性的。

比起基义,陪义更带有较强的主体性,特别是感情、态度、评价之类的情态陪义更是属于主体感受性的、有倾向性的语义特征。

2.2.10.4 陪义的非普遍性

《现汉》给义位标出褒贬、敬谦、风格、语体、时代、方言、语域、外来陪义,再加上漏注的和形象陪义(虽未标注但已包含),总数占收词总量的25%左右。这些陪义并不表现在义位使用的一切场合。大多数义位是中性的,没有陪义,是零陪义标记。

陪义还有民族性、兼类性(如语体和风格常交叉在一个义位上)等,这里不再赘述。

2.2.11 陪义的存在形态和标记

大多数陪义的存在形态和标记共有四种:

(一)词根语素

表示表层的次要属性陪义。例如:当家的、老伴儿、内助、内当家的、内主。

褒贬语素,直接表明义位褒贬的,一般不是陪义的褒贬,而是基义的褒贬。就是"褒义位"、"贬义位"。传统称之为"褒义词"或"贬义词",不叫做"带褒义色彩的词"或"带贬义色彩的词"。如:英雄、模范、赞美、善良、优美、奸贼、痛苦、灾难、恶果、抢劫。

有的褒语素,附带贬斥陪义。例如:尊容(含讽刺意)、歌功颂德(多用于贬义)、高谈阔论(多用于贬义)。

形象语素,突出描绘形象陪义。例如:草民(:平民)、云海(:云)、笔直(:直)、山脚、水龙头、罗锅腰、面包车、荷包蛋、铁公鸡、手无寸铁。

两个以上的形象语素组合成词,用比喻或借代突出陪义。

用比喻的如:桃李(:学生)、水火(:不相容的事物)、骨肉(:紧密相连)、结晶(:成果)、手松(:大方)、和稀泥(:调解、折中)、挤牙膏(:不爽快地说)、敲边鼓(:帮腔)、乱弹琴(:胡闹、胡扯)。

用借代的如:丝竹(:音乐)、桑梓(:家乡)、分寸(:限度)、眉目(:容貌)、口舌(:话语)、墨水(:文化)、红娘(:媒人)、爬格子(:写作)、乌纱帽(:官职)。

拟声语素、拟声义位,表示声音形象陪义。例如:踢踏舞、呱哒板、拉拉队、嘎嘣儿豆、打哈哈、打呼噜、布谷、知了、蝈蝈、蛐蛐、轱辘。象声义位(哗啦、扑通、哼哼、嘿嘿)是基义和陪义都负载声音形象。

叠音语素或义位,表示形象陪义。例如:津津(津津有味、津津乐道)、轻轻(轻轻放下、轻轻一拍)、蓝蓝(蓝蓝的天)、薄薄(薄薄的冰)、慢慢(慢慢地走)。

(二)词缀语素

一般词缀"小、老"、"儿、子",在少数对比情况中,"小"、"儿"表示亲昵,"老"、"子"表示厌恶,如:小东西、老东西、小家伙、老家伙、老头儿、老头子、小孩儿、小孩子。

很多叠音后缀都能生动地描绘形象陪义,如:矮墩墩、白花花、病歪歪、血淋淋、笑哈哈、笑咧咧、闹哄哄。

根据《现代汉语八百词》,"乎乎"、"不叽叽"常带贬义,它们儿化后带褒义:病得胖乎乎的、小娃娃胖乎儿乎儿的。

很多三音后缀都带贬义(多是厌恶义),如:白不呲咧、脏了呱叽、苦了呱叽、傻不愣登。

形象单音后缀如:蔼然、岸然、傲然。

(三)语素外的标记——词典里标注的

请看《现汉》的陪义标注:

［风采］①人的仪表举止(指美好的)……

［前台］……③比喻公开的地方(含贬义)。

［论调］议论的倾向；意见(常含贬义)。

［裙带］比喻跟妻女姊妹等有关的(含讽刺意)。

［小鬼］……②对小孩儿的称呼(含亲昵意)。

［令郎］敬辞，称对方的儿子。

［犬子］谦辞，对人称自己的儿子。

［旱鸭子］指不会游泳的人(含诙谐意)。

［老媪］〈书〉年老的妇女。

［大］〈古〉又同"太"、"泰"(tài)，如"大子"、"大山"。

［小可］谦称自己(多见于早期白话)。

［通事］旧时指译员。

［海子］〈方〉湖。

［饶头］多给的少量东西(多用于买卖场合)。

［阁下］敬辞，称对方，从前书函中常用，今多用于外交场合。

［曼德琳］弦乐器，有四对金属弦。［英 mandoline］

以上陪义，多用圆、尖或方括号标注，也用"敬/谦辞"、"旧时"、"用于外交场合"等词语标注。

(四)语境标记

有些义位的陪义是靠着语境做标记才能显现出来。

社会民族语境。例如：lily(百合花)在基督教社会中附带纯洁、洁白、贞操、美好等陪义。因为《圣经》中有一段关于百合花的神奇、美好的传说。green(绿色)在英语中附带嫉妒陪义(大约因为英国的裹尸布是绿的)，"绿色"在阿拉伯语中附带褒义(因为在沙漠中绿色跟生命相关)。"蝙蝠"在汉语中附带"福气"陪义(因为"蝠"、"福"谐音)，在欧美语言中多附带"不光明正大"、"阴谋"等贬义。

言语语境。褒义位或贬义位由于"语义溢出"而使相邻的中性义位带上褒贬陪义。如：表扬学生、赞美品德、粉饰现实、标榜自由。有的组合环境使得中性义位带上了褒贬陪义。如：精神食粮、战斗的一生、太平官、课桌文学。

2.2.12 义域

洪堡特(1827/1997:221)使用过"义域",那是指较广的语义范围,相当于语义场。1903年罗素在《数学原则》中提出"定义域"即意义域,指值的范围。我们所说的义域,是指义位的量,是义位的意义范围和使用范围。意义范围是人所认识的义位所表示的事物特征集或群。集(或群)就是量,"量可分为大小与多少两大类"。(亚里士多德)因此,集所含的元,有大小之别和多少不等。对群(如"颜色")、元(如"一种颜色")的种种"切分"、"整合"表现以义位,便形成了义位义域的大小。"实体的域就是变元的值域"。(奎因)义域可分为大小域、多少域和伙伴域。

(一)义域Ⅰ——大小域,含元的大小

义位 A 指某一对象的整体或较大的一部分,义位 B 指该对象的一部分或较小的一部分,这样 AB 所含的元就有大小之别。如:

耳根$_A$——指整个耳朵:风吹着~|~发热。

耳根$_B$——耳朵根部:血顺着~流下|~有个疤。

市$_A$——城市:~容、到~里去。

市$_B$——市场:菜~、到~上去。

脾气$_A$——性情:他~好。

脾气$_B$——易怒的性情:有~|发~|~大。

俄语的 палец,兼指"脚趾"和"手指"。俄语的 палец 的义域大于汉语的"脚趾"或"手指",也大于英语的 toe(趾)或 finger(指),大于德语的 Zehe(趾)或 Finger(指)。更典型的是俄语下列义位的义域等于其他种语言对应的两个义位义域之和:

рука = 手 + 臂(汉语)　　　нога = 脚 + 腿(汉语)
　　 = hand + arm(英语)　　　　 = foot + leg(英语)
　　 = main + bras(法语)　　　　 = pied + jambe(法语)
　　 = Hand + Arm(德语)　　　　 = Fuß + Bein(德语)

古代汉语某些语境的"足"(或"脚")的义域等于现代汉语的"脚"和"腿"的义域之和。

英语、俄语的 morning、уtpo 等于汉语的"清晨"和"上午"。

(二)义域Ⅱ——多少域,含元的多少

(1)含一元的,所指是单一的,多是通常所说的专名(专有名词)或单称名词。辞书对这类义位义域的限定,寓于确定义值之中,就是限定义位独有的语义特征。如:

[地球]太阳系九大行星之一……自转一周的时间是一昼夜,绕太阳一周的时间是一年……

[月球]地球的卫星……

由此可见,"地球"的义域小于"行星","月球"的义域小于"卫星"。

(2)含几元的,所指只有几个,是含少数元的类名。辞书对这类义位义域的限定,常用个体列举的穷尽方式。如:

[行星]沿不同的椭圆形轨道绕太阳运行的天体……太阳系有八大行星,按离太阳由近而远的次序,依次是水星、金星、地球、火星、木星、土星、天王星、海王星。还有许多小行星。

[洲]一块大陆和附近岛屿的总称。地球上有七大洲,即亚洲、欧洲、非洲、北美洲、南美洲、大洋洲、南极洲。

(3)含元不易计数,所指不易用有限数表示,是含很多元的类名。辞书对这类义位义域的限定,常用分类列举式、类别限定式。如:

[电器]②指家用电器,如电视机、录音机、电冰箱、洗衣机等。

[病号]部队、学校、机关等集体中的病人。

[知识分子]具有较高文化水平、从事脑力劳动的人。如科学工作者、教师、医生、记者、工程师等。

[医书]讲述医学的书籍(多指中医的)。

[读本]课本(多指语文或文学课本)。

英语的 intellectual 相当于汉语的"知识分子",但是它的义域小,只指大学教授等学术地位较高的人。

对有些类名,不宜用分类列举式、类别限定式,只好把义域的限定隐含在语义特征的描写中。如:

[铅笔]用石墨或加颜料的黏土做笔芯的笔。

[走]人或鸟兽的脚交互向前移动。

[明亮]光线充足。

"铅笔"释语中的"笔"是上位义位,表示"铅笔"所属的集或类,这就画出了一个大的义域。释语中的"用石墨或加颜料的黏土做笔芯的",是"铅笔"的语义特征,正是"由于其本性而为量"(亚里士多德),这个语义特征区别于钢笔、毛笔等,这是个限定性的义域。

"走"释语中的"移动"是上位义位即类义素,跟"人或鸟兽"、"脚"、"交互"、"向前"等 5 个语义特征,都给"走"限定了义域,以区别于"跑、跳、蹦、退"等。

"明亮"释语中的"光线"、"充足"两个语义特征限定了义域,以区别于"敞亮、光洁、灰暗、黑暗"等。

《现汉》对少数义位义域的限定,偶有不准。如:

[年龄]人或动植物已经生存的年数。

实际上,"年龄"还可以用于有演化过程的某些物体:天体的年龄、地球的年龄、同位素的年龄、北京的年龄。同一义场的"年纪"义域则较小。

(4)不含一元的,数理逻辑称为"空类"或"零类",即类中不含任何个体。如"鬼、宝葫芦、零、无、外星人"等。这些义位没有实在的对象,但是有义值。凡有义值的,都有义域,其义域或者表现为其前能加数量词,或者表现为下文要说到的"使用范围"上。

使用范围,是义位组合的伙伴范围,也指适用的语体、语域、地域、时域等。

(三)义域Ⅲ——显性伙伴域,语用域之一

显性组合,在辞书释语的正文或夹注中标明组合的义位或义类。令

人"观其伴,知其义"。(弗斯)如:

[璧还]敬辞,用于归还原物或辞谢赠品。
[不落窠臼]比喻文章或艺术等有独创风格,不落俗套。
[蓬松]形容草、叶子、头发、绒毛等松散开。
[鬅松]形容头发蓬松。
[开拔](军人)由驻地或休息地出发。
[打消]消除(用于抽象的事物)。
[开朗](思想、心胸、性格等)乐观、畅快、不阴郁低沉。
[干旱](指土地或气候等)干燥的;少雨或无雨的。(《简明牛津》10 版)

(四)义域Ⅳ——隐性伙伴域,语用域之二

隐性组合,虽然在辞书释语的正文或夹注中未标明,但是在语言实际中潜在着经常性的组合义位或义类,辞书中常用例语提示。如:

[英俊]……②容貌俊秀又有精神:~少年。
[瓦解]……②使对方的力量崩溃:~敌人。

"英俊少年"这一例语提示的内容是,"英俊"常跟"少年、青年"等组合,而且是男的,如"小伙子、军官、武士、壮士、战士、书生"等。说"英俊的老头儿"不行,"英俊的老太太"更不行。

"瓦解敌人"这一例语提示的内容是,"瓦解"常跟"敌人"之类的组合,如"敌军、敌寇、敌特、土匪、匪徒、罪犯"等。

总之,名词义位的义域,常表现在"语义特征"+"上位义位",以及个体列举、分类列举、类别限定等框架中。动词和形容词义位的义域,常表现在组合框架中。无论显性组合,还是隐性组合,都表明谓词常跟某些名词组合,它们互为伙伴。语义溢出(semantic overflow)的事实告诉我们,谓词义位的意义常常溢出、流淌到它的伙伴名词义位那里。反之,名词义位的意义也常常溢出、流淌到它的伙伴谓词义位那里(这种溢出超过一定的限度,就使原来的一个义位分化为两个义位)。"一个词经常同某些词语组合则有可能把这些词的内容'压缩'到该词的意义之中","词的潜在搭配有理由看做词位意义的一部分"。(莱昂斯,1977:266,613)对表明义域的这两类组合,兹古斯塔(1983:50,57~58)都叫做"使用范围",并认为它们是词义的第三个基本成分(第一个是指称义,第二个是附加义)。他说"这种意见并不是所有语言学家都会接受的。然而,对词典编纂者来说,把这些现象和类似现象考虑在内而不管这些现象的地位如何,是极其重要的。即使词典编纂者认为(词的)使用范围不是词义本身的构成成分,他也必须把它看做是有关的词怎样使用(或怎样不用)的具体规则(即不是范畴性的,属于一般的规则),看做是该词所指意义的一部分;结果反正是一样的,词典编纂者必须在词典中叙述限制条件。"

跟传统辞书的编写及训诂不同,现代辞书的编写,不仅要给出一个义位的义值,而且要给出一个义位的义域。没有后者,不仅是现代辞书的缺口,而且是读者不能全面正确掌握运用词语的祸根之一。

(五)义域V——适用域,语用域之三

语体、语域、地域、时域、外来等陪义具有二重性,既是义位的附属、补充义值,又表明义位的使用范围。凡是具有上述陪义的、有标记的义位,使用范围总是小于通用的、无标记的义位。这就是语言单位的分布规律之一:无标记单位和有标记单位的分布有优势和劣势之分。例如:"兵"的"武器"这一义位用于古代,而今作为非自由义位,实际上就是语素义,只用于书面成语(如"坚甲利兵、短兵相接");"兵"的"士兵"这一义位古今都常用,书面和口语也常用。再如:"锅"这个义位常用于现代书面和口头;"釜"这个义位用于古代,而今作为非自由义位,实际上就是语素义,只用于书面成语(如"釜底抽薪、破釜沉舟")。其他如:介词"跟"比"同、与、和"常用,连词"和"比"与"常用,"与"常用于书面、书名和标题中。"被"比"叫、让"通用,"叫、让"常用于口语。"开拔、进抵"常用于军事,"出发、到达"通用。"偶数、奇数"常用于科技,"双数、单数"通用。

第三节 义位的宏观结构

2.3.0 义位在语义场中的结构

按照索绪尔学说,义位除了有所指意义之外,还有系统意义。系统意义,就是系统值,它是由义位在义位系统中纵横坐标的时空位置决定的。义位系统的一个重要具体表现就是语义场。义位在语义场中的结构位置,就规定了义位的系统值。

2.3.1 语义场学说史

自然科学的场论和义类词典,从理论和实践两方面孕育着语义场理论的诞生。

1832年法拉第提出电磁场理论。还有物理学上的引力场,数学上的标量场、矢量场、张量场、稳恒场、可变场等等。

1852年,罗杰特主编出版了《英语词汇宝库》(另有几种译名),把概念分出6个大类、1000个小类。在罗氏的启发下,相继分类的有1859年的法语《概念词典》、1877年的《德语词典》、1881年的德语《适当的词语》。1909年,巴利在他的《法语修辞学》(一译"风格学纲要")中提出改进分类原则,分出10个大类、297个小类。此后还有许多义类词典。

跟自然科学场论几乎同时,洪堡特产生了语言学上的场观念。后来,索绪尔在联想关系中提出"星座中心"、"辐合点"和"联想集合"等观念。他的高足巴利1909年提出"联想场"(champ associatif)。1910年德国学者斯特赫尔曾用过"语义场"这一名称。1920年以前,保罗提出按照内在意义特征考察语言系统的必要性和可能性。1924年德国学者伊普生提出语义场(Bedeutungsfeld)。1931年特里尔提出 Sinnbezirk[①](概念领域,

---

① J. Trier, Der deutsche Wortschatz im Sinnbezirk des Verstandes(理性概念领域中的德语词汇). Die Geschichte eines sprachlichen Feldes. Bd. 1 : Von den Anfängen bis zum Begind des13. Jh-s. Heidelberg. 1931,122~163.

一译"概念场"),1932 年他又提出语言场(Sprachliche Felder),1934 年他又研究语言场辩(Das sprachliche Feld, Eine Auseinandersetzung)。相继,波尔齐格(1934)、约尔斯(1934)、威斯杰伯等都研究过语义场。其中,特里尔学派成绩最突出。他们的主要贡献是:

(1)认为同时存在着词汇场(Wortfeld,以一个词为中心)和概念场(Sinnfeld,以一个概念为中心),几个词汇场能覆盖一个概念场(比语义场更抽象、更概括)。它们都是联想场的一种。1931 年特利尔指出,一个时代的词汇场之所以能和另一个时代的词汇场进行比较,是因为它们覆盖着同一概念场。(莱昂斯 1981:253)

(2)他们分析了颜色、军阶、快乐、服饰等许多语义场,揭示了一些语言的特点。

(3)词与词之间互相联系,词汇形成系统,其间关系不断变化。

(4)在联系、系统中研究语义变化。

(5)词只有作为"整体中的一部分",作为语义场的成员,才能确定意义。把索绪尔的价值概念引入语义场。

不足之处是:对语义场的划分有些主观、简单化,过于注重词与物的联系;忽视了场内重叠交叉关系。(列夫科夫斯卡娅,1956:133~136。兹维金采夫,1957:140。阿赫曼诺娃,1957:78~81)

稍后,波尔齐格另辟新径,分析了组合义场(义场的核心是动词或形容词)和构词义场。其优点是注意事实,避免空论。(阿赫曼诺娃,1956:8~9)20 世纪 50 年代初以前的语义场研究情况,请看厄赫曼的《"语言场"理论》[①]。

特里尔的学生威斯杰伯,到 20 世纪 50 年代,在两卷本的《论德语的世界》(Vom Weltbild der deutschen Sprache)里,不仅从广度和深度上都推进了语义场理论,而且把这种理论应用到近代德语研究中,调查研究了空间、时间、植物、动物、亲属、人体、颜色等语义场,显示了理论的成效,因而

---

① Suzanne Öhman, Theories of the "Linguistic field", Word 1953, No. 2,123~124. 转引自《西方语文》1958 年第 2 卷第 1 期 22 页。

被称为"特里尔—威斯杰伯理论"。(莱昂斯,1977:250)

50~60年代,法国学者马托雷按社会标准研究了十几个语义场,他的 Le vocabulaire en lexicologie(《词汇学中的词汇》)发展了词场理论。(乌尔曼,1962:252)英国学者谢凯里特齐继波尔齐格之后进一步研究了组合义场。(阿尔诺德,1959:262)组合义场也叫句法场。(科索夫斯基,1974:108)70年代,莱昂斯(1977:255~256)认为词汇场指示、遮盖概念场,为了克服原子主义的毛病,提出了场的历时分析的五种情况:①二场集合不变,语义关系不变;②词场中的一个词被另一个新词代替,子集合中的每一个词都被代替,而没引起概念场变化;③词汇集合没改变;而概念场内部结构发生了某种变化;④场中一个或多个词被代替,概念场内部结构也发生了变化;⑤场内一个或多个词被填加或消失(这是必要的,如果不考虑出现同义词),随之概念场内部结构也发生了变化。

至今,语义场概念有广狭之分。多用广义的:以共性义位或义素为核心形成的相互联系、相互制约的具有相对封闭域的词语或义位、义丛的集合,主要是聚合关系,如人类义场、人体义场、面部义场、多义义场、构词义场;偶尔指组合关系,即组合义场。

共性义位,一指上层义位,如"男人、女人"之上的"人";二指整体义位,如"头、四肢、躯干"的整体"身体"。

共性义素,是指"走、跑"义位中的上位义素(即类素)"脚向前移动"。也叫最高义素。(архисема,诺维科夫,1987)

总之,语义场中的义位是以共性语义特征相聚合,以个性语义特征相区别。

2.3.2 语义场切分的主体因素

义场反映着物类,但是义场不等于物类。一则义场对物类是分解式的反映,二则物类并非纯自然的,常包含人对物的分类。因此只有少数义场的切分主要是由物类的属性决定的,大多数义场的切分包含着习俗、文化、心理、意识等主体因素。

个人因素。罗杰特分出6类(在《英语词汇宝库》第3版改为8类),

巴利分出 10 类。德国学者哈利格和瓦尔特布尔格的义类词典分出 3 类（宇宙、宇宙和人、人）。奈达（1975）把希腊语版的《新约全书》分出事物、事件、性状、关系 4 个义场。卡拉乌洛夫（1976）的《微型俄语义类词典》收 4000 个实词，分出 25 个义场（含 340 个小义场）。贾彦德分为 3 类义场（对象、运动、性质）。《同义词词林》分出 12 类。《简明汉语义类词典》分出 18 类。

民族因素。对金属义场，汉民族分出"金、银、铜、铁、锡"五金子场，而英、俄没有分出"五金"子场，"金、银、铜、铁、锡"在英语、俄语中是互不相干的 5 个义位。对一昼夜，俄语划分出"утро（早晨）、день（白天）、полдень（中午）、вечер（晚上）、ночь（夜晚）"5 个义位，汉语划分出"早晨、上午、中午、下午、晚上、夜晚"6 个义位。俄语说"上午、下午"得用短语：до полудня/до обеда/первая половина дня（第一个半天）；после полудня/после обеда/вторая половина дня（第二个半天）。各民族语言描述事物的精细程度，叫做命名度或编码度（codability）。这一点，许多语言学家、人类学家已经用颜色义位、亲属义场等多次证明了。在同一个文明时期内，两种文化在交流时，普通义位可能以个体文化使者的身份，加入另一文化的语义场；学科义位可能以群体进入另一文化建立一个个新文化模式义场。

地域群体因素。人把固体、液体、气体纳入体内的动作，普通话切分为 3 个义场——吃、喝、吸。方言切分为一个或两个义场——吃（吃茶、吃酒、吃烟）、喝（喝烟）。

社团因素。通俗生物学（folk biology）的大小义场的级次一般不超过 5 层，最多 6 层（普尔曼，1983:83~84），而科学生物学的大小类别范畴至少是 8 层：门、亚门、纲、亚纲、目、科、属、种等。概念场和语义场有雅俗、深浅、精粗、正误、专用与通用之别。狗，是人类最早驯服的家畜，汉族归为家庭的"六畜"之一，而动物学却把它和狼视为一类，名为犬科。气象学把风级分为 12 级，日常把风分为大小两级。概念场有多值倾向，语义场有二值倾向。不懂概念场搞不了科学，但是不懂概念场却可以进行普通交际。

古今群体因素。现代窗户义场只有"窗户、窗"义位,古代分出"窗、向、牖"三个义位。"马"的特称义场,在古代汉语里有 100 多个义位,如"驹、骄、骊、骥"等等。在这个意义上,语义场,特别是底层义场具有时代性。在畜牧文明时代和农牧时代,"马"的特称义场有其独特的作用。当进入农业文明和工业文明时代,"马"的特称义场便瓦解了。到了现代汉语,"马"的特称义位及其义场一起消亡了。(张志毅、张庆云,1994:3~21)

总之,语义场的划分有多种主体因素,因而确定场的标准、范围、成员都缺乏十分清楚的客观因素。

2.3.3 语义场中的义位结构

奈达对《新约全书》分出的四个义场,是宏观的高层义场。最小的义场,是微观的底层义场。居于高层和底层义场之间的是中观中层义场(内中还可以再分几层)。这里是在底层义场内讨论义位结构。按底层义场所含义位的多少,可分为二元义场、多元义场。进入义场的各元,必须具备义位系统的同一性。

根据底层义场中义位之间的关系,可以分析出以下十种结构关系。

2.3.3.1 同义结构

现代汉语至少有 6000 个底层义场包含同义结构关系的义位,其义位总数大约占现代汉语义位的 2/3。义位同义的基础是系统同一,基义相同或大部分相同;不一定是指同一事物,不一定是传统训诂学上的"同训"。因此应该重新审视古人建构的同义底场,如《尔雅》中,《释诂》第三个底场含有近 40 个义位,《广雅》中《释诂》第四十九个底场含有 60 个义位。同理,汉语表示"死"的 230 多个义位也不是同一个底场所能囊括的。如果把基义和陪义各种义素都考虑在内,底场中是没有等义词的。

2.3.3.2 反义结构

现代汉语至少有 4000 个底层义场包含反义结构关系的义位,其义位总数大约占现代汉语义位的 1/3。义位反义的基础是系统同一,基义中的共性义素相同,个性义素相反或相对。包括极性对立(贫↔富,≈对立概念),互补对立(生↔死,≈矛盾概念),关系对立(买↔卖,上↔下,多数≈对偶概念)。在表示性质的反义义位中,一个是有标记的,一个是无标记的。在许多反义义位中,可以分出正面(积极)的("富、生"),负面(消极)的("贫、死")。反义义位一般都有蕴涵关系,"贫"蕴涵"富","大"蕴涵"小"。

2.3.3.3 上下义结构

20世纪50年代以来,结构主义语义学在词义关系的研究中取得的主要成就,除了对传统的同义和反义研究有新进展之外,便是卡纳普(1958)、莱昂斯(1968,1977)、利奇(1974,1983)、帕尔默(1976)、克鲁斯(1986)等人研究的新理论模型:上下层语义关系(hyponymy),也叫语义包含(inclusion)现象。该纵向两层类聚之中有两类词或义位:意义较概括的、泛指的(有人依据传统借用逻辑术语"上位概念"或"类概念")是支配词、上坐标词、上位词、上层词(superordinate)或上义词(hypernym);意义较具体的、专指的(有人依据传统借用逻辑术语"下位概念"或"种概念")是受支配词、下坐标词、下位词、下层词(subordinate)或下义词(hyponym),如"笔:钢笔、铅笔、毛笔……"。一个上义词之下的几个下义词合称同级下义词或同位词(co-hyponym)。hypernym 和 hyponym 发音近似易混,因此常把前者说成 superordinate(ion)。动词也有上下义关系,如"交谈"的下义词有"谈话、对话、叙谈、闲谈、谈天、聊天儿"等,"扔"的下义词有"抛、丢、弃、投、掷、投掷"等。

在一个多义词内两个义位之间也常有上下义关系。汉语的"菜"有"副食,包括蔬菜、肉蛋鱼等"和"蔬菜"二义。英语的 man 有"人"和"(成年)男人"二义。

语义场理论的中心之一是探讨上位词统辖下的下位词间或类概念统辖下的种概念间的关系。因此,语义场理论是上下层语义关系模型产生的理论基础。离开语义场不宜讨论上下义结构。在一个语义场中,各个词或义位之间的关系就是互相依存关系,这种关系赋予词或义位以系统义。因此上下义词或义位并不是纯概念关系,应该"从本质上看做基本词义关系"。(帕尔默,1981:5.2)

上下层语义关系是分层级的。除了常见的两层的之外,就是多层的:上义词之下的第一层,是直接下义词(immediate hyponym)。直接下义词之下还有直接下义词。在最末的底层义场,上下义词是绝对的。把高层、中层、底层联起来,许多上下义词是相对的。

以一个或几个语义场为例,比较几种语言,便可以发现上下层级语义关系中的词或义位并不是一一对应的,义场切分的粗细不同,词项的存缺有别,义域的大小不等。汉语的"羊"下分"山羊、绵羊、羚羊"等,俄语不仅没有上义词"羊",也没有"山羊、绵羊、羚羊",只有下义词"公山羊"(козёл)、"母山羊"(коза)、"公绵羊"(баран)、"母绵羊"(овца)等。英语也没有上义词"羊",但有下义词"山羊"(goat)、"绵羊"(sheep)、"公羊"(ram)、"母羊"(ewe)、"一岁羊"(shearling)、"两岁羊"(teg)、"一岁母山羊"(doeling)、"小山羊"(kid)、"绵羊羔"(lamb)等。法语的 mettre(放)没有下义词,德语的这个意思则分为几个下义词:setzen(放入),stellen(立放),legen(平放),hängen(挂着放)。英语的 punch(拳打)、kick(脚踢)、jolt(摇晃)没有上义词表示"给身体一击",德语则有表示该义的上义词"stossen"。汉语的"颜色"之下可以是"红、橙、黄、绿、蓝、靛、紫、黑、白"等;英语的 red(红)、orange(橙)、yellow(黄)、green(绿)、blue(蓝)、indigo(靛)、purple(紫)、black(黑)、white(白)各词之上则没有上义词,存在一个隐范畴(covert categories)。而 colo(u)r 充其量只能算作准上义词,因为它不包括 white。上文的"羊、颜色"叫"总称词"或"超词位"。

由此可见,并不是每一个词都有其上义词或下义词。在1983年《现汉》所收的56000个词中只有10000个词能进入上下层语义类聚(岳长顺,1991),所占比例不到20%。

能构成上下义结构,必须符合这样一个公式框架:X(下义位)是 Y(上义位);上下义结构中常包括两个义位,这时上义义位的语义结构式子就包含在下义义位的结构式子之中,如说"钢笔是笔","红是颜色"。这就是卡纳普的语义公设(meaning postulate)。词义可以用蕴涵关系来说明,上下义关系是单向蕴涵(钢笔蕴涵笔),同义关系是双向蕴涵,反义关系是肯定蕴涵否定。不能进入"X 是 Y"框架的不是上下义关系,如"头是身体"、"门是房子",是不成立的,因为其间是部件和整体的关系。

2.3.3.4 类义结构

人类学家和语言学家在对多种语言多年研究中发现了类义结构——词或义位之间的类属分类关系(taxonymy)。在类义关系中,表示小类(种或更小的种)的词叫分类词(taxonym),类中同层次的词叫共类词(co-taxonym),其间是共类关系或同级分类关系(co-taxonymy),表示大类的词叫上类词,英语借用上层(义)词(superordinate)来表示。能构成类义结构,必须符合这样两个公式框架:(1)X(分类词)是Y(上类词)的一类;(2)X_1 和 X_2 是 Y 中的同类。如"牛是动物的一类";"牛和羊是动物中的同类"。为了操作方便,便于跟上下义结构区别,我们这里把类义结构规定为狭义的,只指共类关系,如:"笔墨纸砚、锅碗瓢盆、老弱病残、烟酒糖茶、柴米油盐酱醋茶、灯笼火把、工农兵学商"。有许多词或义位内部的语义结构也是类义结构:"耳目、骨肉、刀枪、笔墨、印刷、描绘、跋涉、辛酸、狼狈、拐弯抹角"。

研究者常把类义结构看做上下义结构的一个子类。这说明二者有同有异。

(一)相同之处(跟逻辑分类相比较而言)是:

(1)二者都是对词或义位(如"鱼"有 100 多个)的分类,都是对语义特征的分类。这是日常的通俗的分类,归类难免有错误,如把"章鱼"归为鱼类,即脊椎动物,实际上它应归为软体动物(与脊椎动物并列)。一个义位常可以分属不同的分类结点。而逻辑分类是对事物(如世界的鱼有 20000 多种,中国的鱼有 2000 多种)的分类,即是对事物属性及反映它们的概念内涵和外延的分类。一个术语一般只能归属一个分类结点。

(2)上下义结构和类义结构不能用负概念,除非"非 X"已经形成词

或义位,如"非导体、非金属、非晶体、非卖品"等。逻辑分类常用正概念和负概念相对的二分法。(见图表2-7)

图表2-7

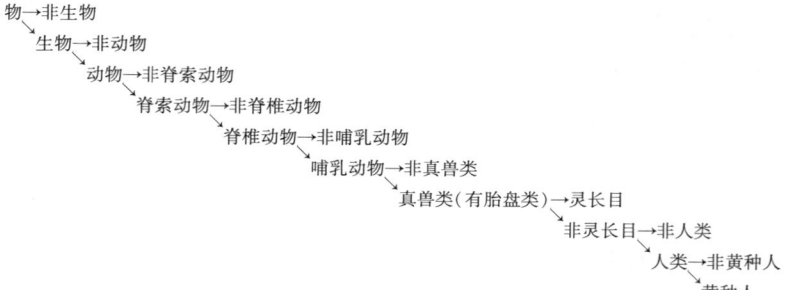

(3)逻辑分类必须贯彻邻近原则,即层级之间不可跳跃的原则,而类义和上下义结构从"动物"可以跳到"鸟、狗、鱼","家畜"不仅指"猪、牛、羊、马",还可以包括"狗、兔、猫、鸡、鸭、鹅"等。

(4)逻辑分类必须贯彻等值(适度)原则,即分出的各子项之和等于母项,子项不可过宽或过窄。天体等值分为恒星、行星、卫星、彗星、流星、宇宙尘、星云、星团等。而类义和上下义结构的子项则可以放宽或稍窄。如对天体可以只分为恒星、行星、卫星。

(二)不同之处是:

(1)上下义结构一般指词或义位的上下纵向的两层语义包含关系。狭义的类义结构只指同级类义结构。

同级类义结构,有二元的:硬笔、软笔,平房、楼房,自转、公转。有多元的:走、跳、蹦、踩、踢等,鲤鱼、鲫鱼、青鱼、草鱼、鲢鱼、鳙鱼、鳝鱼、鲳鱼等。

对多元结构的认识应该遵循认知科学原则。1933年维特根斯坦提出"家族相似性",到70年代美国心理学家罗斯(Rosch,E.)等提出原型论,80年代以后有了较大发展。他们的认知方法是:在一类事物中选出原型(即中心成员),予以认识,并范畴化。这就是贾肯道夫说的"优选规则"。并由此进入雷科夫所说的"理想认知模型",对原型特征主要从两方面认识:(1)认知模型(pereeptual models),抓住可感知的、直观特征;

(2)命题模型(propositional models),不是直观的,需要通过分析、推理或抽象得出特征(有的词具有一个方面,有的词具有两个方面)。然后以基本层次范畴为基准,向高、低层次范畴扩展,这样就可以认识几类范畴,几个语义场。这就是范畴化原型论或优化范畴原则。这是认知语言学对语义场研究的新贡献。它告诉我们,一类成员(如各种鱼)跟外部成员(如两栖类)有较大的明显区别,在内部成员之间有最大程度的家族相似性,而成员的地位是不平等的:原型成员(如"鲤鱼、鲫鱼"等)居中心地位,叫核心分类词(core taxonym)或原型分类词(prototypical taxonym);围绕核心的次级成员(如"鳝鱼、刀鱼")是外围分类词(peripheral taxonym),还有远离核心分类词的语义特征的,具有临界模糊性的边缘词(如"甲鱼、鱿鱼")。

广义的类义结构也指异级(属种)类义结构,而且常是多级,但是一般不超过五级(伯林,1978。克鲁斯,1986:6cha§3),因为这是语义系统的民俗分类结构(folk taxonomies),它以适合语言共同体的认知和交际习惯为原则,因而有别于生物学的近二十级的分类。在五级或少于五级的词或义位的分类中,以居于中心层级的常用词或义位(见图表2-8的第三层,各语言大都在500个左右)为最重要;这个层级的词在认知心理和交际中最重要,它们历史悠久、使用范围广、构词能力强、多是单纯词。它们是基本层级词、典型层级词(basic level terms)。

图表 2-8

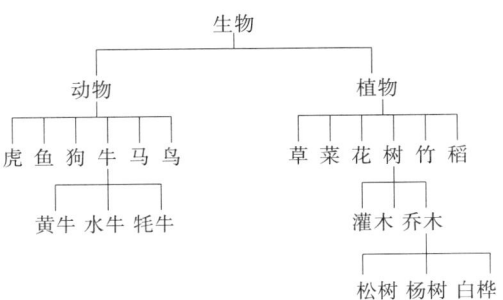

(2)不相容(排他)原则,在上下义结构中弹性较大,如果有两个以上的下义词,那么它们之间的关系常允许相容(见图表2-9),"上下义关系跟不相容关系没有内在的联系"。(克鲁斯,1986:6cha§1)而不相容原

则在类义结构中弹性较小,一般来说,"同级分类词应该是不相容的"。(见图表2-10)(克鲁斯,1986:6cha§3)当然,也不是绝对的,类义的分类比起逻辑的分类还不那么严格。如"男女老少"、"瓜果梨桃"之中就有相容的。在语言运用中常不泾渭分明,鲁迅的一个篇名就是《聪明人和傻子和奴才》,三者间难免舛互阑干。再看鲁迅的另外两个相容说法:

①动物们因为要商议要事,开了一个会议,鸟、鱼、兽都齐集了,单是缺了象。(《狗·猫·鼠》)

②(叭儿狗)因此也就为阔人,太监,太太,小姐们所钟爱,种子绵绵不绝。(《论"费厄泼赖"应该缓行》)

"象"包含在"兽"里。"阔人"包含着"太监、太太、小姐"。另外,大类和小类互代,那是借代修辞法,这里不必赘述。

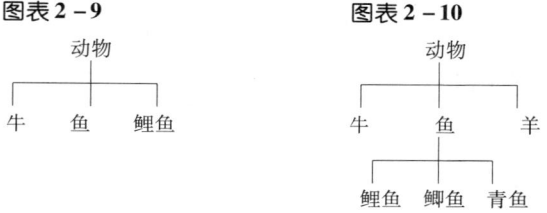

2.3.3.5 总分结构

上下义、类义,都反映群体即集(类)内的个体之间的关系,而个体即元的内部的整体和部分之间的关系反映在义位上就是总分结构,或叫部分与整体结构(meronomies),也叫枝干结构。其间的关系叫部分与整体关系(meronymy),一个整体词(holonym)之下的同一层级的部分词之间的关系叫同级部件关系(co-meronymy)。同级部件有二元的和多元的。元的多少与大小,基本上是受语言外的事物决定的,但是又不完全取决于外部事物。克鲁斯(1986:7cha§1)把"部分"跟"碎块"相比,得出"部分"的"自成实体,非任意分界,对整体有确定的功能"三个主要特点。这是讨论的事物,而不是词义。事物和词义不完全相等。手和臂,汉语分别用两个义位反映,俄语可以用一个义位反映。一个义位 X 是否能进入部

件结构,看它是否能进入这样一个框架:X 是 Y 的一部分。如:

> 门是房子的一部分。
> 枝条是树的一部分。
> 北京是中国的一部分。
> 章节是书的一部分。
> 院系是大学的一部分。

这样,门、枝条、北京、章节、院系表部分的义位就是房子、树、中国、书、大学表整体的义位的一部分。仔细分析,表示部分的义位,至少包含三类义素:a. 表整体义素,b. 表个性(部分、功用等)义素,c. 表整体中的部分义素。门 = a. 房子(的) + b. 供人出入(的) + c. 部分(地方)。

一个"部分义位"可以属于两个以上的"整体义位"。"门"既可以属于"房子",也可以属于"车、船、飞机、院子、园子"等。

一个多义词义场的两个义位可以形成整体和部分的关系。例如:"房子"的一个义位指平房或楼房的整体,另一个义位是整个房子中一套房间或一个房间,如"买了一套房子""每户一套房子""我的房子有三室一厅""一居室的房子"。

从古至今,在各个语域中,都广泛地存在着总分结构关系以及利用这种结构的修辞说法。如:

> 秋 ⊆ 年　一日不见,如三秋兮。(《诗经》)
> 冬 ⊆ 年　年十三学书,三冬,文史足用。(《汉书》)
> 春 ⊆ 年　自期三年归,今已历九春。(曹植《杂诗(三)》)
> 口 ⊆ 人　八口之家。(《孟子》)
> 鳞 ⊆ 鱼　密网离于渊,不利于鳞。(《太玄经》)
> 骨 ⊆ 身　必死是间,余收尔骨焉!(《左传》)
> 帆 ⊆ 船　迢迢万里帆,茫茫终何之?(谢灵运《初发石头城》)
> 面孔 ⊆ 人　只见数不清的给电灯光耀得发白的面孔以及数不清的提箱与包裹,一齐向自己这边涌来。(叶圣陶《潘先生在难中》)
> 方向盘 ⊆ 汽车　我学开车是在一九六四年的秋天……要过州历

郡亲身去纵览惠特曼和桑德堡诗中体魄雄伟的美国,手中必须有一个方向盘。(余光中《高速的联想》)

"飞机"分为"机翼、尾翼、机身、起落装置、动力装置、操纵机构"。"钢琴"分为"琴身、钢板、钢丝弦、琴键、木槌、踏板"等。"房子"分为"房顶、门、窗、墙、地板"等。生物类别是类义结构的样板,人体分解和汽车分解是总分结构的典型。(克鲁斯,1986:7cha§1)如果从历时角度看,人体各部分名称的变易更替是"词义变动的典范领域"。(梅林格)

2.3.3.6 交叉结构

50年代以来,已有多位学者批评特里尔学派忽视语义场内重叠交叉关系。

语义场内义位的重叠交叉关系,不同于逻辑学中不计语义场条件而讨论的重叠交叉关系。

语义场内义位的重叠交叉关系包括:A.基义完全重合,陪义不同;B.基义大部分重合,小部分不同,陪义或同或异;C.基义小部分重合,大部分不同,陪义或同或异;D.陪义相同,基义不同。A类和B类,也属于同义结构,这里不再讨论。D类,对于词汇学和语义学都是没有多大价值的交叉关系。因此,所谓义场内义位间的交叉结构,是指C类。

例如"老、少、边、穷地区",是指"老革命根据地地区、少数民族地区、边疆地区、穷困地区"。在经济不发达地区这个义场内,便形成了下列(见2-11、2-12二图表)的交叉关系:

图表 2-11

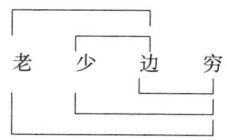

图表 2 – 12

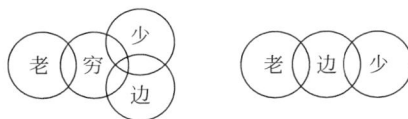

按《现汉》说法,"幼年"是"三岁左右到十岁左右","少年"是"十岁左右到十五六岁","青年"是"十五六岁到三十岁左右","壮年"是"三四十岁","中年"是"四五十岁"。由此,在年岁这个义场,便形成了下列(见2 – 13、2 – 14 二图表)的交叉关系:

图表 2 – 13

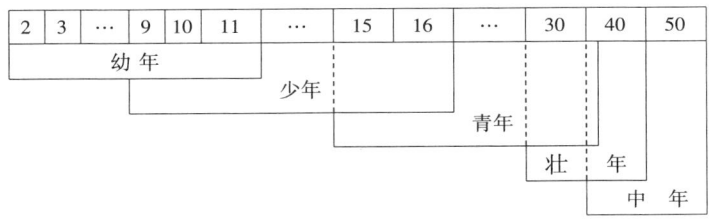

图表 2 – 14

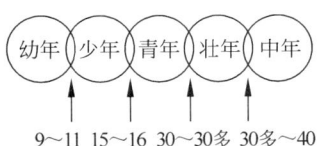

9～11　15～16　30～30多　30多～40

按《现汉》说法,"上午"是"半夜12点到正午12点",又"清晨到正午12点";"下午"是"正午12点到半夜12点",又"正午12点到日落";"中午"是"白天12点左右";"夜里"是"天黑到天亮"。这样,"上午、下午"跟"中午"有交叉段,跟"夜里"也有交叉段。

"发现"和"发觉"重合部分是"开始知道并觉察到",对象是隐藏的或未注意的事物,包括各种感官未感知的事物:发现/发觉自己的缺点,发现/发觉自己有心脏病,目标太大容易被发现/发觉。不同之处是:"发现"用于视觉(看见、观察等)居多,"发觉"用于非视觉(听、嗅、触觉等)居多。

使用有交叉关系的义位,应该特别注意其重合和不重合部分。

2.3.3.7 序列结构

在一个语义场内,三个以上义位若是按一定的顺序排列,这些义位之间的关系就是序列结构。按义位的内容分,主要有:时间序列、空间序列、数量序列、次第序列、等级序列、习惯序列。

(1)时间序列

泛时序列:初/前/早期→中期→末/后/晚期。过去→现在→将来。

年序:公元纪年用数字——公元元年→2000年。中国从东汉开始用干支相配的六十甲子纪年——甲子……→癸亥。

季序:春→夏→秋→冬。孟春→仲春→季春→孟夏→仲夏→季夏→孟秋→仲秋→季秋→孟冬→仲冬→季冬。一年分二十四节气:立春→雨水→惊蛰→春分→清明→谷雨→立夏→小满→芒种→夏至→小暑→大暑→立秋→处暑→白露→秋分→寒露→霜降→立冬→小雪→大雪→冬至→小寒→大寒。

月序:一月……→十二月。

旬序:上/初旬→中旬→下旬。上浣→中浣→下浣。

星期序:星期一……→星期日/天、星期。周一……→周日。礼拜一……→礼拜天/日、礼拜。月曜日→火曜日→水曜日→木曜日→金曜日→土曜日→日曜日。

日序:1日/号……→31日/号。初一……→初十→十一……→三十。殷商开始用干支纪日——甲子……→癸亥。

时序:用天干纪一日之内的十二段时间——子时(23~1点)……→亥时。用数字纪一日之内的二十四段时间——1时/点/点钟……→24时/点。用特称纪夜间5段时间——一鼓/更(20~22点)……→五鼓/更,初夜、二夜……→五夜,甲夜……→戊夜。用特称纪白天五段时间——早晨→上午→中午→下午→傍晚。

时内序:刻序——1刻……→4刻。分序——1分/分钟……→60分/分钟。秒序——1秒/秒钟……→60秒/秒钟。

含时间因素的朝代、年龄、龄段、事物的年代等也属于时间序列：夏……→清，1 岁……→130 岁，幼年……→老年，1 年……→X 年。

（2）空间序列

线条序列：起点（站）→中途、途中、中继（间）站→终点（站）。源头→上游→中游→下游→河口。

立体序列：一楼……→顶楼。山顶→山腰→山脚。树冠→树干→树根。头→颈→肩→胸/背→腹→腰→臀→腿→脚。上面/边→中间→下面/边。上铺→中铺→下铺。高处→中间→低处。

表面序列：太平洋→大西洋→印度洋→太平洋。寒带→温带→热带→温带→寒带。北海→东海→南海。封面→书脊→封底。

位置序列：前面/边→中间→后面/边。左面/边→中间→右面/边。东面/边→中间→西面/边。

（3）数量序列

一、二……→X。0 度、1 度……→X 度。1 克、2 克……→X 克。1 斤、2 斤……→X 斤。

（4）次第序列

第一……→第 X。首先、其次、再次、又次、最后。甲……→癸。伯、仲、叔、季。冠军、亚军、季军、殿军。

德、智、体。工、农、兵、学、商。金、银、铜、铁、锡。党、政、工、青、妇。

（5）等级序列

成绩序列：优（秀）、良（好）、及格、不及格。

计量序列：微米、毫米、厘米、分米、米、千米。平方厘米、平方分米、平方米、平方千米。立方厘米、立方分米、立方米。毫升、厘升、分升、升。毫克、厘克、分克、克、千克、吨。秒、分、小时、天（日）、年。（以上是法定计量单位）公分、公寸、公尺；英寸、英尺、码、英里；市厘、市分、市寸、市尺、市丈、市引、市里。平方英尺……；平方市尺……；市分、市亩、市顷；平方米、公亩、公顷。立方英尺……；立方市尺……。西西、公升、立升；市撮、市勺、市合、市升、市斗、市石。盎司、磅；市毫、市厘、市钱、市两、市斤、市担。（以上是常用非法定计量单位）

位衔序列:学士、硕士、博士。助教、讲师、副教授、教授。士官、尉官、校官、将官、元帅。

(6)习惯序列

酸甜苦辣。色香味。煎炒烹炸。

以上六类序列结构,是义位系统的,不是概念系统的。因此,具有较强的民族性。汉语至今保留着用于纪年的干支和十二属相义位、纪季节的二十四节气义位、纪日的"初一"至"初十"、表次第的"甲乙丙丁……"、"冠亚季殿"。

制约序列结构的语义特征有七个:[有头尾]、[方向性]、[线性]、[循环性]、[连续性]、[模糊性]、[开放性]。根据这些特征的组配,从一个新的视角,序列结构可以划分成如下类型:

链条序列(chain)——[±有头尾][+方向性][+线性][-循环性][+连续性][±模糊性][±开放性]。具有这些特征,便形成广义的链条序列,包括时间和空间链条,如"过去→现在→将来,起点→中途→终点,头……→腰→腿→脚,(中国封建王朝)汉……→唐→宋→辽→金→元→明→清"。

螺旋序列(helix)——[+有头尾][+方向性][+线性][+循环性][+连续性][∓模糊性][-开放性]。表时间的义位,循环的多,如"甲子……→癸亥,上旬→中旬→下旬,星期一……→星期日"。

圆环序列(cycle)——[-有头尾][-方向性][±线性][-循环性][+连续性][∓模糊性][-开放性]。如"太平洋→大西洋→印度洋→太平洋,寒带→温带→热带→温带→寒带,红→橙→黄→绿→蓝→靛→紫→红"。

在链条序列中相关的还有两个序列:一个是连续性较强的表程度([-模糊性])的义位(如"优、良、及格、不及格")和表渐变([+模糊性])的义位(如"好、一般、差、坏,寒冷、冷、凉、温和、暖和、热");一个是连续性较弱的、具有离散性的表等级的义位,如军衔序列、度量衡类的计量单位序列以及表秒、分、时、日、月、年的时间序列,它们有明显的层次性,每个层次中又分等级或若干单位。(克鲁斯,1986:8cha)

应该注意的是一套序列有几套平行同义的义位,必须注意区别古式和今式,中式和外式,老式和新式,法定的和非法定的。必须在同系统中配套使用。巧妙地使用语义场中义位的序列结构,能造成层次力度、渐层美感、层递修辞。请欣赏名家的辞章:

①夫用兵之法,全国为上,破国次之;全军为上,破军次之;全旅为上,破旅次之;全卒为上,破卒次之;全伍为上,破伍次之。(《孙子兵法·谋攻》)(引者注:军,12500 人;旅,500 人;卒,100 人以上;伍,5 人。)

②若离本枝,一日而色变,二日而香变,三日而味变,四五日外,色香味尽去矣。(白居易《荔枝图序》)

③祖国是一座花园,
  北方就是园中的腊梅,
  小兴安岭是一朵花,
  森林就是花中的蕊。
  花香呀,
  沁满咱们的心肺。(郭小川《祝酒歌》)

2.3.3.8 多义结构

上述义场中义位的结构关系有同义、反义、上下义、类义、总分、交叉、序列七种,都是多词(义位)共居一场。多义结构则是一词的多个义位共居一场,这个多义义场包括在广义的义场之中。

多义义场是历时演变为共时的语义网络。其扩充和结构,受制于语言的普遍规律和个别规律,特别是词义的演变规律。一个多义义场的大小或其中义位的多少是跟该词位的使用频率成正比的。一个词位中的古今义位形成历时的多义结构,一个词位中的古代或现代的两个以上的义位形成共时多义结构。这个多义结构是以一个核心义位(本义或基本义)为中心的,含有一个或几个共同义素的,带有整体性的语义连续统(continuum)或聚合体。从结构主义观点看,这个聚合体是建立在标准属性上的、义位之间的范畴网络模型。从发生学观点出发,美国语言学家雷科夫把这个聚合体看成原型范畴,它是由核心义位 S_h 同带有家族相似性的一些外围义位 $S_1 S_2 S_n$ 组成的。S_h 和 $S_1 S_2 S_n$ 之间的联系是以联想原则为线索的规约链。在规约链里的 $S_1 S_2 S_n$ 跟 S_h 的理据联系有远近、显隐(明暗)或强弱之别,S_1 是近核心义,S_2 等是一般外围义,S_n 是边缘义,这就是梯度。请看实例:

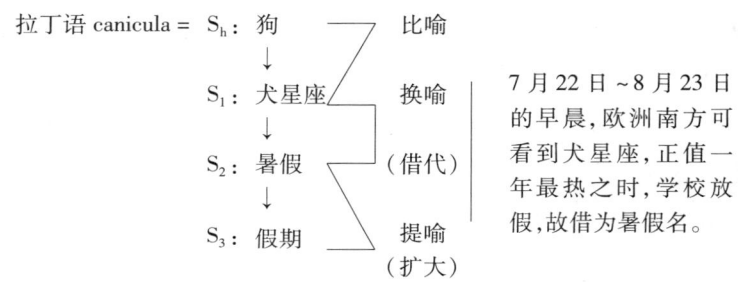

梯度主要表现在链条型的多义结构中,而不是主要表现在辐射型的多义结构中。

对于多义词各义的二分观(本义与转义,或本义与引申义),不利于分析其梯度,多分观(核心义或本义与各引申义)有利于分析其梯度。从 S_h 到 S_n 的梯度的变化表现在五个方面:第一,意义与符号联系反应时间渐次加长,由直觉到非直觉;第二,义值的丰度渐次加大;第三,组合的自由度渐次变小;第四,对语境的依赖程度渐次变大;第五,在词典中义项由 S_h 至 S_n 依次排列。有些人把多义词的一个义项叫做词汇语义变体(ЛСВ,лексико-семантический вариант)。(斯米尔尼茨基,1954。诺维科夫,1982。库兹涅佐娃,1989。瓦西利叶夫,1990)因此多义词就是语义变体束。高名凯(1963)把这个束称为"义位"。核心义是常见的典型变体,外围义是不常见的、非典型变体。变体就包含着联系关系,但是不同词位内核心义和外围义联系的松紧不同。联系紧密的,理解外围义必须要以核心义为衬托或背景,在这个条件下,核心义就是衬托义或背景义。如"铁"的核心义 S_h 是:质地最坚硬的五金(金银铜铁锡),钢中的主要原料,能用来制农具、工具和兵器等,从纯铁到杂铁颜色为白、灰、黑,化学元素符号是 Fe。内含三个主要义素：$S_{h①}$ 铁性（坚固、坚硬），$S_{h②}$ 功能（制造铁物），$S_{h③}$ 铁色。由这三个生长点派生出三个系列的意义，大多数外围意义 $S_{1.1}\cdots S_{3.1}$ 都得借助背景义来理解。（见图表 2-15）

图表 2-15

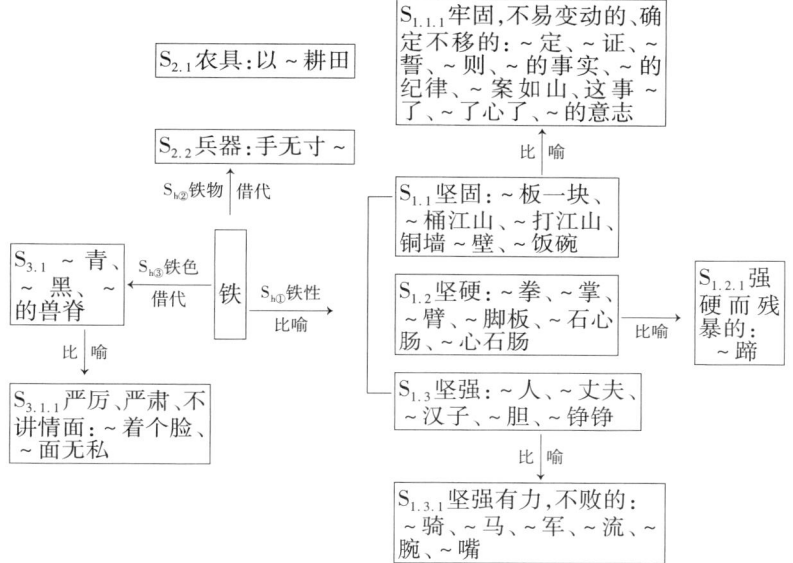

多义结构中的义位属于反义关系（"回报"的"以好事报答"和"以坏事报复"）、上下义关系（"菜"的"副食"和"蔬菜"）、总分关系（"体"的"身体"和"身体的一部分"）的是少数，多数属于类义关系。

不同语言的多义词占总词数的比例不同，就常用词的常用义位统计，汉语占 20% 左右，俄语占近 30%，英语占近 40%，法语更多。对大型详解词典的统计（布达哥夫，1984：155），俄语、波兰语、法语、西班牙语、英语、德语多义词都占约 80%。这是"具有文明的标志"。（布雷阿尔）不同语言相对应的多义义场（英语的 iron、俄语的 железо 跟汉语的"铁"），因为核心义的义素不尽相同，联想不同，派生的手段不同，所以派生的结果不同，多义义场的结构也不同。

2.3.3.9 构词结构

波尔齐格首先研究了构词义场。在构词义场中，义位之间的关系便是构词结构。这个结构是以共同的语素为形式脉络的义位谱系,表层是共同语素聚合的词族,深层是共同语素义聚合的义族。严格地说,构词都是以语素义为构词的基本单位的。当然,语言中没有纯粹的语义词群,这里的"义族"实际上是带语法属性的词汇·语义词群。《实用解字组词词典》以语素为脉络聚合成 7000 个构词义场,总共包含 40000 多个词。请看其中"车"的构词义场:

车 ┌①陆上的交通工具:~辆|~驾|~厢|~皮……机~|货~|客~……|开倒~|~水马龙……
   │②利用轮轴转动的生产工具:滑~|纺~|水~。
   │③指机器:~床|~间|试~。
   │④利用车床切削东西:~工。
   └⑤利用水车抽水:~水。

构词母场可以有几个子场,子场之间的构词结构,有中心,有梯度。

中心,就是"车①",本义兼常用义,它不仅构成九十多个词位,形成一个子场,而且其余的四个子场的八个词位也是以它为中心的。

梯度,表现在"车"的五个子场上。子场①是第一梯度,是各义项的基础,它是自由语素义,可以作为一个义位单独运用(如"买台新~"),也可以作为一个义位组成部分的语素义。子场②是第二梯度,多用做黏着语素义,比①义能产性小,构成一个较小的构词子场。子场③是第三梯度,由②缩小指机器,多用做黏着语素义,能产性较小,构成一个较小的构词子场。子场④是第四梯度,是由③转移词性做动词,是不能产的黏着语素义,构成一个更小的构词子场。子场⑤是第五梯度,是由②转移词性做动词,作为一个义位组成部分的语素义,能产性更小,只构成一个极小的构词子场。

以"车"为脉络的构词义场,只涉及了复合词。如果把派生词考虑在内,那么构词义场中的同族词还可以分为同干族和同缀族。

构词义场中义位结构关系具有很强的民族性。复合词,汉语占 80% 多,英语、德语占 15% 多,俄语占 12%,法语占 5%;派生词,英语、德语、法语和俄语多于汉语。英语的 horn(角),俄语的 por(角)比起汉语的

"角",因为派生的语素义不同,由之形成的构词子场系列也有很大的区别。

2.3.3.10 组合结构

从同义结构、反义结构到多义结构、构词结构,共九种结构,都属于聚合义场范畴。而惟独组合结构是另立门户,属于组合义场(也叫线性义场、句法义场)。组合义场,是波尔齐格提出的。在组合义场中的义位之间的关系就是组合结构。这个结构是受语言内外部因素制约的,由同现规则(含选择规则和序列规则)管辖的义位组成的结构段(syntagma)或组合体。

所谓"词语搭配",那是就表层而言;就深层而言,任何词语搭配都是以词义——义位为单位的,即义位组合。一部现代中型语文辞书收词数量为4万~10万,义位的数量是词语的几倍。因此,以一个个义位为核心的组合义场,在一种语言里,通常有十几万至几十万个。这个数量,远远多于同义、反义、多义、构词诸义场。任何语言的搭配词典,都只能给出常用词的搭配实例。在所见的几种语言的搭配词典中,张寿康、林杏光主编的《现代汉语实词搭配词典》构制了名词、动词、形容词三类较科学的搭配框架,给出的 8000 多条常用词的搭配,信息最多、最密集。为了节省篇幅,这里选录其中一个较小的组合义场:

凯旋 kǎixuán 〈动〉战胜归来。

【谓】①名+~:a.战士~ 将军~ 队员~ 运动员~ 学生们~ b.部队~ 连队~ 勘探队~ 登山队~ 篮球队~ ②能愿+~:能够~ 应该~ 应当~ 会~ 要~

【宾】动+~:希望~ 盼望~ 迎接~

【中】形+~:光荣~ 胜利~ 愉快地~ 高兴地~ 得意地~ 兴奋地~ 准时~

【定】~+名:a.~的歌声 ~的号声 ~的号角 ~的时刻 ~的日子 ~的捷报 ~的消息 b.参见[谓]①名+~:~的战士等

它们的组合模式如下:

主导义位+从属义位:凯旋+日子／战士

从属义位+主导义位:将军／希望／光荣+凯旋

主导义位在组合中就是语段义位,它不仅具有语义特征,而且具有语法特征。"凯旋"的语义特征是[争斗者][胜利][归来]。"凯旋"的语法特征是[动词][不及物],做[谓语][宾语][中心语][定语]。

从属义位在组合中也是语段义位,它受主导义位制约。在"名+凯旋"组合中的"名"是从属义位的语法类别,是"凯旋"的施动者——争斗者,其中的 a 类是表人的个体名词,b 类是表人的集体名词。其实这两个类别的名词对揭示"凯旋"的语义特征并不重要,重要的是下述三类:a. 参战者(战士、将军、部队、连队),用以揭示"凯旋"的本来用法;b. 参赛者(队员、运动员、篮球队),用以揭示"凯旋"的比喻用法;c. 其他争斗者(勘探队、登山队),用以揭示"凯旋"的扩展的比喻用法。

在"动+凯旋"组合中,受"凯旋"的"胜利归来"的语义特征制约,自然在"凯旋"之前可以有"希望、盼望、迎接"等从属义位。应该把"胜利~"视为"动+动",不该放在"形+~"框架内。另外须要补充"~归来"、"~而归"。从语法结构说,这是"~+动";从语义结构说,跟"胜利~"一样,是羡余组合。重复中有强调。

在"形+凯旋"组合中,受"凯旋"的"胜利归来"的语义特征制约,自然在"凯旋"之前可以有"光荣、愉快、高兴、得意、兴奋"等从属义位。

在"凯旋+名"组合中,受"凯旋"的"胜利归来"的语义特征的制约,自然在"凯旋"之后可以有表示庆祝的"歌声、号角、捷报、消息"等。

组合规则,就是同现规则,包括选择规则和序列规则。除了语言以外的因素,就是语言内部的语义规则、语法规则、语用规则、语音规则等,请见 4.1.3~4.1.4 节。从语用规则看,"凯旋"用于重大事情(战争、较大的竞赛、斗争),多是从远处归来,具有庄重陪义。因此,不能用于下列语境及组合中:"在班级讲演比赛后班长胜利凯旋","幼儿园正在举行拍球竞赛,希望我们的宝宝凯旋"。

组合值 = 组合域 + 组合义值。组合域,是指一个义位跟某些类别或个体义位组合的数量范围。有的范围很大,组合能力很强,是开放性的,如"战胜"。有的范围较小,组合能力较弱,是半开放性的,如"凯旋"。有的范围很小,组合能力很弱,是封闭性的,如"班师"。

组合义值,是指两个或两个以上义位组合单位的意义(范畴、表意或指称)。新层次单位有新质,它相当于 H_2 和 O 的化合物水,而不是原层次单位的简单相加之和。在语义世界里,常常是 $1+1 \neq 2$。$1+1<2$,或 $1+1>2$ 都是常见的。参见 4.1.6 节。

对组合的分析,常用小语境和义位双向互动分析法。从义位到小语境,重在语境中的单位及其类别(语法和语义类别)、序列。请见"凯旋"的小语境分析。从小语境到义位,重在义位,重在义位的语义特征及义位变体。《论语·颜渊》的"君子质而已矣,何以文为?"杨伯峻先生译为"君子只要有好的本质便够了,要那些文采[那些仪节、那些形式]干什么?"方括号中的释文是根据大语境补充的。"质"译成"只要有好的本质","文"译成"要那些文采",是根据小语境把义位的隐性语义特征(如"质"的"好的"、"只要有")显化了,或者"质"的深层语义特征比表层语义特征增加了。当然语义特征减弱的也有,如 blackbird(画眉鸟)的 black(黑)的意义弱化了。(布龙菲尔德,1980:181)

组合结构有很明显的民族性,因为不同民族语言对应的义位,其义域(组合范围,特别是边缘组合)不同,引申用法不同,某些组合规则不同(如英语的上义义位和下义义位组合比汉语的多)(许余龙,1992:154~158),语法规则不同(汉语允许"形容词+动词"的组合),社会文化背景不同,习惯用法不同。

只有掌握了组合结构,才便于掌握义位的意义和用法,才有利于突破第二语言学习的重点难点。

2.3.4 义位来源的三界说和义位的三种因素

客观主义者认为,词义来源于客观世界。主观主义者认为,词义来源于主观世界。我们认为,词义来源于三个世界:客体世界,主体世界,语言世界。因此,义位中便包含三种因素:客体因素,主体因素,语言因素。从《现汉》随机抽样得到 2017 个义位,以其主要因素而言,含客体因素的义位占 45.5%,含主体因素的义位占 42.3%,含语言因素的义位占 12.2%。一个义位常包含两三个因素,多有主次之分。

2.3.4.1 客体世界和客体因素

客体世界,也叫物质世界、外在世界、现实世界、经验世界。它是词的所指物宇宙。(安托尔)其中可感知的物质是词的客观信息、实物义、"物质意义"(洪堡特)、"实在的意义"(胡塞尔)、"外部意义"的来源。因为有了这个重要来源,所以义位中必然含有客体因素或物质因素(列夫科夫斯卡娅,1956。1962:9),即物质内容。这一因素或内容,表现为词或义位跟客观事物有某种对应性。由于受语言和世界有一定同构性的影响,又受柏拉图以来指称说的影响,这一观点是最容易接受的。但是,客观不等于词义,"意义是主体所能把握的真正的知识客体"。(胡塞尔。徐友渔等,1996:140)

语言和世界的同构性,指三种相同结构关系:一、对应关系,世界的自然事物和社会事物在语言中有相对应的名词,各种事物变化在语言中有相对应的动词,各种事物的状态性质在语言中有相对应的形容词;二、结构关系,世界和语言中都有空间关系、时间关系、序列关系等等;三、变化关系,世界和语言的许多元素存在共变关系,当然也存在非变关系。

客体世界,有广义和狭义之分。这里用的是狭义的,包括自然客体和社会客体。广义的客体世界还包括精神客体,我们把它归为主体世界。

(一)来源于自然客体的义位,义位中包含着自然客体因素:

天体——太阳、月亮、星星、两亿光年之遥的"类星体";
地球——水、海洋、河流、山脉、沙漠、泥土、石头、矿物、金属、原子、中子、质子;
气象——云、风、雨、虹、雷、闪电、雪、霜、海潮、洪水;
生物——植物、动物、微生物;

第三节 义位的宏观结构

时间(物质存在的形式)——年、月、日、过去、现在、将来、初期、中期、末期、先、后、早、晚;

空间(物质存在的形式)——宇宙、世界、天空、地面、东、西、南、北、上、中、下、前、后、左、右;

人(自然物、物质世界的一员)——头、脸、眼睛、嘴、手、脚、心。

(二)来源于社会客体(即社会产物)的义位,义位中包含着社会客体因素:

建筑物——城市、房子、道路、桥、水渠、水库、矿井、发电站、公园、碑;

器具——武器、乐器、瓷器、机器、家具、文具、餐具、卧具、玩具、车、船、飞船、卫星、球、钟、表、书、磁带、电影片、美术作品、电脑软件(以上五种是物化的精神客体);

衣物——布、丝绸、帽子、鞋、头巾、戒指、耳环;

食物——粮食、油、盐、糖、茶、酒、药品、毒品;

社会群体和组织——农民、工人、教师、学生、家庭、阶层、阶级、政党、团体、民族、国家、学校、工厂。

(三)来源于客体运动、性质、关系等的义位,义位中也包含客体因素:

运动——运行、旋转、升起、落下、流动、飘浮、刮(风)、下(雨)、涨潮、生长、倒塌、破碎;

性质——遥远、巨大、微小、明亮、黑暗、硬、软、冷、热、坚固、红、绿、快、慢、多、少、广、宽、窄、厚、薄、长、短、粗、细、深、浅、轻、重、香、咸、圆、方、好、坏、新、旧;

关系——相同、相等、相似、相反、相对、对立、矛盾、交叉、相关、无关、类别、不同、超过、不及、符合、配合、不合、巧合、连贯、包括、引起、推动、支配、相遇、团结、亲密、疏远。

以上这些客体,仅仅相对应于义位的来源。只有来源,只有物的存在,那还是"物自体"(thing-in-itself),还不是词义;必须主体意识接受它们的信息,内化为表象、意象,把跟语音不相关的物自体转化为跟语音相关的意中物,使表象、意象物化为音节(群),才能形成词义,即被理解的对象变成群体意识内容。

2.3.4.2 主体世界和主体因素

主体世界,也叫精神世界、内心世界、主观世界、意识世界、心理世界、想象世界、信念世界、投射世界、可能世界、心理事件宇宙(安托尔)。它是词的主体信息、内部意义、心理意义的来源。因为有了这一来源,所以义位中必然含有主体因素,即精神内容。

早在公元前3~4世纪之交,古希腊唯物主义哲学家德谟克利特就已经注意研究了意识中的主体因素。从语言的主体世界这一视角观察,"词—物"(名称—对象)模式的"指称说",至少对下述两个问题的解决有些无能为力。一个是欧洲语言哲学鼻祖洪堡特(1829)提出的:语言是民族精神的产物(包含着精神的历史生活),是一种独特的世界观,语词反映了许多"智力概念和源自内心感受的概念"。(1997:108)一个是柏拉图《泰阿泰德篇》以来承认词语可以指称"飞马"等"非存在物",这是困扰哲学的难题。这两个问题在义位中反映的是:一是人们对外界的理解,人们在反映客体的同时就在创造,形成所谓"主体建构客体"(皮亚杰)、"人化信息"(主要是给个体以结构、属性,给群体以结构、属性加上关系和系统);二是人们对内心世界的反映。这就是义位中的主体世界和主体因素。它包括:

(一)义位包含着不同群体对客体的不同理解——对客体的切分和整合不同,提取的特征不同。2.3.2节谈过语义场切分主体因素。洪堡特、萨丕尔、沃尔夫、叶尔姆斯列夫、福科、艾柯、列维斯特劳斯等都讨论过意识以何种方式反映物质存在,即物质的文化化,并使之进入不同文化的编码系统。

汉语的"野草",德语叫Unkraut,英语叫weeds,俄语叫сорняк。可是自然界的草并无"家"、"野"之分,只是人们为了某种需要,在意识中对草

这一客体切分出"野草"。因此这类义位包含着主体因素。(洪堡特，1997，姚小平《译序》)

中外理解不同。对"房子"义场，汉语切分出二十多个常用的义位（房子、宅子、棚子、楼房、楼、堂、馆、舍、宫殿、大厦、公馆、官邸、别墅、山庄、宾馆、府上、舍间、寒舍……），俄语切分出十多个常用的义位。汉语的"房子"，"白宫"的"宫"，"人民大会堂"的"堂"，"文化馆"的"馆"，"舍间"，译成俄语都是 дом。可见，дом 这个切片比汉语的"房子"大，而它比"房子"的语义特征少。

古今理解不同。对"洗"这个义场，古人切分出十几个义位："沐"洗头发，"沫"洗脸面，"浴"洗身子，"澡"洗手，"洗"洗脚，"湔"洗衣物……（张志毅、张庆云，1994:4）现代人说"洗脚"，编码是两个音节表示两个义位组成的义丛（短语），古人就说"洗"，编码是一个音节表示一个义位，含义是今天短语表示的义丛"洗脚"。如：

(布)至，汉王方踞床洗，而召布入见。(《汉书·黥布传》)颜师古注："洗，濯足也。"

古代的"沐、沫、浴、澡、洗、湔"等十几个义位，到现代一般都泛化为"洗"，即"洗"占据了该义场的一统天下的地位。可是，"洗"这个义场动作所及客体古今没变，洗类的动作古今也没变。这就是"非共变"。其原因只能归结为主体因素。

(二)大约有5%多一些的义位反映了主体抽象义。如：

真理|思想|概念|想象|记忆|判断|观念|道德|品行|性质|精神|愿望|意志|灵魂|情操|气质|仁慈|仁义|正义|感情|忠厚|善良|美满|幸福|懒惰

"自柏拉图学说产生以来，灵魂就被归于超感性的领域内。"(海德格尔，1997)其实，不只是"灵魂"，上列抽象义位都是超感性的。因为是超感性的，所以对上列义位如何抽象其内容常有分歧。什么是"幸福"？古今中外莫衷一是。苏格拉底、柏拉图认为是拥有并使用许多东西。还有人认为是有钱、有名、有权、热恋、健康、安乐死等等。许多人认为，不在拥有多少,而在称心如意的程度。

(三)有很多义位反映了主体的虚幻义或"虚设的意义"(胡塞尔),这就是有意义而无实在的义位。诸如神话、童话、宗教、寓言、文学、艺术、梦想、科幻以及从伽利略开始用数学建构的理念世界中的一些义位:

天堂|上帝|雷公|风神|天使|牛郎|织女|女娲|孙悟空|愚公移山|精卫填海|福尔摩斯|罗密欧|朱丽叶|天花乱坠|糖衣炮弹|无底洞|宝葫芦|飞毯|麒麟|美人鱼|飞马|人头马(Centaur)|外星人|太空城|星球大战|太阳能飞机|仿生人|时间隧道|幽灵|极限|虚拟|燃素|零|无|点(几何学)

以上这样的义位,都是"没有所指客观对象,仅有所指内容"。(兹古斯塔,1983:41)从哲学高度看,其所指可以认为是广义的"知识对象",即所有的被人思考、被人判断的东西,亦即"被思之物"。是跟实存(existieren)对象相对的虚存(bestehen)对象,而且"实存的东西的总体与知识对象的总体相比是无限小的"。(迈农。涂纪亮,1996:397)知识对象,也称之为"意向对象"(布伦塔诺)、理想意义"世界"的"实在"(胡塞尔)、"虚幻世界"的存在(塞尔)、"非存在性实体"(艾柯),是"零外延"(古德曼)。属于"潜在世界"(刘易斯),或谓其存在性弱,或谓其没有存在性。这些都从不同视角提示了它们的属性,总之它们是义位反映的主体世界之一。

(四)大约有7%的义位反映了主体的情态义。

第一类,义位的基义反映情态。情态包括主体的情感(心情、情绪、感受)和对人或事物的态度、评价,这是经过分类、概括、抽象,使之概念化的情态内容。(详见2.2.9.2节)基义内容可以回答"什么感情"、"什么态度"或"什么评价"这样的问题。这样的答案内容负载在义位的主要义素上和语素义上。

主体的情感或感受,如:爱、恨、喜爱、憎恨、仇视、痛苦、悲伤、高兴、愤怒、感谢、可惜。

对人或事物的态度、评价,如:英明、顽固、卑劣、赞美、英雄、百灵鸟、火车头(比喻义)、饭桶、草包、废物、傻帽、傻瓜、蠢货、狗腿子、癞皮狗、守财奴、绣花枕头、骏马、千里马、驽马、劣马、宝刀、享乐。

第二类,义位的基义表示不具体的语气性的情态,如"啊、呀、呸、哎、哼、喔"等叹词。它们"显露主体的感情、情绪和意志表现"(维诺格拉多夫,1960:186),有"纯粹的感情义"(石安石,1993:14),但是不能回答"什么感情"这个问题。它们不做句法结构成分,不同任何词语结合,可以单独回答问题。

第三类,义位的陪义表示情态。义位的基义之外的附属意义或补充义值,包括惋惜、喜爱、亲昵、厌恶、轻蔑、讥讽、戏谑、斥责、客气、骄傲、谦虚、尊敬、委婉、詈骂、褒义、贬义 16 种情态,详细内容和举例均见 2.2.9.2 节。

2.3.4.3 语言世界和语言因素

洪堡特(1827,1997:85)把语言跟真实世界相对,称为"第二世界"。以柯日布斯基为首领的美国的普通语义学所说的"语言世界"是"内涵世界",即通过语言知道的东西。法国哲学家梅洛—庞蒂认为,正如存在一个被感知的世界一样,也存在着一个语言世界。哲学中的"语言世界",着眼于它跟"客观世界"的同构性,作为认识的来源或渠道,甚至说语言是存在的家园。德国学者威斯杰伯说的"语言世界图景"(das Weltbild der Sprache)是"语言中介世界",其观点把人跟自然界分离开,把思想变成单独的客观存在。(列夫科夫斯卡娅,1962:§16)我们说的"语言世界"仅仅作为语义的来源之一。

语言世界为什么能成为语义的来源呢?因为命名(名称)既给出一个或一类事物在客体世界或主体世界整体中的相应位置,又携带一个或一类事物进入语言世界并选择了语言系统中的一个位置。这正可以用维特根斯坦的形象妙语来表述:"颜色是在它的环境中'闪耀着'(正如眼睛是在脸上笑着)"、"某物仅仅是在一个特定的环境中才是灰色的或白色的"。(涂纪亮,1996:580)任何词任何时候,都不是孤立的。词无论是处于组合状态,还是处于聚合状态,词义及其中要素价值都受制于语言结构系统中各个要素之间的相互关系和差异性,这一研究成果是以索绪尔为代表的结构主义语言学家的一大贡献。我们把这一贡献概括为"系统值"("关系值"、"位置值"或"系统义")。义位中的这个值就是义位的语言因素,包括以下几类意义。

(一)语义意义中的系统值

在一种语言内部古今强弱质义位的系统值不同。

"贫"和"穷"在古代汉语中的系统值有三个:①"贫"的核心义是"钱财很少","穷"的非核心义是"钱财很少";②在这个义位上,"贫"比"穷"常用;③在"钱财很少"这个义位上,二者有程度差别——"贫"轻"穷"重:

> 多有之者富,少有之者贫,至无有者穷。(《荀子·大略》,《诸子集成》第 2 册 338 页,上海书店 1986 年)

> 且抚其民。分贫,振穷。《左传·昭公十四年》杜预注:"分,与也。振,救也。"孔颖达疏:"大体贫穷相类,细言穷困于贫。贫者家少财货,穷谓全无生业。"(生业,即产业。——引者注)(《十三经注疏》2076 页,中华书局 1980 年)

从近代汉语开始,"贫"、"穷"的系统值发生了四点变化:①"穷"的"钱财很少"义向核心义的地位转化;②在这个义位上"穷"渐渐取代"贫"的常用地位;③"贫"、"穷"的程度差别渐趋消失,《窦娥冤》上说的"小生一贫如洗"已经与"穷"无别;④除了"人"以外,"穷"还能形容"山、乡"等,说成"穷山恶水"、"穷乡僻壤"。到了现代汉语,不仅这四项系统值稳定巩固,而且"贫"已经不能独立运用,"穷"则取得了更大的自由。在语言的长河中,以上述义位或词位而论,古代"贫"是强质,"穷"是弱质;现代"贫"是弱质,"穷"是强质。古今强弱质的系统值不同。

在人体语义场内,"首、目、口、齿、足"从古至今由强质变为弱质,"头、眼、嘴、牙、脚"从古至今由弱质变为强质,系统值渐渐增大,获得了独立自由。后者由弱变强,显示出口语成分的生命力较强。

从两种语言之间的关系看,一种语言的内外质义位的系统值不同。内质,是源自一种语言内部的成分。外质,是来自其他语言的成分。

从 2~11 世纪,印度梵语佛经汉译词总共有 35000 多条。其中有很多词进入了汉民族共同语。以宋代法云编的《翻译名义集》的《时分》部分的一个时段语义场为例。(见图表 2-16)表示短时间的,梵语汉译词有五个。在梵语中它们有系统的、精确的比值:一"须臾"等于一昼夜的三十分之一,一"腊缚"等于一须臾的二十分之一,一"弹指"等于一腊缚的二十分之一,一"瞬"等于一弹指的二十分之一,一"刹那"等于一瞬的二十分之一。我们用世界通用的时间单位把它们换算出绝对值,分别为 48 分钟,2.4 分钟,7.2 秒,0.36 秒,0.018 秒。梵语的这五个汉译词以外质身份进入汉语,系统值发生了变化:原有的精确比值(连同绝对值)全部消失了,都获得了"表示较短或很短时间"的模糊义;"腊缚"("罗预"、"罗婆")没有进入汉民族共同语;"刹那"、"弹指"等只在书面语里占据一小块地盘,"须臾"和"瞬"是汉语原有的表短时的义位,因此它们可以出现在两个系统里。

图表 2-16

译名	梵文	比值	绝对值
须臾		昼夜/30	48 分钟
腊缚*	lava	须臾/20	2.4 分钟
弹指		腊缚/20	7.2 秒
瞬		弹指/20	0.36 秒
刹那	ksana	瞬/20	0.018 秒

* 又译"罗预"或"罗婆"。

汉语原有的表示短时间的义位有个庞大的系统,它们一直占领着口语和书面语的广大的语域。如一昼夜分十二个时辰、一百刻。夜间分一更(鼓)至五更(鼓),第一更相当于 20 点至 22 点,第五更相当于 4 点至 6 点。表示模糊的短时间的义位(包括时间名词和时间副词)有六十多个。如片刻、一刻、顷刻、少刻、漏刻、片时、少时、少焉、少顷、有顷、俄顷、食顷、顷、俄而、须臾、斯须、无何、逡巡、俯仰、旋、霎时(间)、一霎、瞬、一瞬、转瞬、瞬间、瞬息、倏、倏地、倏忽、奄忽、指顾、捻指、转眼、旋踵、瞥眼、一瞥、一眨眼、一息、一会儿……

(二)语法意义中的系统值

数,弗雷格认为它是具有客观性的非时空存在的抽象实体,它既不是客体世界,也不是主体世界,而是另一个世界("第三种范围"即语言世界)。至于语法范畴里的"数",应当属于语言世界语法意义中的系统值之一。因为有些语言没有数范畴;即使有数范畴的语言,其"数"也不一定有主客观理据。英语残留在第一人称和第二人称代词上的双数形态,到了中古时期消失了。俄语的双数形态在 11~13 世纪渐渐绝迹了。这类词失去了双数,到复数中找到了位置。这就是系统值的变化。英语的 wheat(小麦)和 oats(燕麦),分别用于单数和复数,这种分别找不到主客观理据,只能说它们的语法系统值不同。

至于"性"范畴,更属于语法系统值不同。自从亚里士多德分出阳性、阴性、中性以来,许多词的性无理据可寻。"太阳"在法语、德语、俄语中分属阳性、阴性、中性。德语的 Loffel(勺子)是阳性,Gabel(叉子)是阴性,Messer(刀子)是中性,Frau(妇女)是阴性,而 Weib(妇女)和 Mädchen(姑娘)则是中性。俄语 часовой(哨兵)是阳性,法语 sentinelle(哨兵)则是阴性。(张志毅等,1994:190~191)

英语的不定式动词标志 to,定冠词 the,不定冠词 a,介词 of,都主要表示语法系统值。语言中的虚词,首先直接反映的是语言世界中单位之间的关系。

汉语的"永久、永远","超凡、超绝",《现汉》对前一组或后一组的释义相同,但一组内二词的语法值不同:一是词性不同,前一组是形容词和副词,后一组是动词和形容词;二是功能不同。

(三)语用意义中的系统值

"二"和"两"的基义和陪义相同,只是语用意义中的系统值不同:在自然数、小数、分数、序数中用"二"不用"两"。

汉语名词和量词的组合,有些有一定的语义理据,如"根"多用于三维细长坚物("一根棍子"、"三根管子"、"一根筷子"),"支"多用于圆杆状长坚物("一支笔"、"一支枪"、"一支蜡烛"),"支"还用于队伍、歌曲、乐曲、纱线等。"枝"多用于带枝子的花朵,较少用于杆状物。多数已经失去语义理据,化石化,习俗化。(戴浩一,1997)如"马"用"匹","牛"用"头","上衣"用"件","裤子"用"条","袜子"用"双","手套"用"副",等等。这是量词在语用中的系统值。

有些义位的一部分意义潜藏在组合伙伴身上。最常见的是,动词在组合中的意义常常得观察前后的施动者或受动者,形容词在组合中的意义常常得观察被形容者。这是实词在组合中的系统值。

现代汉语一些实词得从词类活用或执掌特殊功能角度把握它们在语用中的系统值,如:一个多么的中国人、比总管还总管、太军阀了、他竟宗派到这种地步。

总之,客体世界、主体世界和语言世界可以总称为"物"(有时称"事物")。这样可以简而言之,词义来源于物。但是,物(有时被人用于狭义,指客观世界,称为"对象")本身不是词义,指称对象当然也不是词义。否则,各种语言的词义就会相同;在一种语言里的一些词所指相同就会被认为词义相同。事实上,所指相同的词,其意义有时不同或相反。如:寒舍—府上,朝阳—夕阳。比如在梵语里,大象可以叫做"饮两次水的"、"双齿的"或"用一只手做事的"动物,"尽管指的是同一事物,却表达了各种不同的概念。事实上语言从不指称事物本身,而是指称事物的概念。"(洪堡特,1997:104)

2.3.5 义位来源的三条信道和相对应的义位的三种形态

胡塞尔认为,符号本身没有意义,只有凭借意识的授予行为,才获得意义。对意义的"一个重要的认识步骤"是由语言领域向整个意识领域扩展,即不能停留在表达层面,而必须深入到意识层面,以揭示意义形成的内在机制。意识总是"关涉于某物的意识","思"(cogitation)总是有它的所思(cogitatum),即以经验、思维、情感、意愿等方式"意识地拥有某物"(etwas bewusshaben)。(徐友渔,1996:122,139~141)意义就是意识对物的念及(meint etwas),词义依赖于意识活动,意识的意向性是意识活动的特征。"内在和外在的具体对象的名称更深刻地渗透到感性直观、想象和情感之中。"(洪堡特,1997:105)美国心理学家铁钦纳的构造主义认为意识有三元素:感觉、感情、意象。哲学心理学普遍认为意识至少或主要包括思维、直观、情感。

1960年,美国学者伯洛在研究言语交际学的时候,提出言语交际封闭系统中的SMCR(S为发话人source,M为信息message,C为信道channel,R为受话人receiver)模式,认为信息源是通过视觉等直觉渠道达到受话人。(戚雨村,1997:7)我们这里借用"信道"(channel)这个词,表示三个世界的信息映射到意识以至于语言的三个渠道或线路:思维、直观、情感。因而义位的存在相应地有三种形态:思维形态、直观形态、情感形态。从《现汉》随机抽样得到2963个义位,其中属于思维形态的占83.5%,属于直观形态的占12%,属于情感形态的占4.5%。分别详述如下。

2.3.5.1 思维信道和思维形态

人是靠思想在地球上卓然独立的,只有人以思想物化的语言这一独特形式反映世界。这种反映是抽象的,有时是概括的;是科学的,有时是准科学的;是概念式的,有时是准概念式的或半概念(semi-conceptual)式的。多是对事物本质属性的抽象,形成专业范畴(expert category)、学科义位,从而形成科学世界。

所谓反映是抽象的,不是概括存在的全部属性,是指存在的"一般物"在思维中的再现,提取被理解的部分属性。这种提取是经过多层级抽象,每升一个层级,抽象出的属性就减少一些,最后抽象出必不可少的属性。也就是说,抽象的过程就是选取和舍弃属性的过程。随着抽象的升高,提取的属性渐减,义值渐精。并且这种抽象不是个人的意识活动,而是以语言主体中的社会群体的意识去切分并提取物的切片的属性。请看对"人"的属性的抽象:

①无羽两足动物。(柏拉图)
②会说话的动物。(希腊人)
③拥有语言的存在物。(伽达默尔)

④会唱歌的生物。(洪堡特)

⑤说话的生物。(海德格尔)

⑥符号的动物。(卡西勒)

⑦天地之性最贵者也。(《说文》)

⑧动物之最灵者。(《汉语词典》)

⑨是社会关系的总和,社会性动物。(马克思)

⑩[人类]灵长目。一般指更新世以来的人,通常只包括智人。其特点为:具有完全直立的姿势,解放了的双手,复杂而有音节的语言和特别发达、善于思维的大脑;并有制造工具、能动地改造自然的本领。(《辞海》1999年版)

⑪制造工具的动物。(富兰克林)

⑫制造工具并使用工具进行劳动的高等动物。(《现汉》)

以上是两千多年来古今中外对"人"提取特征的摘要:①是外部特征;②~⑥是语言特征;⑦是在生物界的地位特征;⑧是思维特征;⑨是社会特征;⑩共7个特征——A.类属,B.地位,C.直立,D.双手,E.语言,F.思维,G.劳动;⑪~⑫是劳动特征。"人"的特征还有很多,①~⑫共提取八个特征,这就是多次抽象的结果。在八个特征中,《现汉》为了科学与简明又提取其中的两个(劳动和类属),这是又一个层级的抽象。《现汉》对"人"的抽象结果,便是"人"这个义位的思维形态。而"无羽两足"则是直观形态。

2.3.5.2 直观信道和直观形态

直观,包括感觉、知觉、表象,是属于意识之中的。有人把它叫做"前科学语感"或"前思维"。它对物提取的是原型或中心成员具有的可感的最明显的"族征"或"家族相似性"(family resemblance. 维特根斯坦,1933)。它注重的不是本质属性,而是"典型意义"、心灵表象(mental representation. 泰勒,1989),亦即概括表象(schematic representation)。

理性主义者认为现实仅凭理智就能确定,18世纪康德在批评他们时指出,现实中有许多东西还必须靠感性直观才能确定。(江怡,1996:

146) 19世纪20年代,洪堡特(1997:20)认为:"对事物的全部知觉都必然在语言的构造和运用上得到体现。要知道,词正是从这种知觉行为中产生的。"

费尔巴哈(1910)摘录的莱布尼茨的说法——"感性提供对象,理性才提供名称",当代哲学已经认为它是陈旧的粗略的(非精密的)哲学观点。这种观点回答不了维特根斯坦提出的问题:词语是如何指称感觉的?也解释不了维诺格拉多夫(1955)的被人赞同的结论:词既是思想符号,也是心理感受的标志。实际是,感觉总是意识的现实组成部分。"感觉表象是认识过程的起点"(培根)"感觉材料的复合"被"意指活动赋以魂魄(Beseelen),它们才能成为感性表象"。(胡塞尔。涂纪亮,1996:452)赋以魂魄就是赋以意,把感性材料转变为语义的物质载体,给对象以语义。"语义和构成语义的语义特征……是从感觉中抽象出来的……听一个词时顺便也回忆起这个词所涉及对象的具体可知觉的个别样本"。(恩格尔坎普,1997:193)名称总是把已经存在的东西传送给表象性思维。(海德格尔,1958)常常是靠感觉,意义和对象才联系在一起。

通过直观信道形成了义位的直观形态。如:

red:血或火的颜色。(《朗文当代英语词典》)
yellow:像黄油、黄金或蛋黄的颜色。(同上)
黄:像丝瓜花或向日葵花的颜色。(《现汉》)
云:山川气也。(《说文》)
腥:鱼虾等的难闻气味。(《现汉》)
甜:像糖和蜜的味道。(《现汉》)
呱呱:象声词,形容鸭子、青蛙等的响亮的叫声。(《现汉》)

这是成千上万年人们根据视觉、嗅觉、味觉、听觉等经验命名并确定其直观义或感性义的。这些意义常是用非科学语言表述的。这是最原始的、最根本的语义层次。它们反映的是普通常识或概念,有人称之为通俗范畴(folk category)。就颜色义位来说,只是到了19世纪中叶才通过科学实验逐渐认识、分解、确定了"红、橙、黄"等等光色的光谱及中心波长。同理,对水、气、冰、雪等事物,各民族起初也靠直观命名并确定其意义的,只是到了 19 世纪才发现它们的分子是 H_2O,是同一物质的物理状态的变异。追溯语言的历史,大多数词语起初都是跟直观经验有关的。这正如海德格尔所指出的:"名称是一些创始性的词(originating words),它们把业已存在的东西呈现于表象活动",如铁锤及其名称之间的认识关系就是表象。(涂纪亮,1996:364)表象中的直观、经验因素是最早的根基最深的心理因素,沉淀于思维义(科学义)层面下,在思维展开时沉淀的东西便浮现出来。

直观义的形成,其过程是比较复杂的。其中有物象内化过程:靠感觉器官对物产生知觉形象或痕迹,痕迹在记忆中重复与强化,内化为物象、观念性的想象,形成传记式的表象系统(或情景系统,与概念系统并列为人类知识的两种基本形式)。一般认为思维在前,语言在后,思维先于语言的发展。(皮亚杰,1967)思维的前奏是经过"前注意"和"集中注意"(陈中立等,1997:220)两个阶段,知觉通过大脑皮层的一个功能区把事物独立编码特征整合成暂时的客体表征——意象(image)形式的编码。经过多次重复,"左脑解释者"这一识别网络把表征和记忆原型加以匹配,赋予语言编码,事物于是获得了名称这一语义形式。这是知觉的再现,也就是"人首先通过非语言的思维从众多已知觉的客体和事件中抽象出某些特征……用某些语义特征的组合来构成一个一个的词"。(恩格尔坎普,1997:75)"每一种语言正是借助于这样一些直观和感觉,在天才精神的激发下把语音和概念在词里面协调起来。"(洪堡特,1997:117)

直观属于感性认识,它提取的是事物的个别现象特征,因而直观及其分类有时是错误的。

"蝙蝠"按动物学分类,是哺乳纲、翼手目,而"鼠"则属于啮齿目。在上古汉语时期,有些地方常把"蝙蝠"和"鼠"混同,《方言》第八:"蝙蝠,自关而东……或谓之飞鼠,或谓之老鼠,或谓之仙鼠。"《尔雅·释鸟》"蝙蝠"郭璞注:"齐人……或谓之仙鼠。"不独是古代汉语,现代一些语言如德语,也把"蝙蝠"叫做"飞翔的老鼠"。

"娃娃鱼、章鱼、鲸鱼"都不是鱼,分别是两栖动物、软体动物、哺乳动物。

"心灵手巧"、"聪明面孔,笨肚肠"、"牵肠挂肚"、"鼠肚鸡肠",把"心、肚、肠"误认为思维情感器官。不单汉语如此,其他语言的"心"也有思维情感义,英语的 heart 可以构成 heartache(痛心、伤心)、heartbreak(极度伤心)、heartfelt(衷心的)。法语的 cœur 可以说成 par cœur(记牢)、a cœur ouvert(坦率地)、de bon cœur(乐意地)、de tout cœur(热心地)。各种语言也都说"太阳东升西落"。千百代如此。这正如美国法学家、经济学家边沁所说:"错误从来没有像它扎根在语言那样难被消除。"(伍铁平,1989$_b$)

《本草纲目》说的"无花果"并不是真的无花,而是花隐于花托内,只是外观不易见到。

世界上的花,种类成千上万,普通关注的是花瓣的形状和颜色这些可感的最明显的特征,而这些特征对于花的植物学类别来说都只有极小的意义。如:

  美人蕉:多年生草本植物,叶片大,互生,长椭圆形,有羽状叶脉。总状花序,花红色或黄色。供观赏。(《现汉》)

这里提供的多是直观特征。其本质特征是它的植物学的性质类别:不对称花(以花中心看无一对称面)、单性花(雌雄不同存一花)。

象声词(现多称拟声词),只表示感性义,即只表示表象等意识内容。因为其中有感觉的直观因素,所以操不同语言的语言主体对外界的同一声音的感受不会完全相同。

雷声,汉族人的感受为"隆隆",英国人的感受为 rumble[ˈrʌmbl],俄国人的感受为 грохот[kroxot·],法国人的感受为 roulement[rulmã],德国人的感受为 grollend。

操同一语言的语言主体对外界的同一声音的感受也不会完全相同。BP 机的声音,汉语内部有的感受为"哔哔",有的感受为"的的",有的感受为"嘟嘟",有的感受为"曜曜"。基于后一声音,人戏称 BP 机为"电蛐蛐"。鸭子的叫声,汉语内部有的感受为 gaga(嘎嘎),有的感受为 guagua(呱呱)。

同一象声词可以表示不同的声音:"隆隆"表示雷声、炮声;"嘎嘎"表示鸭子声和大雁声;"呱呱"表示鸭子声和青蛙声。

命名是依靠感觉经验中经常重复出现的因素,"一个对象的名字并没有权利要求成为该对象的本质","一个名字的作用永远只限于强调一事物的一个特殊方面,而这个名字的价值恰恰在于这种限定与限制"。(卡西勒。涂纪亮,1996:366)直观形态的义位反映的是"感官的世界"(罗素)、"知觉世界"、"常识世界"。"语言的意图始终只体现在一种最近乎直觉的感觉(instinctartiges Gefühl)之中。"(洪堡特,1997:147)

2.3.5.3 情感信道和情感形态

自柏拉图和亚里士多德以来,意识活动中就区分为理性因素和非理性因素。情感就是一种重要的非理性因素。到了康德把"情感"这一先天因素融进了主体认识结构(包括知、情、意)。现代哲学认为,情感是意向性心理活动或状态,是理性思维不可缺少的激励因素。把理性和非理性因素结合起来,互推互补,将推动思维达到新高度。

情感是人脑的下丘脑、边缘系统、脑干网状结构、大脑皮层的机能,它是对外界的现实事物或过去经验按是否适合需要、欲望和要求而产生的肯定或否定等的心理反应、体验、态度等。这是一种意识,有人称之为后思维。通过这条信道,形成了义位的情感形态,包括情感义、态度义、评价义、部分理性义。

自古以来,人们一直在探讨着情感的种类。公元前300年左右的战国中期,《左传·昭公二十五年》有"好恶、喜怒、哀乐""六情"说,《荀子·正名》有"喜、怒、哀、惧、爱、恶、欲""七情"说。19世纪欧洲心理学家又有新的更多的区分尝试。达尔文主张对立性原则,区分出"向、背,肯定、否定,强、弱,紧张、轻松,快乐、忧愁"等类别。冯特主张"三度说"(三个维度),区分出"愉快、不愉快,兴奋、沉静,紧张、松弛"等类别。

把心理学成果应用到词语上,高名凯(1948)把词区分为两大类:表情的词,表知的词。表情的词包括:"仇恨、讨厌、丑恶"等实词和"吗、吧、嗨"等虚词。外国有些语言学家区分为六类:喜悦(满意),愤怒,悲哀,恐

惧,渴望(喜爱),厌恶(憎恨)。(赵艳芳,2001:116)

我们把表情感的义位分为两大类:第一类,表示自然性的初级情感的义位;第二类,表示社会性的高级情感的义位。

第一类还可以区分出三个细类:

(1) 肯定的或积极的,对人多起增力作用。

> 快乐|高兴|愉悦|喜悦|舒服|自豪|心旷神怡|欢天喜地|热情|亲热|狂热。

有些带程度差异:

> 满意 → 愉快 → 欢乐 → 狂喜
> 喜欢 → 喜爱 → 热爱 → 酷爱

(2)否定的或消极的,对人多起减力作用(含效果)。

> 忧愁|痛苦|苦恼|烦恼|苦闷|懊恼|懊悔|暴怒|恐惧|害怕|抑郁|辛酸|惭愧|惊慌。

有些带有程度差异:

> 失望 → 大失所望 → 绝望
> 难受 → 伤心 → 悲伤 → 悲痛
> 生气 → 气愤 → 愤怒 → 狂怒

(3)中性的:

> 激动|惊奇|奇怪|惊异|惊讶|兴奋|冷静|留恋。

叹词"是生动的感情的抒发"(洪堡特),可以表示肯定的、否定的和中性的各种感情。

第二类在常见的范围内可以区分出两个细类:

(1)道德感类的义位

对这类情感词语,有人(如英国哲学家艾耶尔)认为没有描述价值,有人(如美国伦理学家史蒂文森)认为有描述价值,但是他们都承认有情感义存在。表示道德情感的义位有:

> 善｜和善｜善良｜仁慈｜仁爱｜慈悲｜大发慈悲｜心慈面软。
> 恶｜凶恶｜凶狠｜凶暴｜恶毒｜狠毒｜毒辣｜穷凶极恶｜惨无人道。
> 正义｜公正｜公道｜公平｜公正无私｜一视同仁。
> 尊敬｜敬佩｜赞佩｜爱抚｜感激｜感谢｜同情｜怜悯｜仇恨｜憎恨｜仇视｜轻视｜真挚｜真诚｜羞耻｜羞愧｜光荣｜荣耀。

此外，还有对祖国、真理、正义、自由的"热爱"，为人民、祖国、集体的"自豪"，对国家成就的"喜悦"，等等。

(2) 美感类的义位

这类义位既反映事实，又包含情感：

> 美｜美丽｜漂亮｜美观｜优美｜俊美｜秀美｜秀丽｜华丽｜绚丽｜国色天香。
> 丑｜丑陋｜难看｜其貌不扬｜面目可憎。
> 诚实｜老实｜忠厚｜厚道｜朴实｜纯朴。
> 刁滑｜狡猾｜奸猾｜口是心非。
> 正直｜耿直｜刚直｜坦率｜光明磊落。

这些义位反映着自然美感、艺术美感和社会美感。社会美感中有关品德的义位，也可以归入道德感之中。

总之，表示社会性的高级情感，是社会的需要，是精神生活的需要，是人类的高级需要。1923 年，理查兹认为情感意义是文学语言和科学语言单位的区别之一。1934 年，布勒尔提出词语的表情功能。1960 年，雅柯布逊认为，感情功能(emotive function)描写了所指倾向，即情感、态度、身份等。1975 年，塞尔认为表情是施为性言语行为的一种，1977 年，他又强调表情功能。在这里，我们有必要再强调一下，表情功能，如果通过义位实现，那么有的是借助义位的基义，有的是借助义位的陪义。

2.3.6 义位的类型

义位的类型，反映着义位的结构侧面。

综观历史，义位的分类是在两个范围内进行的：

A 型分类,主要是在多义词语义场内,对两个以上义位的结构关系,按不同标准,划分出多种义位之间的关系类型,有人称之为词位变体关系类别。

B 型分类,是在一个义位内,对两个以上的语义特征的结构关系,按不同标准,划分出义位内部的多种关系类型,得出的是几束语义特征的类型,或语义特征群之间的类型(含"色彩意义")。

A 型分类,中外在古代早已经做过。这是从传统语义学直至今日研究的古老课题。这里只把 A 型分类的结果摘要如下:

历时类型

本义,包括原始义、词源义、始见义,统称第一性意义。

转义,包括派生义/引申义、比喻义,统称第二性意义。根据义位之间的理据关系区分本义和转义。

古义(历史义)和今义(现行义)。

共时类型

基本义——非基本义。

通语义——方言义(含社会方言义)。

主要义——次要义。一个词位可以有几个主要义,如本义、基本义、主要转义。(梁守锵,1964:18)

直义——转义。维诺格拉多夫根据词与物的对应关系区分,即词音和词义直觉联系和非直觉联系意义,一个词位可以有两个以上的直义。(王超尘等,1984:443)

称名义——非称名义。维诺格拉多夫根据表义功能性质区分的,称名义直接指称所指或概念,非称名义则以前者为中介,依附于前者,是前者加上更主要的感情评价义素,有人称为一种修辞同义词,如"马"和"驽马","人才"和"千里马"。(倪波等,1995:236)

自由义——非自由义(运用受严格限制的意义)。这是维诺格拉多夫根据义位间的组合关系区分的。(王超尘等,1984:449)

中性义——修辞义(带有感情、修辞等等陪义)。(库兹涅佐娃,1988:122)

具体义——抽象义。

中心义——过渡义——边缘义。（保罗。布龙菲尔德,1980:533、534）

常用义——非常用义。

系统义——非系统义。

泛指义——特指义。

固有义——临时义。

B型分类是近七八十年的事。中世纪及其以前,认为词义是浑沦的整体,是本来的、自然的、孤立的意义。

起初出现的是二分法。1921年,爱德华·萨丕尔把一个词义分为"概念内容(实在内容)"和"情调"。

1933年,布龙菲尔德把词义分为"指示意义(显义)"和"附带意义(内涵意义或隐义)"。

20世纪40年代中期,吕叔湘先生把词义分为核心的"概念的意义"和外围的"联想的意义"。

1953年,吕叔湘和朱德熙先生把词义分出"基本意义"和"附带的感情色彩"。

1955年,周祖谟把词义分为词义和修辞色彩。

还有一种流行的分法是分为"词汇意义"和"语法意义"。

三分法:20世纪20年代,法国语言学家艾尔德曼把词义分为"概念内容"、"附带的意思"和"感情因素或情绪相关的内容"。60年代初,苏联戈洛温分出"词汇意义"、"构词意义"和"语法意义",高名凯分出"中心意义"、"色彩意义"和"语法意义"。60年代末,兹古斯塔分出"指称意义"、"附加含义"和"使用范围"。符淮青(1985)、贾彦德(1986)、刘叔新(1990)都坚持三分法,只是类名不同。

四分法:维诺格拉多夫1953年提出一种词汇意义的四分法:①指名本义,②习用范围受限制的词义,③句法作用受限制的词义,④搭配方式受限制的词义。1982年,诺维科夫把词义分为"理性意义"、"结构意义"(组合和聚合义)、"语用意义"(情感意义)和"语境意义"。

六分法:1983年,利奇的七种意义中有关词的意义有六种:"理性意义"、"内涵意义"(附属意义)、"社会意义"(语体、风格)、"情感意义"、"反映意义"和"搭配意义"。另有"主题意义"是句子意义。

从词义分类简史可以看出：

第一,对词义(义位),特别对义位内部的分类,从浑沦到明晰,从粗到细,从不分、二分到多分,这相当于人们对分子、原子、电子、中子等等的认识,逐渐深入精细。

第二,词义(义位)有广、中、狭之分:广义的词义指概念意义、附属意义、语法意义和语用意义;狭义的词义就指概念意义,在广狭之间的词义指概念意义和附属意义。

第三,词义(义位)的次范畴也有广狭之分:

词汇意义,广义指概念意义和附属意义,狭义只指概念意义。

联想意义,广义指利奇的内涵意义、社会意义、情感意义、反映意义、搭配意义(利奇所说的"联想意义"就是广义的,跟理性意义相对的),狭义只指利奇的内涵意义。

理性意义,广义指概念意义(包括外延和内涵),狭义指概念意义中的一类。利奇的理性意义只指概念意义的外延,有人指概念的内涵。

第四,概念意义的不同名称有二十多个:理性意义、指称意义、指示意义、所指意义、称谓意义、命名意义、事物意义、对象逻辑意义、逻辑意义、外延意义、内涵意义、认知意义、描写意义、基本意义、中心意义、核心意义、词汇意义、实在意义、显义、词典意义、自由意义等。这些名称用不同的内部形式(理据)从不同的侧面提示了基本意义的性质、地位、功能等等。这些名称各有利弊。

第五,有些平行的同一层次的名称之间缺乏逻辑关系。如"中心意义、色彩意义、语法意义",利奇的七种意义。

第六,二分法属于传统词汇学和语义学,三分法以上属于现代词汇学和语义学。

在这个认识基础上,我们主张 B 型分类(即义位内部划分)框架的三分说。句法学、语义学、语用学,三个视角的三分说是由皮尔斯提出,由莫利斯明确的。(莱昂斯,1977)我们分类的结果是：

(一)语义意义

(1) 义值

①基义:A. 范畴基义——学科义位(理性义)

　　　　B. 表意基义

　　　　　　　　　普通义位

　　　　C. 指物基义

②陪义:A. 属性陪义,B. 情态陪义,C. 形象陪义,

　　　　D. 风格陪义,E. 语体陪义,F. 时域陪义,

　　　　G. 地域陪义,H. 语域陪义,I. 外来陪义。

(2) 义域:A. 大小域;B. 多少域;C. 显性伙伴域;D. 隐性伙伴域;E. 适用域。

(二)语用意义

(1) 组合意义

(2) 语境意义

(三)语法意义

(1) 范畴意义

①词类范畴。

②形态范畴:性、数、格、时、体、态、式(语气)、人称。

(2) 结构意义

①词语内部结构义。

②词语之间组合结构(含组合结构特点、重叠意义、词序意义等)。

③词语之间聚合结构(同义、反义、上下义等)。

(3) 功能意义

①句法功能(能否充当成分、充当什么成分),如:非谓("大型")、唯谓、唯状("大力")。

②组合特点(跟某类词组合)。

③表类别作用功能(指代、连接等)。

语义意义是义位的中心或核心,是基本的、独立的。具有物质性,它有指称和认知作用。因此,莱昂斯(1977)提醒人们注意,reference 和

referential meaning 是指无感情色彩的"认识意义"或"描写意义",这时或用 denotation。我们认为,语义意义不等于逻辑意义,但是包含着逻辑要素:概念内涵是一些义位的基义(义质),概念的外延相当于一些义位的义域,义域比外延广泛得多。所谓的"生活"和"通俗"概念相当于普通义位,科学概念是学科义位。有些学科义位不宜称作普通义位的深化。(克里普克)这两种义位在大多情况下可以视为义位变体。

语用意义,是义位在各种语境中,在运用状态显现出来的各种语义因素,包括修辞意义,它们都依附于语义意义。请见第四章。

语法意义,跟语义意义相比,有它的特点:

第一,语义意义可以是单个语言单位的意义,语法意义常是同类或类间单位的关系意义。语法意义的载体是体系性的形式(手段)。语义意义是天平的一端,另一端是类别或关系意义:侧重客体的类有"数、时",侧重主体的类有"式、态、体",侧重语言的类或关系有"性、格、结构、成分、词序",侧重于语义和现实的关系有"有定、无定"。(兹维金采夫,1981:385)语法意义是语义意义的更进一步概括。如"声音、是非、眉目、国家"在语义(素义)上分别是同义、反义、类义、偏义,而在语法上都是联合结构。可见,语法意义处于比语义高一级层次。它表现的已经不完全是事物及其相关性,已经包含着形式的相关性。

第二,语义意义的载体是语言单位,语法意义的载体是语言单位的语法形式,如词缀、内部屈折、重音、语调、异根、重叠、虚词、词序、层次、结构、位置、零形式。离开语法形式载体的意义不是语法意义。如汉语的"性"、"四声别义"范畴是词汇(语义)性的。

第三,语法意义对语义意义具有依附性。"们"的复数义依附于表人名词"多数"这一语义意义,"了"的"完成"义和"着"的"持续"义依附于相关动词(或形容词)的语义意义,不能独立存在。当然,语义意义也不能抛开语法意义而单独实现交际功能。

第四,语法意义系统的对立比语义系统的对立更严格。语义类的划分以及语义场的划分都有较大的相对性,不太严格。而"性、数、格"内部的语法意义的对立是比较严格的。

第五,语法意义比语义意义具有更大的普遍性。所有的词都具有语法意义,而有一部分虚词有人认为没有语义意义。如介词、连词、助词。当然,也有人认为虚词也表示概念,虽然没有知觉内容,但是有推断作用,如"因为,而且"等。(哈蒙,1987)

第六,两种意义在语用意义基础上可以转化。一方面,语法意义促使语义意义产生,如使动用法、意动用法常常促使形容词产生动词义位,促使不及物动词产生及物义位。语法意义促使某个语法形式(如英语的 works)产生并稳固一个语义意义("工厂"),进而独立成词(works)。这个过程和结果就是语法形式的词汇化(lexicalization)。另一方面,语义意义促使语法意义产生,如大量的转类造词都是语义意义促使产生语法意义并进而固定在一个词的新的词性上。"是"在早期是指示代词,语义意义使得"是"能够处于后一结构主语的位置,复指前面的结构,这样的语法位置和语义作用促使"是"变成了判断词。英语的 may 动词"允许"义促使产生虚化的情态义"或许"。总之,词汇单位(主要是实词)演变成语法成分(主要是虚词)或演变出突出的语法特征,这个过程和结果就是词汇单位的语法化(grammaticalization)。(梅耶,1912)

第 三 章

义位定性论

第一节 义位定性说——柏拉图以来词义说的新审视

只有在俯瞰视角下把握专题学说史(不单单是文献史)整体,才能分清各种学说的正偏误、高中低。只有超越一个学派(学说)的狭窄视域,才能发现其他学派(学说)的合理性与片面性。在这两种思路下,有必要重新审视一番柏拉图以来的各种词义学说。

什么是词义?自柏拉图、荀子以来两千多年,一直是人类思想史的中心问题之一,特别是哲学、语言学、心理学、逻辑学、思维科学、神经生理学等许多学科煞费苦心研究的问题,更是当代语言哲学的中心课题之一。如果离开语言哲学这个宏观大背景来讨论意义问题,就是瞎子摸象;如果背离语言哲学意义观,就是宏观失控。关于词义,英国哲学家奥格登等(1923,1946,1952年版)列出22/23个定义,利奇(1983)转引11个,现在常见的有十多种。这里按形成理论的历史脉络,予以总结评论。

3.1.1 指称说

指称说(referential theory)也叫指示说(denotative theory)、对象说、命名说。

主张这一学说的,在中国首推荀子:名是指实的。(《正名篇》)从古至今,许多社会的愚昧思想都把词和物混同,这是人类永恒的问题。(哈亚卡瓦,1949)初始期的古希腊哲学认为,词与物是统一的。二者的分离始于柏拉图:词"代表"、"指示"(denote)或"指称"(refer)外部世界的物体。(《对话录》)它们是思想反映的可感知的现实事物:一种抽象的实体,不是纯意识的东西。词、物分离及对物的界说,世称此为柏拉图主义(Platonism)。与此微别的是唯实主义(realism):词义对应的是现实世界中的可感知的事物(含个体、性质、关系、状态等)。这两种主张合称唯实主义语义观。柏拉图等唯实论"词——物"观,一直流行在迄今为止的哲学史中,也是现今人们根深蒂固的成见。

这一学说在中世纪以后不断泛起。近代有密尔。现代较有影响的是罗素:词语是代表某种东西的符号(1903);继而(1905)又把词语划分为专名(proper name——直接指的那个对象如莎士比亚就是它的意义)和摹状词(description——其意义就是由所组成的语词如"《罗密欧与朱丽叶》作者"的意义而定);词的意义就是事物!(1948。1983:86)剑桥大学哲学家维特根斯坦前期(1922)也有同样的观点:"名称表示对象,对象就是名称的意义。"现代语言学伦敦学派首领弗斯也认为,词汇意义是所指的客观事物。结构语义学和逻辑语义学都认为,意义是独立于人脑的客观实体。蒙塔古70年代前后也坚持意义指称理论(referential theory of meaning)。此外,也产生了其他变异派别,其中首要派别是概念主义(见3.1.7节"概念说")。还有一派认为,语词和指称的对象之间的关系是间接的,中介是说话者,但是一般都忽略中介,只简便、习惯称为:某词指什么(人、物、事、时、地等)。另一个变异派别还有一个巧妙的说法:词义是词跟所指对象的关系(见3.1.4节"关系说")。

指称说在西方哲学背景中属于意义对应理论(correspondence theory of meaning)。20世纪的指称论者一直把直指定义(ostensive definition,一译"实指定义")作为语词意义的最基本模型。因为它具有直观性、简明性、实用性,所以一直延续到现在。但是,指称说仍是比较原始的、比较陈旧的观点。

随着思维的发展,从对象与意义混同论的原始阶段过渡到对象和意义区分论的新阶段。打出这一过渡信号的首推德国数理逻辑学家弗雷格。他在一百多年以前,接连发表了两篇功垂史册的论文《论意义和所指》(1892)、《对意义的所指的解释》(1895)。其要点有:

(1)区分出符号(一译"指号")、意义(德文Sinn,一译"涵义")、所指(德文 Bedeutung,一译"指称"或"意谓",王路[1996:137~164]认为译成"意谓"更准确)。因为译法不同,弗氏的上述两文和下述提法都可以作相应的变换。

(2)一般情况下,符号有相应的意义,意义有相应的所指,所指不止有一个符号。

(3)有些情况,一个符号有意义,没有所指。

(4)所谓的"意义"包含了:①符号出现的方式(表音或表义,表示直义或转义),②符号出现的语境(民族文化大语境),③辨识所指对象的方式(常是片面的,选取命名的某个角度)和过程。把握了意义,不一定把握了所指。

(5)他用望远镜观察月亮做比喻:月亮好比所指,望远镜上的图像(一译"影像")好比意义,视网膜上的图像好比表象(或心理学意义上的"意象")。意义(涵义),是处于所指对象和意象之间的;意义不是对象本身,也不像意象那样主观,而是客观的、不依赖主观意识的,可以供人们共同使用的东西。

在弗雷格之前,中世纪对意义(signification)的理解就是最本来、最自然、不依据其他东西而理解的意义。(朱水林,1992:44)弗雷格的学说是现代关于意义学说的发端。

在弗雷格之后,最有影响的哲学家维特根斯坦在后期著作《哲学研究》中否定了自己早期著作《逻辑哲学论》的观点:"名称意指对象。对象就是它的意义。"并且引了奥古斯丁《忏悔录》中的话批判了这个观点。赖尔早就嘲笑指称说是"菲多—菲多"(狗及其名字)理论。其他学者也从不同角度批评了指称说的非科学性:

(1)语言的"物性"与科学的"对象性"不同。词所说之物不是一个或一类对象本身,19世纪20年代末洪堡特(1997:104)已经断定,词不是某个事物的等价品,是对这个事物的理解,语言从不指称事物本身。胡塞尔在《纯粹现象学通论》中就概述过对象和意义的区别。美籍普通语义学创始者柯日布斯基(1933)说,"面包"表示而不等于实物面包。"达于词之物……是在词中感觉到它自身的规定性。"(伽达默尔,1986)这种观念或许在亚里士多德那里就萌芽了:符号表达的是"心灵的体验"。(《解释篇》)莱昂斯(1995)主张分清意义和指称。

(2)它只适用于专名和物体词(object word)的直指定义,不适用于下列各类词:

①虚词,特别是介词、连词、叹词等(归属另有他说)。无指称,有意义。

②表示虚构、没有实在对象的词,有人称之为无所指的空指号。如:鬼、神、天使、麒麟、金山、摇钱树、外星人、太空城、几何学上的"点"等大量数学抽象词、英语神话中的unicorn(独角兽)、俄语等神话中的美人鱼,它们的外延为零集。有内涵,无外延。(柯日布斯基)在虚构中,语词当然只有意义。(弗雷格)其意义仅为"虚设的意义"。(胡塞尔)如果说它有指称,也是在虚构的世界里,(塞尔)是心理上的存在。(柯日布斯基)

③许多动词、一些抽象名词、形容词没有实在的指称对象。培根认为"想"、"幸福"无所指。切斯认为"真理、个人主义、自由、崇高"等找不到所指对象。事实上,大多数词与事物对象没有明显的联系。(克里斯特尔,1988)

④对专名意义的看法是有分歧的:有人(如罗素)认为有意义,有人(如克里普克)认为没有意义,有认为有一些专名是没有意义的,但是它们有所指。

(3)同一词语的同一义位可以指称不同的对象或其不同侧面,不能因此说它的意义(义位)不同。同一个人称代词可以指不同的人;某些职位名词(如"总统"、"经理")可以指不同的人;"东西"等泛义词可以指许多不同对象;集合名词(如"天体")的类义和特指义(离我们200亿光年的天体)指的对象有群体和个体之别。维特根斯坦指出,名称指示对象的时候,可能指的是物体的颜色、形状、质量或数量等等的其中一项,"在每一种情况下都可以意指不同的东西"。(徐友渔等,1996:60)

(4)不同词语(义位)可以指称同一对象,不能因此说它们的意义相同。19世纪20年代末洪堡特(1997:104)用梵语的大象的不同名称说明其指称相同,而概念不同。弗雷格(1892)的经典例证是"晨星"(morning star,汉语叫"启明"等)和"昏星"(evening star,汉语叫"长庚"等)都指金星(汉语又有"太白"、"明星"等二十来个名称)。我们还可以补充许多例证:希腊语和拉丁语的"月亮"指称相同,可是意义不同(一表"时间",一表"亮度");"等边三角形、等角三角形"内涵不同,所指相同;灵魂(亚里士多德)、心(孟子)、意识(佛家)都指心理现象,但意义不完全相同。科学义位和普通义位指的对象相同,而意义不同;基本义值不同的词,如"学生、孩子、儿子"可以指称同一对象;附属义值迥异的词,如"教书匠"和"园丁",所指相同,而内涵不同。可见所指不是纯外延性的,这就是"指称的隐晦性"。(蒯因,1961)从(3)(4)两项,足见胡塞尔强调的意义和对象的不同,意识以不同意向、方式去反映同一对象,对同一对象的理解、把握有多向度性。

(5)义位和所指对象没有共变关系:"脸"由小变大,而面部未变;"人"义深化了,而古今的人基本相同;书、史册表里都变了,而"书、史册"的义值未变;"镜"所指对象变了,而"镜"义值未变。

(6)能理解、掌握词义(义位),有时并不能辨认所指对象:狼—野狗,麦苗—韭菜,谷苗—莠苗。有时知道所指对象,但不知道词义,如"银河"。

(7)词义(义位)是意识单位,具有主体性,而所指物一般没有主体性。古希腊斯多葛(Stoikoi,源出 stoa,据此又译为"斯多阿"或"斯多亚")派学者早就称词义为 lecton——存在于思想中的非物质的东西。

(8)词场和物类不对等。义位对物并不是全部、机械、准确地照相,而是反映着关于事物的意识,因此各语言对万般复杂的世界的切分和提取总是千差万别、千变万化。美国语言学家、人类学者沃尔夫发现河皮语除了鸟以外,只有一个表示飞行物(飞虫、飞机、飞行员等)的词。而汉语、俄语、英语等至少有几十乃至上百个词表示飞行物。

总之,"词语具有一定的所指物,这是一个普遍性的结论。"(石安石,1993:27)但是,所指物并不等于词义,所指物仅仅是词的基义形成因素的一种、一类、一部分。指称说远远不能解释形形色色的语言现象以及词与物的千差万别的关系。指称说在英美和德法当代哲学中早已不流行。

特别是德法欧陆哲学家谈论语义不提及对象,倾向把语义归于主体方面。对象和意义不等同,这是当代许多学科的大多数学者认为理所当然的结论。其首功当然归属弗雷格的智慧,而罗素所持的相反观点则是一种倒退。"语词,指称,意义的三角关系是逻辑实证主义普遍接受的语义学原则。"丘奇尔用一句话概括为:"一个名字指示(denote)其被指物而表达(express)其意义,意义即为此被指物的概念。"(李幼蒸,1993:221)

3.1.2 观念说

观念说也叫意念说。这也是一个古典的观点。欧洲中世纪经院哲学家阿贝拉尔认为,语词是标志观念的。英国 17 世纪唯物主义经验论哲学家约翰·洛克《人类理解论》(或译为《论人类理解》、《人类理解力论》,1690)第三卷第二章说"字眼底意义"是表示观念的。"字眼底功用就在于能明显地标记各种观念,而且它们固有的、直接的意义,就在于它们所标记的那些观念。"(1983:386)休谟、索绪尔、密尔、胡塞尔也有同样的观点。20 世纪中叶格赖斯(1957)在句子层面上继承了意念说。

idea,或译为"观念",或译为"意念",其内涵自柏拉图以来就说法不一:①思想或经验中的东西,②经验留存的印象,③从特殊经验抽象的一般结果,④内省、记忆或想象的对象,⑤词语引起的主观联想,⑥在笛卡尔和洛克那里是指"直接知觉的东西"。大多认为它是人对客观事物的表象(image,又译"意象"、"影像")或形象。

"观念说"虽然克服了指称说的原始性、直观性等缺点,但是,它本身又有更大更多的缺点,受到了弗雷格、赖尔、蒯因等许多哲学家的攻击。这种论调已经过时:

(1)观念,两千多年来是多解的。拿多解的观念作为词义的答案,令人莫衷一是,难以捉摸,因而词义仍是个未知数、未定数。它忽视了词义的固定性和规约性。

(2)大多数词义在人脑中不产生表象或形象,特别是虚词、数词、抽象的名词、动词、形容词等。连洛克本人也认为有些词没有相应的观念。

(3)对同一个词(义位),不同的人产生的观念或表象(意象)不同。

常因人、因时、因地、因事而异。如对"亚历山大大帝的战马",画家、骑手、动物学家有不同的表象。"牛"在说汉语的我国南北方人中的表象不完全相同,在印度语、欧洲语言中的表象更不相同。"一个词即使是被当作单纯表示概念的物质符号在具体的场合来使用,它在不同的个人头脑中也难以引起相同的表象。"(洪堡特,1997:220)弗雷格认为,应该把符号的意义和与之相联系的表象区别开来,表象往往充满情感,是主观的,同一意义常常伴随着不同的表象。(涂纪亮,1996:4~5)表象是个别人根据以前的感觉印象和记忆而形成的内在图像,是个别人的,而意义是多数人共有的。后来他在《思想》一文中进一步论证了表象和意义的区别。罗素虽然说过"字词可以用来描述或创造一种想象的意象",但是他并不认为词义等于意象。

(4) 不同的词语可能产生相同的观念或表象,如"家畜、耕田、拉车、拉犁"可能都出现"牛"的表象。

(5) 洛克认为观念是私有的。按洛克的说法推论,意义、语言也该是私有的。但是,产生私人语言是不可能的。(维特根斯坦)观念又是主观的,属于心理的东西,个人之间的观念不同。同一个人心中一个意义常与不同观念相联系。

3.1.3 用法说

自 20 世纪初以来,不断有人主张用法说。其说各异,略举数家。20 世纪初,德国新语法学派首领之一布鲁格曼(或译"布立格曼")认为,一个词的真正意义要看把它用于什么地方。

20 年代,法兰西学派第二代代表巴黎大学教授房德里耶斯(1921)在《语言》中认为:词任何时候都不可能两次用于同一个意义;任何一个词用多少次,就有多少意义。

30 年代,美国学者切斯(1938)在《词的暴虐》里认为,词的真正意义在于观察人们用它时做什么,而不在于运用它时说什么。维特根斯坦(1933)说"一个词的意义就是它在语言中的使用"。(涂纪亮,1996:300)他认为,一个词的意义不只是要通过它的使用来"确定",一个词的意义就"在于"使用。"每一个符号自身似乎是死的。什么给它生命？——使用中它活了。"他认为，指称说、观念说等都把意义看做"体"（entity，本体），而不是看做"用"（use，用法）。

50 年代，美国语言学家裘斯（1950）在一篇论文中对意义（含词义）从纯分布的角度下个定义："那是'一个形位'同其他一切形式在上下文出现的条件可能性"。（岑麒祥，1992:145。"形位"，在此可理解为语素）英国的弗斯主张"意义取决于搭配"，意义可以联系上下文的用法来确定。美国的哈斯认为，一部分词语的意义就是它在一定语境中出现的特点。

德国语言学家雷西（1953）在《词的内容》里认为，每个词都是一种社会习惯（Brauch），是由支配它的用法条件（Wortbedingungen）确定的。

70 年代，肯普森（1977:28）说"词的意义取决于它对句子的贡献"。

80 年代，英国语言学家曼彻斯特大学博士克鲁斯（1986:16）认为，一个词的语境关系即构成了该词的词义。

用法说，确实具有操作性。所谓词的用法，是指词的语义、语法、语用等方面的使用规则。学语言、教语言、研究语言，主要内容都是用法。有许多词无法下定义，但是可以说明用法。用法的变化，常决定词义的变化。词义并不是所指物，并不都是表象，但是每个词都有用法，而对用法分析又具有操作性，尤其是能归纳出词的义位变体（言语义），可以作为归纳义位、分析词义的前导。因此，用法说易为人接受，突破了指称说、观念说的局限性（如虚词无指称，无观念）。加里教授甚至认为它是"现代哲学最重大的成就之一"。

用法说，乌尔曼（1962：3 章）称之为"操作定义"（operational definitions）。比起各种分析论（如关系、反应、概念、反映等理论），它也有自身的局限性：

（1）用法这一概念也很空泛、含糊（莱昂斯，1978:I,400），没有明确的定义，有些词无法通过用法来确定、分析其意义。因为用法包括同义替换、使用对象、使用范围（含语域）、使用频率、组合特点、分布规则、接格关系、句法功能、修辞用法等等。

(2) 维特根斯坦对自己的用法说产生了疑问。疑点就在于：一个词的意义比它的用法多出了某种东西，而这些东西是不能加以分析的。我们认为，意义具有稳定性、社会性，而引申用法、比喻用法等用法是不稳定的，常具有特殊性、个人性。(布达哥夫，1958:19~23)如"冰淇淋作风"(指又甜又冷。《围城》14)、"四喜丸子的脸"(含厌腻意。同上 78)，没有上下文就无法确定它们的意义。

(3) 有些用法与意义无关。

<u>神出 鬼没</u> <u>魑魅 魍魉</u>
　　a　　　　　b

<u>兄弟 国家</u> <u>姊妹 城市</u>
　　a　　　　　b

<u>东西 南北</u> <u>一鳞 半爪</u>
　　a　　　　　b

<u>金银 铜铁</u> <u>将军 阁下</u>
　　a　　　　　b

<u>少将 师长</u> <u>柴米 油盐</u>
　　a　　　　　b

以上各例的 a、b 换位就不符合习惯用法，但是跟意义无关。

(4) 不能解释词义和用法的矛盾：①意义基本相同而用法不同，如"美丽/漂亮"意义基本相同，但"漂亮"能重叠，能形容小伙子，"美丽"不能；②意义不同而用法相同的更多；③会用某词，而不知其义（如"阿门"）；④知其义，而不会用（希腊词、拉丁词、俄语的 дать［给］）；⑤有的词的用法很多，而词义只有一个。如"了、是"。

3.1.4　关系说

关系说也叫联系说。包含中介论。这个说法可以追溯到欧洲中世纪唯理语法学者的观点："词是通过概念的中介指示物的"。(乌尔曼，1962:5)19 世纪末弗雷格认为，意义是词句、事物的思想的中介。20 世纪 30 年代，罗素则认为，词语的意义是词语及其指称对象之间的关系，这关系就是意义。(徐友渔等,1996:61)同时代的布龙菲尔德则认为,词的意义取决于它跟其他词义的关系,一个语言表达形式的意义等于它跟所有其他词之间可能关系的总和。50年代,苏联学者斯米尔尼茨基(1955a)说:"语义不只是语音和所代表的事物或现象的联系,而且是语音和事物或现象的反映的联系。"60年代,沙夫(1962)把意义理论归纳为四种,其中主要的一种便是关系说。关系说又有五种:①双边,词与物;②三边,词、人与物;③多边(多重),词、环境、人、物、文化、话语;④差异关系,能指差异,所指差异;⑤较流行的一种是中介论,即词义就是语音和事物之间的联系或联系物,是语音和事物的中介。马里采夫(1961:6)说:"意义不是客观现实在某种形式中的反映,而是词(声音的组合)和反映外部世界的不同类型的精神形式之间的联系和关系。"乌尔曼认为,词义是"名称和意思的相互关系"(1951),"词义(meaning)是语音(sound)和观念(sense)之间的相互的可逆性关系"(1962)。70年代,阔索夫斯基(1974:16)说:"词义应当看成是某一现象在人们的意识中的反映与语音之间的关系"。80年代,巴怀士和佩里认为,意义就是境况之间的关系。(徐烈炯,1993:78)M.约翰逊(1996)转述了客观主义的语义观点:意义是符号与客观世界的一种抽象关系。

关系说中另一种较流行的观点是真值论。导源于波兰逻辑学家塔尔斯基的真值语义研究。后来哲学家戴维森(1967)在论文《真理与语义》中研究了词语与世界的联系,语句的意义与命题(用事实检验)真假有关。

关系说是对指称说的修正,是婉转的指称说。其主要优点是突破了原始的"词—物"对应的二元论,从心理学和信息论等视角,看到词物之间的中介的联系,词义中既有"物"的信息,也有"关系"或"联系"的信息。其缺点是:

(1)割断了词义和思维的联系,似乎不靠意识也能产生词义。

(2)在做词义分析时,无法把"关系"或"联系"分离出来,因而不能做静态描写。

(3)各种"关系说"都未说明是如何联系的,诸如联系的条件、方式、渠道等。

(4) 关系或联系,仅仅是词义产生的必要条件,而不是词义本身,不能舍本讲条件。

(5) 阿普列祥(1959)认为关系说是违背逻辑的:如果意思 A 有三个名称,那么便有三个关系,即三个意义。斯米尔尼茨基批评"关系说":每个词都有音义关系,是否每个词的意义都相同呢?(李锡胤,1963)

(6) 真值论的弊病更明显:词语的意义有千万个,而真假只有两种,不宜对应。有许多语句(疑问语句、祈使语句)无所谓真假。这种词义观,不易立足。

3.1.5 行为反应说

20 世纪头十年,兴起了心理学行为主义学派,以美国华生影响最大。20 年代以后,杜威、莫里斯、罗素、蒯因等哲学家相继主张或倾向行为主义,注重"刺激—反应"公式。罗素从指称论转向行为论——反应说:"如果某种一定的刺激 A 在小孩身上引起某种一定的反应 R,并且经常和 B 这个词一起被经验到,那么早晚 B 会产生反应 R 或它的一部分。只要一发生这种情况,B 这个词对于小孩立刻就有了一种'意义':它的'意义'就是 A。"与哲学界同出一源,语言学界也出现了行为反应说。其主要代表首推美国现代最有影响的语言学家布龙菲尔德(1933/1980:116)的观点:意义是"说话人发出语言形式时所处的情境和这个形式在听话人那儿所引起的反应","我们一般根据说话人的刺激来讨论和确定意义"。

行为反应说无法解决以下七个矛盾:①同一情境,不同的词语有不同的意义;②不同情境,同一词语有不同的意义;③对同一词语,不同的人或不同的情境有不同的反应;④对不同的词语,同一人有相同的反应;⑤对词语的刺激,没有反应;⑥只有明白词语的意义,之后才能做出反应,而不是相反;(徐友渔,1996:68)⑦用词语之外的东西来代替词语的意义,而二者没有一一对应关系。如果依据这种理论,那么对于大多数词语(抽象词语、表情状词等等)都无法确定意义。(乌尔曼,1962:58)维特根斯坦特别强调指出,用某种心理过程的观点来解释词语的意义,是从根本上把人们引入歧途。

3.1.6 因果说

这一学说有比较清晰的哲学源流关系。1892年弗雷格区分出符号所指、符号意义和符号,并绘制了"指称物—含义—记号"三角图式。几乎同时又有皮尔士的"客体—解释因素—表现体"三角图式。1918年,剑桥大学麦达林(Magdalene)学院两位哲学家奥格登和理查兹讨论意义问题。1919年,罗素写了一篇论文《论命题:它们是什么和它们如何意谓》,提出意义的因果论。1920年,罗素与奥格登、理查兹等人开会讨论"意义的意义"。1921年,罗素写了《心的分析》一书,对其理论做了详尽阐述,强调了因果论:词所引起的行为效果决定了词义。1923年,奥格登、理查兹出版了《意义之意义》(1989:324)一书,继承了罗素的心理反应的因果关系,并在书中绘制了跟弗雷格(1892年绘)、皮尔士雷同(艾柯,1990:67/2006:73)的三角形:(1)事物,(2)词,(3)意义。(见图表3-1)(1930年理查兹来北大、清华、燕京三校讲"意义的逻辑"等,写了《"意义的意义"的意义》,发在《清华学报》第六卷第一期《文哲专号》)。以维特根斯坦为首的哲学家、逻辑学家、语义学家从各自视角对奥格登、理查兹的说法,特别是对其语义三角提出了多种批评。后来作者对语义三角做了三点改造:一是改变了三角的名目——(1)所指物,(2)符号,(3)思想或所指内容;二是把(1)(2)之间的底线改为虚线,以示其间没有必然联系;三是表明(3)(1)之间、(3)(2)之间是两种不同的关系。(见图表3-2)这样就由传统语义学的"对应论"转向了现代语义学的"三元论"。学界常称其说法为"因果论"、"对应论"或"符号说"。其主要缺点是他认为(3)跟(1)(2)都有因果关系。其实(3)(2)之间不应有因果关系,(1)(3)之间也不完全是因果关系,否则不能解释同音词、同义词、多义词、同指不同义现象。乌尔曼(1962:3章)批评"三角关系说"把"事物"这一非语言要素包括在词义中了。

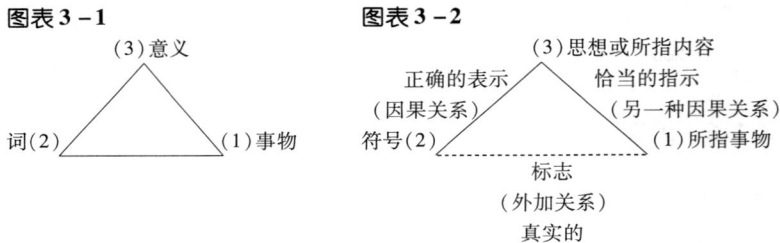

3.1.7 概念说

意义对应论的变异派别之一是概念主义(conceptualism):词义对应的是意识中的概念。

早期概念说,是属于二元论的。19世纪20年代末洪堡特(1997:84,104)认为词语是单个概念的符号,词始终针对概念,"是指称事物的概念"。20世纪初,索绪尔(1980:101)认为,语言符号所指是概念。20年代的美国语言学家萨丕尔(1921)曾介绍了当时流行的观点:"词是一个概念的符号性的语言对应物"。40年代,苏珊·昂杰认为"符号所直接'表示'的就是这些概念而不是这些事物"。(莫里斯,1946/1989:61)50年代,加尔金娜—费多鲁克(1951)说:"大部分词的意义与概念相吻合,形成统一的逻辑—事物意义。"王力(1958:564)说:"词是能表者(它能表示一个概念),概念是所表者(词所表示的是它)。"60年代,高名凯(1963:202)认为,语义和概念并不相等,但是语义是以概念为基础的,是概念在语言中的表现形式。70年代,奈达(Nida 1975:14)说:"文字符号的指称物并不是现实世界中的物体,而是客观世界中的物体、事件、抽象事物及其相互关系反映在人们大脑中的一个或一组概念。"金岳霖等(1979:21)认为,实词表示概念,连词"如果,那么"、"或"、"而且",分别表达假言判断、选言判断与联言判断的逻辑概念。欧洲结构语言学许多学者把语言看做声音和概念结合系统。80年代,哲学家哈蒙(1987)认为,每个词都有概念,有些概念没有知觉内容,但是有推断作用,如"因为、而且、非、每个"等连词和量词。后来的概念说属于三元论:词(形式)、概念、事物。在哲学的影响下,概念说在欧、美、俄都比较流行。乔姆斯基也主张概念说。比起观念说,概念说的优点是可以分离出内涵和外延并对它们加以分析和描写,而且任何语言都有相当多的词(主要是术语)是表示概念的。其缺点是:

(1) 以哲学范畴代替了语义范畴,未注重概念和义位的区别。二者区别详见本章第二节"义位的语言性"。

(2) 词义(义位)是信息交际单位,概念是思维单位(各语言也不尽相同)。如果以概念进行交际,就会发生种种障碍。因为交际中的许多义位除了有一些概念义之外,还有大量的是普通义、意向、意志、语气,情感、态度、评价、理据义等各种陪义,语法义(构词义、词类义、功能义等),语用义。词义(义位)表示的是词语单位的全部内容,而概念只表示词语的部分内容。

(3) 有很多词(义位)不表示科学概念:

①用于一般场合的只表普通义的词:水、米、喝等。

②只表情感的叹词(洪堡特,1997:120):啊、呸、哎呀、哈哈等。个别学者,如特拉弗尼切克(1956),认为叹词也表示概念。

③主要表情感的词:心肝儿、宝贝儿等亲昵词;笨蛋、窝囊废等詈骂词。

④部分表情态的词:绿油油、红红的、暖烘烘、冷冷地。

⑤表语气的词:哇、呢、吗、吧、呀。

⑥代词:我、这个。胡塞尔称"我"、"这个"为"半概念"。(涂纪亮,1996:79)

⑦冠词:a、the。

⑧前置(介)词:在、从、向、对于、把、关于。

⑨大多数象声词:哗啦、扑哧、叮当、乒乓。

3.1.8 反映说

反映说是20世纪50年代以来在苏联(俄国)和中国盛行的观点。

维诺格拉多夫院士(1953)说:"词反映出人们如何理解现实的某一部分以及该部分与现实中其他部分的关系,反映出在一定时代中社会和人民是如何理解它们的。"斯米尔尼茨基(1955)说:"词义是对象、现象或者关系在意识中的一定反映。"布达哥夫(1958:8)说"词正是现实现象和人类精神生活的反映"。什麦廖夫(1964)、别列津(1979)、戈洛温(1979)等也有类似的观点。这种观点也反映在卡沙特金等四人(1989:73)编写的师范学院通用的《俄语》教材中:"词汇意义是某种现象、现实(对象、事件、性质、行为、关系等等)在词中的反映。"在中国的论著、教材中,这种观点也较为流行,如岑麒祥(1961)说:"词义所代表的其实并不是某种事物或现象,而是这些事物或现象在人们意识中的一定反映。"高名凯和石安石(1963:113)认为"词义就是……人们对客观对象的概括反映"。吕叔湘(1980:62)认为"意义是外界事物……在人的脑子里的反映"。

这种观点,来源于辩证唯物主义反映论:

(1)反映的内容是客体、主体以及语言世界,除了其一般和本质特征之外,还有作为常识标志的区别特征。即包括科学和常识两个层次。

(2)人们对事物做出了能动的反映,其中包含着人们的理解、认识、取舍、评价等。

(3)对同一事物可以做出不同的反映,如"家父"、"令尊"。

(4)这种反映只能接近认识的极限,而不能达到认识的极限,内中难免有质的虚假和量的非等同。如"心想事成"、"心是推动血液循环的器官"。世界上实际有几十万种颜色,反映到语言中并用语言描述的只有1000~1200种。

(5)随着客体、主体及语言世界的发展变化,词义(义位)也发展变化。

(6)这种反映离不开一定的民族语言。特别是语音形式。

这种观点的缺点是:没有说清楚词义反映和概念反映的异同,没有注意到词义的语言系统性和民族性。其异同,在本章第二节"义位的语言性"中有详论。

3.1.9 四角说

70年代末,苏联语言学家梅利尼科夫(1978:223)主张从"语义四角形"说明词义:"符号—符号映象—所指物映象——所指物"。80年代初,苏联语言学家诺维科夫(1982:90~91)主张从"符号—意义—概念—对象"四元素说明词义,并绘制了一个四角梯形(见图表3-3)。

图表3-3

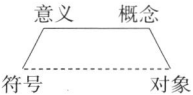

这两个学说都推进了奥格登主义三角形论,注意到了词义和概念的异同。但是"四角说"的"符号映象"和"所指物映象"是模糊的,把复杂的词义简单化为"映象"。"梯形说"也未认识到词义的另一些复杂因素。

3.1.10 五因素说

70年代,苏联语言学家戈洛温(1977:71~72)从五个因素说明词义的形成:词(语音)—音象—联系—客观对象的反映—客观对象。其中他比较注重联系:音象和客观对象的反映的联系就是词义。

他比斯米尔尼茨基向前推进了一步,提出了跟"音响形象"对应的"物的反映(形象)"。不如诺维科夫之处是,没有注意到词义和概念的异同、关系。此外,他没认识到"反映"的差异、"联系"的差异。他因袭了关系说或联系说的不足。

3.1.11 词义说的总结

指称说、观念说、用法说属于对应论,概念说属于分析论。用法说又属于功能论、操作论。各自从自己的理论观点阐述词义,各自以其合理内核帮助人们从不同视角认识词义。

指称说、观念说、用法说属于二元论。

因果说、关系说、概念说、反应说,属于三元论。三元论的萌芽可以追溯到两千多年前的古希腊斯多葛学派的语言三要素说:(1)事物,(2)意义,(3)记号。还有中国的《易经·系辞上》提出的"物、意、言",《墨子·经上》提出的"实、举、言",《庄子·秋水》提出的"物、意、言"。后来,晋代陆机提出的"物、意、文",南朝刘勰《文心雕龙·熔裁》提出的"事、情、辞"。到20世纪20年代,英国学者奥格登等提出了"物、词、义"。形式与内容上的一脉相承,包含着人类思维历时或共时的暗合。

反映说、四角说,属于四元论。

五因素说,属于五元论。

3.1.12 七因素新说

从二元论至五元论,人类的认识承先启后,后浪推前浪,逐渐接近词义形成的多元复杂性。再进一步,我们提出义位(词义)形成的七元论,即七因素:①音,②音象,③普通义位,④学科义位,⑤物象,⑥物性,⑦物。见图表3-4。

图表3-4

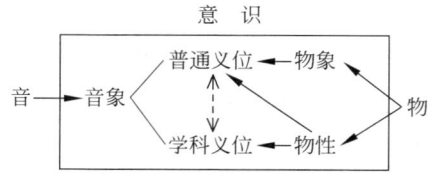

对七因素阐述如下:

(1)音,哪怕是语音,不进入意识中,就是外在的、孤立的、纯物质(或物理、生理)性声音,但是它是表示词义的物质基础。

(2)音象,就是音响形象(image acoustique)。索绪尔在他的《教程》(32,101~102)中有十来处阐述了这个概念:是语言符号的表象,词的自然表象,声音表象,不是物质的,不是纯物理的,而是心理印迹,属于感觉的,是能指。因此我们认为,它具有民族性、时代性。

(3)普通义位,是意识单位之一。俄国学者说它是所指物(деноtat)。实际上它既反映指称特征,也反映表意特征,表示的是所指事物的最显著的、最易为语言共同体所认识的标记特征。波铁布尼亚

第一节 义位定性说——柏拉图以来词义说的新审视 129

(1888。新版1958:19~20)称之为近义,谢尔巴(1940)、卡茨(1963)称之为词典意义,阿普列祥(1974)称之为朴素概念。普通义位包含着语义义、语法义和语用义。它具有较明显的民族性。同一种类的动植物或相同的特性,可能被不同社会赋予不同的意义。(列维-斯特劳斯,1987:64)

(4)学科义位,也是意识单位之一。俄国学者说它是所指概念(сигнификат)。它反映范畴特征,表示所指事物的本质属性。波铁布尼亚称之为"远义",谢尔巴、卡茨称之为"百科"意义,阿普列祥称之为科学概念。

不论是普通义位,还是学科义位,都是"文化单位的意义"。(艾柯,1976)两种义位可以转化:一些普通义位科学化,一些学科义位普通化。

(5)物象,(借自休谟,1957:33)是事物反映在意识中的群体表象以及人的精神情感。

(6)物性,是事物反映在意识中的群体特征属性或本质属性。这个概念相当于鲍丁杰(1970)的"头脑中的物体"(概念)。

(7)物,是指广义的事物,"在这里以及其他类似的地方,'事物'一词都用于一般哲学意义。它不仅指事物本身,而且也指过程、关系、状态以及现实中全部现象的总和"(兹维金采夫,1981:371)包括主体、客体、语言三个世界。人们对物的反映可以从物象到物性,也可以舍弃物性,只选取物象。

(2)至(6)是意识范围,贾肯道夫称为"投射世界",利奇称"投射"为"映射"。(1)和(7)是游离在意识之外的,在映射条件下才相关。(2)和(5)(6)在意识中(胡塞尔认为是通过意向活动)才有可能产生联系,其联系的结果就是统一物或结合物,即(3)和(4),就是义位或词义。义位是由范畴、表意、指称等多元素形成的最基本的语义单位,它反映着语言主体对物的社会化的一般的(主要是最显著的可感特征)认识或理解,其中包括对物的切片及切片之间的关系。对物的切片指社会文化习俗(不完全是科学逻辑的)对个体或物类及其特征的切分提取。总之,义位反映着语言共同体对物的理解。义位跟音节匹配成词,是自由的最小语义单位,由义值(基义加陪义)和义域组成。

第二节 义位的语言性

跟概念相对应的,不是词,也不是词义,而是义位。义位同概念相比较,具有明显的语言性(这里的语言性是跟逻辑性相对而言的)。"我们应该明智地承认一个真理:所有属于语言范畴的东西只能是语言的","意义的本质是语言学性质的"。(格雷马斯,1999:80/201)

3.2.1 义位功能的语言性

义位是语言范畴,它的首要功能是满足交际需要,因此它所包含的是"语言交际过程中必需的因素"。(谢尔巴,1940)必需的因素有多种,包括:(a)概念义(概念的全部或部分内涵),(b)概念义之外的指称义、语义义,(c)理据义、内部形式义,(d)词源义,(e)系统义,(f)文化义,(g)各种联想义,(h)形象、情态、语体、风格等各种陪义。其内容比概念丰富得多。它是个复合体,具有复合性。因此,两种语言的对应义位总有些语差特点。如汉语的"台柱子",俄语叫 главные киты (直译"主要鲸鱼")。汉语的"姊妹篇",英语叫 companion volume (直译"同伴篇")。

概念是逻辑范畴,它的首要功能是满足认识世界的需要,它受思维系统(感觉、知觉、表象、判断、推理)的制约,所包含的内容只是人们所认识的世界的本质属性,即内涵。因此,国际上可以用借音的方式互借术语。这些所谓的国际词语不受语言的各种附带因素影响,使用起来很方便。

3.2.2 义位特征的语言性

义位和概念都是对事物属性的反映,但是大多数义位反映的是事物的一般的、可感的、显著的属性或特征,或本质特征中一两个最便于识别的特征。它们比起概念带有更多或更大的主观性、直观性、表面性、常识性、通俗性。所凭借的常是前科学或准科学语感。因此,语言学和哲学上常把它们跟概念区别开来,把普通概念叫"科学概念",把义位(词)叫做朴素概念(阿普列祥,1974:56)、形式概念、日常(通俗、生活)概念(列夫科夫斯卡娅,1962:§15~16)、常识概念。这类所谓的"概念"难免跟科学概念不符,甚至抵触。如"犀牛"不是"牛",而是跟偶蹄目牛科并列的奇蹄目犀科动物。"鳄,鱼名"(《广韵·铎部》),其实"鳄鱼"不是鱼,是两栖爬行动物。德语把蝙蝠叫 Fledermaus,意为"飞翔的老鼠"。尽管如此,它们却足可以满足日常交际的需要。

3.2.3 义位义域的语言性

义域,相当于外延,但是比外延广;义域既可以指意义范围,也可以指使用范围。

有些外延和义域是一对一的,如"长江"、"太阳"。

有的一个概念的外延对应两个或几个义位的义域。如:

  批评——予以批评或进行批评
  银河——Milky Way(英语,直译"牛奶+路")
     Млечный Путь(俄语,直译"牛奶+路")

有的没有概念外延,而有义域:冠词、语气词、感叹词、某些专有名词。

有的义域(意义范围)小于概念的外延,如"短"一般不指身长。

两种语言对应词语之间的外延或义域常不等同。如:

  校舍——school building(英语)
     the buildings in the school(英语)
     здание школы(俄语)
     школьное здание(俄语)
  现场——место происшествия(俄语)

上面是汉语的一个概念外延相当于英语或俄语两个义位义域之和。

3.2.4 义位语用的语言性

普通概念是指一类事物,不能指类中的单独的个体;跟普通概念对应

的普通义位,除了可以指一类事物,还可以在一定语境中,为了交际的需要,特指类中的单独的个体。如:

他开一辆车——多指一辆具体的汽车。
他骑一辆车——多指一辆具体的自行车。

这是词的事物对应性(阿摩索娃,1957)的具体化,也是义位的言语变体,这时义位的基义义素增多,义域变小。有人把这种现象叫做"词的指物性"(предметная отнесённость слова),准确的叫法应该是"特指性"。

3.2.5 义位的全民特点和民族特点显示的语言性

在一个民族社会内部,义位和概念通用的范围有广狭之别:义位是全社会、全民通用的,概念是某个或某些学科、行业或社团使用的。义位是语言共同体全体成员共有、共享、共同理解、共同约定俗成的。在阶级社会中,它具有超阶级性。义位的产生、发展和消失是由全社会的客体世界、主体世界和语言世界决定的。"人、马、手、山、水"等老资格的义位是原始氏族集体约定的。而"氢、X射线"这些概念是由一个、几个人或少数人首倡命名,经一部分社会成员认可通过的。

在两个民族语言之间,义位和概念的通用范围也有广狭之别。义位是在一个民族内部使用的,借到另一个民族语言都得经过语音、语义、语法或语用方面的改造,使之民族化,显现出突出的民族特点。(见3.5节)绝大多数概念是各民族通用的,有的民族只是对其语音形式或书写形式做适当的变动。

3.2.6 义位历时特点的语言性

义位和概念,谁先谁后,有四种情况。

第一类情况,就大多数情况而言,义位先产生,后来在科学研究基础上产生了概念,为某些义位注入了科学内容。如:

电:雷之光。(《穀梁传·隐公九年》疏)
　阴阳激耀也。(《说文》)

《穀梁传》疏所说的"雷之光"和《说文》说的是阴阳撞击发光,指一种自然现象。到 18 世纪,科学研究发现"电"是电荷存在及变化现象,并利用它作为能源,使之发光、发热、产生动力等。再如:

  日:天之火也。(《论衡·说日》)

到 1509 年哥白尼证明了"日心说","日"是太阳系的中心天体,地球等行星围绕它旋转。又如:

  脑:头髓也。(《说文》)

段玉裁《说文解字注》:"头骨中脂也"。因此《史记》上说"肝脑涂地"。到 1664 年英国解剖学家威利斯实验证明了脑是思维器官。

  这类义位还有"牛、风、盐、云"等成千上万个。

  第二类情况,先有概念,后通俗化,变成普通义位。如:

  电视:利用电波传送影像的装置。

1925 年英国制造出第一台电视机,1927 年电视试播,1954 年美国制造第一台彩色电视机。电视至今已在全球城乡普及,成为家喻户晓、老幼皆熟的每日都用的义位:电视(接收机)。再如:

  计算机:能进行数字运算等多种工作的机器。

1946 年 2 月 14 日美国制造出第一台计算机,1 秒钟能算 5000 次加法,耗资 45 万美元。至今,计算机从机械到电子,从单功能到多功能乃至万能,从手动经半自动到自动,从科研部门的专家宠物普及到知识界、普通百姓,成为家用电器,连小学生的作业都用它来完成,人们通俗地喜称它为电脑。又如:

  硬件:指计算机的电子元件和机件等硬性的设备或装置。现在通常借指物质设备客体条件。

  软件:指计算机的有关程序、系统等软性设备或装置。现在通常借指人员主体条件。

1903 年,由莱特兄弟经久成功研制出第一架动力飞机,五年后飞了三小时零七分钟,这时飞机还是专家手中的神物。至今"飞机"已成为无人不知、无人不晓的词。

1888年制成第一支圆珠笔,1889年制成第一部电梯,它们还是研制者手上的珍物。至今它们已成了人人共享的日用品,"圆珠笔"、"电梯"成了常用词。

这类义位还有"汽车、味精、阑尾炎、阿司匹林"等六七千个。

第三类情况,义位未注入科学内容。如"道、路、房子、门、窗、灯、镜子、书、吃、喝、走、跳"等等。

第四类情况,概念尚未通俗化。如:

> 黑匣子:飞机座舱飞行记录器。
> 全息摄影:利用激光的摄影。
> 南南合作:指发展中国家的经济合作。
> 马太效应:指科技史上的优势积累、循环。

这类概念在共同语中为数不多。

总之,在历时视角下,就共同语中的成分而言,许多义位科学化了,很多义位未变,少数概念通俗化了,许多概念尚未通俗化。因而绝大多数义位在围绕语言性这个中心轴波动。

第三节 义位的系统性

3.3.1 关于义位系统性的假说

词义是人们对事物的理解,是由语义、语法和语用形成的基义和陪义的总和。义位的系统性是指从词义分析出的具有稳定性和确定性的单位(义位、义素、语素义、义丛),这些单位在聚合、组合两个方面形成类别、位置、层级,并按相互制约、相互依存、分层级的结构关系(关系网络)组成一个有序整体。我们所说的义位系统,既包括词义单位的个体之间的关系,也包括由个体组成的类之间的关系。

对于语言来说,语义单位本身并不最重要,语义单位之间相互关系才是最重要的。系统性这一研究模式就是研究语义单位的相互关系的。保罗(1920:106)、叶斯泊森(1924:33~34)、布吕诺(1936:20)都主张从意义考察语言的系统性。(李友鸿,1958)义位系统是语言系统之一,是词汇系统的主要基础,是词义系统的主体。这项研究不仅具有理论意义,而且具有多方面的实际意义。从整体论(非原子论)观点看,义位是属于语言整体的。因此一个义位(哪怕是最个别的义位),要得到正确的理解和解释,只孤立地看义位本身不行,而是要考察义位在词义系统中的位置,只有群体系统才给个体以质的规定性。

义位系统数量庞大(几十万,上百万),不断开放(每年新增加数千),变化万千,复杂奥妙,因为它必须涉及概念、心理、社会、文化、历史等因素,不宜用直接的、经验的实证主义观察描写,而较可行的办法之一是提出词义系统这一假说。于是,在19世纪以提出了这个假说,即设想出一个研究模式。要想证明它,一靠理论论证,二靠实际验证。这个假说的提出,有三个理论依据:

第一,客观事物是成系统的,反映它的义位自然也是成系统的。

第二,思维是成系统的,体现概念的义位自然也是成系统的。

第三,洪堡特把语言结构比喻为一张巨大的有机网络整体。

自索绪尔以来,普遍认为语言是成系统的。当代伦敦学派的首领韩礼德在20世纪60年代认为语言组织有四个范畴——单位、类别、结构、系统。到20世纪70年代,"系统"由并列范畴之一被提高到上位中心范畴。他从"选择"的角度认为,语言是由许多小系统组成的大系统(1976),这就是为大多数语言学家所承认的"语言是系统的系统"。作为语言的组成系列,语义自然也是成系统的。语言符号的能指(语音及其书面形式)是成系统的,所指(意义)也应该成系统。

"词义是成系统的",这一命题是较古老的假说。在这个假说寂静的滞延时期,人们对词汇集的种种划分,总是带有规定主义的,而人们对其客观实际证明的研究却一直处于幼儿时期。后来,外国的洪堡特、特里尔、叶尔姆斯列夫、乌尔曼、莱昂斯、莱曼、克鲁斯、维诺格拉多夫、布达哥夫、斯米尔尼茨基、韩礼德、阿赫曼诺娃、诺维科夫、捷尼绍夫、库兹涅佐娃、什麦廖夫、阿普列祥、宋采夫、谢米纳斯等人的研究成果相继出现,其中特别引人注目的是捷尼绍夫(1980:119~120)列举十个显示词汇系统性的语义空间词群概念:(1)语义场,(2)词汇—语义群,(3)词干词族,(4)情景(语境)词群,(5)交际词群,(6)性—体词群(类属词典的项目),(7)同义词群,(8)反义词对子,(9)构词词族,(10)时髦话语群。他指出,词汇的有序性(系统性),按照维诺格拉多夫的说法,所谓"一小群(丛)"是有联系的积聚物、浓缩体,而不是零碎的、混乱的。在国内外研究的园地中,我们可以独辟蹊径,潜心研究。不仅充分运用低强度和一般强度支点的事实,使假说的一般性证明的丰度空前圆满,而且可以努力发现高强度支点事实(如依存关系、互补关系等),后者为假说的严格证明,注入了动因,这样才能使国内的这项研究走出牙牙学语的低谷。主要标志是,可以构建一个颇具新意的词汇语义体系,突破了欧美俄学者的分类系统。

3.3.2 假说证明的低谷阶段:运用低强度和一般强度支点事实

这些事实,都是在假说提出的当时已知事实,或未被引用,或已被传统词汇学、传统语义学以及现代结构语义学论述、引证过。这里只从系统论角度谈谈这些事实的要点。

(一)同义聚合系统

同义词并不是功能等价,更不是恒等对立。其中等义词只是语义恒等、重合,语用对立。同义词只是语义大部分重合,语义和语用上都有对立差别。广义的同义关系,包括这两种重合关系。在现代汉语中同义词群(即最小的同义子场)至少有6000个,这个同义系统涵盖了现代汉语词或义位的大部分(约2/3左右)。

(二)反义聚合系统

广义的反义关系,包括相对和绝对的反义关系,它们都以共性义素为基础,以个性义素相对立。在现代汉语中反义词群(即最小的反义子场)至少有4000个。因为大多数的反义词群所包含的成员都少于同义词群所包含的成员,所以反义系统涵盖的词或义位数最多只占现代汉语词或义位的1/3。

(三) 多义聚合系统

多义词占现代汉语词汇的 1/5（据《现汉》统计），而俄语多义词约占 4/5（据布达哥夫统计）。多义词就是语义聚合体，词位内形成多义聚合系统。一个多义词就是一个小语义场，这个语义场具有联想性、松散性、结构性、整体性。其中最突出的是联想性。因而被称为联想场（巴利）。它形成义位系统：第一性意义和第二性意义，自由意义和非自由意义，中心意义和边缘意义，表层意义和深层意义。这个系统凭借着某个（些）共同或相似的义素或明或暗地联系着。

(四) 同素义族聚合系统

一个义位常是由两个或几个语素义表示的。不同的义位共用同一个义项的语素，这几个义位就是同素义族。语素的不同义项构成不同系列的同素义族。同素义族涵盖面最大，现代汉语的复音义位绝大部分（仅双音的复合词就占总词数的近 60%）都可以进入这个网络。如"日"有六个义项，因此有六个同素义族：

① 太阳——日食、日光、日照、日出、日暮途穷……
　　　　烈日、朝日、旭日、落日、拨云见日……
　　　　赤日炎炎、如日中天、风和日丽……

② 指日本——日语、日元、日本……
　　　　　中日、留日、访日……

③ 白天——日班、日夜、日间、日无暇晷……
　　　　终日、竟日、夜以继日……
　　　　白日做梦……

④ 一昼夜——日程、日历、日理万机……
　　　　　他日、连日、单日、末日、饱食终日……
　　　　　指日可待、一日千里、度日如年……

⑤ 每天——日记、日用、日益、日新月异……
　　　　江河日下、蒸蒸日上、心劳日拙……

⑥ 一段时间——日后、日内、日月、日不暇给……
　　　　　　往日、平日、近日、来日、出头之日……

与日俱增、天长日久……

以语素"日"在词中配列的前、后、中位置而论，汉语的同素义族常有二至三个系列，而英语、俄语则少见。

（五）演变系统

（1）多义化系统演变。单义向多义的演变是成系统的。不是任何义位都能多义化的，在汉语中多义化的义位只占 1/5 左右，它们是在语义场处于中心的基本义位，就是在聚合联系中带有主宰、规定性的一些义位，它们的引申表现出一系列规律。详见"第五章义位演变论"。

（2）连锁系统演变。先看一个语义场内相邻义位的连锁演变。一个语义场的范围是相对稳定的，如果其中的一个义位发生变化或增加一个新的义位，那么其他义位的范围就得相应发生变化。这是互补制约律。如，随着"阿姨"的范围扩大，非近亲的"伯母、婶母、姨母、姑母"的范围就缩小了。

再看两个相邻语义场义位的连锁演变。语义场不是孤立的，如果一个义场发生变化，那么相邻的平行义场也伴随着发生变化。这更显现出演变的系统性。如："叔叔"和"阿姨"是一起扩大的，结果同"阿姨"义场一样，"叔叔"义场中的非近亲的"伯父、叔父、姨父、姑父"也相对缩小。"老师"、"师傅"和"先生"作为敬称（特别是面称），词义扩大了，结果"同志"的范围就缩小了。

再看反义义场的反义义位的连锁演变。如："精"和"粗"本来是一对反义义位，分别指好米和不好的米，从先秦开始"精"已引申泛指"少而好，最好，精粹，精华"等，用来形容兵甲、布帛、文字、语言、思想等等。这一演变连锁反应到"粗"，到唐宋时引申泛指东西粗糙、粗劣。

（3）泛称和特称的系统演变。在历史、环境、认识和语言诸参数下，汉语的泛称义位"马"一直沿用下来，而"驹、骊、骥、骄"等 100 多个特称义位逐渐消亡了，"山、头、黑"的 20 多个特称义位消亡了，"牙、死"的几十个特称义位消亡了，"行"的 50 多个特称义位消亡了，"视"的 60 多个特称义位消亡了。这是古老语义场中必然发生的系统演变。而在新的、现代语义场中又必然产生新系列的特称义位。（张志毅等，1994：3）

3.3.3 假说证明走出低谷:发现运用高强度支点事实

这些事实,都是在假说提出的当时没认识清楚的或未知的事实。后来逐渐认识清楚,特别是发现了新的事实,义位系统性假说的证明由此便走出了低谷。

3.3.3.1 对立系统

在聚合系统中,首要系统是对立系统。在一个语义场内,一个义位以其众多的语义特征跟众多的义位形成既相关或相似(有共性义素)而又有差别的(有个性义素)对立,以这些对立为基础而联系成的统一网络,便是义位系统中的具有对立性的聚合语义结构系统。实际上,语言就是由差异对立构成的网络系统。在这个系统中,是差异对立决定义位的个性,而不完全是由所反映的事物决定。

以"女儿"为例:

①按性别特征,跟"儿子"相对;

②按辈分特征,跟"父亲、母亲、爸爸、妈妈"相对,也跟"孙女"相对;

③按义域特征,跟"子女、孩子、儿女"等相对;

④按同辈直系、旁系(世系)特征,跟"侄女、息女、嫡女、庶女"相对;

⑤按血缘关系的有无特征,跟"继女、养女、假女、寄女、义女、干女儿、螟蛉女"相对;

⑥按附属义特征,跟"女孩儿(子)、小女、闺女、姑娘、令爱、令媛、千金、小姐、女公子、掌上珠、掌珠、姑奶奶、丫头、丫头片子、公主、郡主"相对。

由此可见,任何义位都不是孤立的、无联系的。因为任何一个客体的属性都是多元的,反映它的义位属性自然也是多元的。一个义位中常含有一系列语义特征,即所谓"语义特征群"(sets of semantic features),因此就形成了语义场内对立义位系统。反之,同一义场或相关义场内的义位是靠在系统内的对立才显出语义特征。离开这个对立的聚合网络,有些义位便不能存在,不易理解。这就是哲学上所说的,差异和同一是同一个东西的两极。

语义特征可以分为两类:一类是基本特征(基义),另一类是附属特征(陪义)。基本特征不同的,自然是两个义位。基本特征相同或基本相同的,也不能视为等价的义位,其间有各种语用的区别(女儿/女孩儿)、谦敬的区别(小女/小姐、令爱)。虽然词汇意义的对立比起语法意义的对立,不那么严格,但是这些义位也具有明显的离散性(discreteness),即有明显的界限。

对立有许多类型,这里涉及的,较常见的类型有:

同义对立:公式为 a≈b、c……,女儿≈女孩儿(子)、闺女、姑娘、女、小女、令爱、令媛、千金、小姐、公主、郡主、女公子、姑奶奶、丫头、丫头片子。这类对立是语义等同或大同小异,语用不同。

反义对立:公式为 a↔b、c……,女儿↔父亲、母亲、爸爸、妈妈。这类对立是关系相对。

同层对立:公式为 a∪b、c……,女儿∪儿子、侄女、嫡女、息女、庶女、继女、寄女、养女、义女、螟蛉女、干女儿。这类对立是在同一个上层词(superordinate,或叫上坐标词)之下并列的下层词(hyponym),其语义并列对立。这是数量最多的普遍性对立。

异层对立:公式为 a⊂b、c……,女儿⊂子女、孩子、儿女。这类对立,是下层词 a 被包含于上层词 b、c……之中,是蕴涵关系。它显示出义位对立系统的层次性。

3.3.3.2 依存系统

对立和依存是相互联系的两种现象,"辩证法根据我们过去的自然科学实验的结果,证明了:……这两极的分离和对立,只存在于它们的相互依存和相互联系之中,反过来说,……它们的相互依存,只存在于它们的相互对立之中。"这是恩格斯(1881)就一般事物论述的一般原理。皮亚杰(1984:53)则论述了语义的对立和依存关系:"种种意义合成的整体,自然地形成一个以区别和对立关系为基础的系统,因为这些意义相互之间是有联系的;而且还形成一个共时性的系统,因为这些意义之间存在着相互依存关系。"所谓依存,就是不能独立存在,如没有"女儿",便不存在"女婿"。依存有几个类型。

(一)关系依存

(1)单向依存、双向依存。刘叔新先生(1990)取名为"单向依赖"、"互向依赖"。以"写→笔,母鸡⇌鸡蛋"等多类大量例证论述无遗。这里不再赘述。

(2)多向依存。请见图表3-5:

图表3-5

祖父⇌父亲⇌子女
⇕
母亲

农产品
↓
耕者⇌田地⇌农作物
⇕
种植

思维
⇕
劳动⇌人类⇌语言
⇕　 ↘
社会　地球

以某个义位为中心的多向依存关系,在性质上跟单向、双向依存关系一样,都是以语义为纽带的,都是以共同的义素为基础。它们的依存关系不是纯逻辑的、纯哲学的,如不宜把"父亲、田地、农作物、人类"等跟"太阳"定为依存关系。

(二)层级依存

一个系列的客观事物是分层次级别的,因而函数有阶的分别,概念有层次的分别,反映它们的义位自然形成层级系统。层级系统首先是指刘叔新先生(1990)所说的有隶属和组成关系的"级次组",如"军 < 师 < (旅 <)团 < 营 < 连 < 排 < 班"。

此外,还有一些非隶属和组成关系的义位,也具有层级关系。如:

大学 < 中学 < 小学

大型＜中型＜小型
　　大将＜上将＜中将＜少将
　　高师＜中师＜初师
　　高云＜中云＜低云
　　上等＜中等＜下等
　　上游＜中游＜下游
　　老年＜中年＜青年＜少年
　　教授＜讲师＜助教
　　博士＜硕士＜学士

　　层级系统中有多级的和两级的。多级的常是反映多值倾向的科学义位系统,两级的常是反映二值倾向的一般义位系统。如:气象学把风分成十二级,把雨分为小雨、中雨、大雨、暴雨等。生活中一般只说"小风/大风"、"小雨/大雨"。

　　（三）次第依存

　　刘叔新先生（1990）叫"挨连组",如"甲、乙、丙、丁……"、"春、夏、秋、冬"等。这里不再赘述。

　　（四）邻义依存

　　在一个语义场内的一些义位,按一定的排列关系,挨连相邻（没有层级或次第关系）,形成一个义位系列。如:

　　黑——灰——白
　　额——颊——腮——颏
　　脚掌——脚心——脚跟
　　太平洋——大西洋——印度洋
　　南海——东海——北海
　　市区——近郊——远郊

3.3.3.3　互补系统

　　互补（complementary）是依存中的特别重要的一种。在一个语义场内,有两个或几个义位,它们以各自的义值、义域共同反映这个语义场,它们之间在对立的基础上,形成了互相制约、互相补充的关系。这类的许许多多的语义场形成义位系统中的互补系统。这里只谈类义(此外有同义、反义等)互补。

一个语义场的几个义位就是几个元,这些元,组成一个集合。其公式为 a∪b∪c……∈A(∪:并。∈:是……的元素/成员)。代入实例:

(1) 谷物∪豆类∪薯类∈粮食

(2) 父亲∪伯父∪叔父∪姑父∪舅父∪岳父∈父辈

(3) 东∪西∪南∪北∈四方

(4) 上∪下∪东∪西∪南∪北∈六合

(5) 水红∪浅红∪粉红∪正红∪深红……∈红

(6) 头∪躯干∪四肢∈身体

(7) 外耳∪中耳∪内耳∈耳朵

(8) 屋顶∪窗户∪门∪墙壁……∈房子

上例(1)(2)(5)的 A 是总类,a、b、c 等是 A 的一些小类或个体。(3)(4)(6)(7)(8)的 A 是整体,a、b、c 等是 A 的组成部分。

3.3.3.4 组合系统

伦敦学派主要成员韩礼德(1976)认为,系统的基本特点是选择,即根据交际需要从某类聚合中选择适合的项,组合成语句。义位必然具有组合性。语素义之间或义位之间的组合具有选择性、有序性,产生超越语素义或超越义位义的组合义。这就是语段义位或义丛义位有别于聚合系统中的义位。"问题在于语言系统是不能被直接观察到的,因此,唯一可能的方法是建立一个规则系统,以保证向语言的过渡。这种过渡不仅仅是言语事实的概括,而且也包括提出有关语言系统本质的假说。"(卡谢维奇,1984)为此我们给义位组合建立了一系列规则,这些规则就体现了义位组合的系统性。详见本书4.1.3~4.1.4 节。

3.3.4 假说证明攀向高峰:义位的层级系统

3.3.2 和 3.3.3 节的证明,绝大多数是证明了以各种关系为内容的平面网络,只有"层级依存"一小节涉及立体性层级系统。

20 世纪 30 年代,波兰逻辑学家塔尔斯基提出了语言分层理论。40 年代叶尔姆斯列夫在《语言理论概述》(18,24 页)里认为,语言系统是对应关系的层级的分类,也就是格式类聚的层级的分类。(高名凯 1995:151)50 年代格利森在《描写语言学导论》里分出结构层次、分析层次、言语层次。乔姆斯基(1957)在《句法结构》中认为,层次是语言理论的中心概念。霍凯特(1958)在《现代语言学教程》中认为,语言是分层面的。到了 60 年代,在布龙菲尔德之后的两个描写语言学支派之一的耶鲁学派,以兰姆为首创立了层次语法,认为语言结构可以分出音位层、形位(语素)层、词位层和语义层四个主要层次。另一支派密歇根学派,以派克为首创立了法位学,认为语言结构应该分为语音、语法和所指三个层级系统。80 年代韩礼德创立的层次思想包括:"(1)语言至少包括语义层、词汇语法层和音系层;(2)各层次之间存在着'实现'(realize)关系;(3)整个语言系统是个多层代码系统;(4)语义层实际上是语言系统对语境即行为层或社会符号层的体现。"(《功能语言学导论》,萧国政 2009:133)以上,说的是语言本质属性之一——层次性。(朱德熙,1982)

语言的层次可以二分为形式层(表达层)和语义层(内容层)。我们这里要讨论的是语义层。说到语义层,必须提到维特根斯坦。他从 20 世纪 20 年代到 30 年代,即从《逻辑哲学论》到《哲学评论》,他的语义观发生了层次性的转变,江怡(1996:28)概括为:A 层,客观意义(即指称意义);B 层,语言学意义(即系统义);C 层,精神意义(即编码义或意向义);D 层,社会意义(即解码义)。这是由简到繁,由低层次向高层次的发展。这比索绪尔的系统层次观、语义观前进了一大步。

语义层次包括义素、义位、义丛、句义等等的层级。我们这里要讨论的是义位层级。义位系统有个层级结构关系。任何一个义位不仅可以归入由相互关系形成的类,而且还可以归入不同层级的类。

语义场之间的关系是有层级的：高层义场、中层义场、底层义场（见 2.3.3 节）。罗杰特的《宝库》的大小义场之间的详细程度是有递变的。

语义场之内的义位之间的关系是有层级的：中心成员（典型样本，起例示作用，如"水果"场中的"苹果、梨、桃"），次中心成员（橘子、杏子、李子），边缘成员（香蕉、荔枝）。

语义场之内的上下义结构的义位是分层级的：高层、中层、底层。（见 2.3.3.3 节）还可以分为：分类（小类）、共类（同类）、上类（大类）；在多级分类中居于中心层级的义位在认知心理和交际中最重要。

名词义位的概括层级，在上下义结构和类义结构中已经论述。现在再来看看动词和形容词义位概括的层级实例：

低层概括	高层概括
关怀 爱护	关爱
观察 测量	观测
观看 欣赏	观赏
恭敬 祝贺	恭贺
雄健 浑厚	雄浑
雄壮 伟大	雄伟
清新 典雅	新雅
光亮 洁净	光洁

义位内部的义素也有层级关系:上位语法义素,语义·语法义素,上位语义义素,下位语义义素的主要个性义素,次要个性义素,附属义素。(见2.2.5节)

以上是基义的一些层级关系。陪义也有层级关系。仅以语域陪义为例,《岩波中国语辞典》按语域陪义,把义位分出十一个层级:从口语形式的书面语到文言分出"上五级",从口语俗语到土语分出"下五级",普通词语是零级。(见图表3-6,其例词不一定准确)

图表3-6

级 别	语 域	例 词
上一级	广播、讲演等用语	不但、开始
上二级	文学作品等用语	阴暗、瞭望
上三级	学术等用语	圆周率、唯物史观
上四级	较常用的文言词	枝头、饰词
上五级	罕用的文言词	史册、牧(治)民
零 级	普通词语	
下一级	北京口语	开火儿、反劲儿
下二级	北京土语	露怯、翻锅
下三级	特殊社会用语、隐语等	票友儿、口儿上
下四级	骂人话等	死王八皮、蠢个儿
下五级	流入北京的方言等	撒烂污、牙牙语

姚德怀先生还建议划分正名、俗名、别名、旧名、古名、土名等等。周有光先生认为这是"创造性地衡量词的'硬度'","这种精密的词性衡量,对汉语规范化有宝贵的参考价值。"(姚德怀,1996)硬度就是频度加广度。

3.3.5 义位的非系统性

这是非本质的一面。黑格尔(1980:34)从实在论出发,以生物分类的复杂性为根据,说"自然界到处通过中间的和不完全的形成物把本质界限混淆起来,这些形成物总是给任何固定的区分带来一些相反的例证。"

义位的非系统性,如"前"可以指过去(前天、前人、前事不忘)也可以指未来(前程远大、前途无量、前景光明)。"后"不能指过去,只能指未来(后天、后人、后患无穷)。(吕叔湘,1984:72)

义位组合的非系统性,如"白种人"、"黑种人"可以简称为"白人"、"黑人",而"黄种人"不能简称为"黄人"。有些名词只有"大×",没有相应的"小×":大海、大陆、大战、大殿、大厅……(吕叔湘,1984:73)

义位用法的非系统性,如"女士"比"男士"语用条件宽,"男士"少用而且多限于诙谐场合。

总之,有人正确指出:词汇保持着普遍的有序性,但是无论如何也不能保持理想的次序,在理论上我们应当允许词的分布有超系统之外的、孤立的可能性,并相应地保持着个别的机制。(捷尼绍夫,1980:120)

第四节 义位的模糊性

模糊性是对精确性或明确性而言的,这两种性质,都是义位的属性。精确性是指义位基义明确,对象特征明确,义域清楚。这已是尽人皆知的知识,且论述较多。因此这里只谈模糊性。

3.4.1 以哲学为先导的新概念

模糊现象早就寓于客体和主体之中,而对于这一现象的科学的广泛的发现,竟是在20世纪60年代中期,而且是哲学理论起了先导作用。

早在公元前4世纪,古希腊的梅加腊学派(Megarian School,或译为迈加拉学派、巧辩学派、辩论学派)代表人物之一尤布利德斯就初步认识或接触到了"模糊"问题。(伍铁平,1989)但是这早期的思想火花一直熄灭了两千多年。18世纪70年代,康德认为"模糊观念要比清晰观念更富有表现力"。到了1897年法国著名的历史语义学家布雷阿尔认为"在模糊的理论背后隐藏了语言的起源"。1902年,美国著名哲学家皮尔斯在一本词典里才给"模糊"下了定义:"当事物出现几种可能的状态时,尽管说话者对这些状态进行了仔细的思考,实际上仍不能确定,是把这些状态排除出某个命题(proposition)之外还是归属这个命题。这时候这个命题就是模糊的。上面说的实际上不能确定,我指的并不是由于解释者的无知而不能确定,而是因为说话者的语言特点就是模糊的。"(伍铁平,1989)罗素 1921 年提出模糊词,1923 年在《论模糊性》一文中说:"认为模糊知识一定是虚假的,那将是极大的错误。相反,有时一个模糊的认识比一个精确的认识更有可能是真实的。"(伍铁平引)20 年代萨丕尔提出模糊区域。美国语言学家布莱克 1937 年发表《论模糊》,1949 年在 *Language and Philosophy*(《语言与哲学》)中讨论了歧义、模糊和笼统三个概念。1953 年维特根斯坦认为,日常语言具有模糊性。到了 1965 年,美国科学家扎德在论文 *Fuzzy Sets*(《模糊集》)中首创 fuzziness(模糊)这个科学概念(不同于日常生活用语 vagueness[含混、含糊、模糊、不明确]),并首创模糊数学这一学科。语言的模糊性和模糊语言学,便是其学说的移植。近二三十年模糊语言学渐渐盛行。而美国罗斯在 20 世纪 70 年代倡导的非离散语法(non-discrete grammar 不存在绝对合格与不合格,只是程度差异)尤其爱讲语言的模糊性。

为什么古希腊关于"模糊"的火花在两千多年后才复燃为新的火炬,这里有其哲学原因。

自古希腊至今,西方哲学思潮主流经过两个大阶段:

第一个大阶段是唯实论,其中包括古代的本体论(研究客观存在及其本源、本性)和近代的认识论(研究认识的来源及过程)。

第二个大阶段是现当代的分析哲学或者叫语言哲学,主要是从哲学观点分析词语和语句的逻辑关系。这个哲学思潮,自弗雷格、罗素、维特根斯坦,直至当代的一些哲学家,正在形成主流。在这一哲学思潮主流中产生了语言哲学、哲学语义学、模糊语言学。

当然,"模糊"概念的产生,除了哲学理论的先导之外,还有客观和主观的原因。后一个原因下文将详述。

3.4.2 含有集合意义的语言变量 T

按现代语义学的观点说,模糊性寓于各种语义单位之中:义位、义素、语素义、义丛、句义、言语作品义以及陪义。这里只讨论义位的模糊性。因为义位是语义系统中最基本的、最自由的单位。一个模糊的义位是指义值或义域的不确定性,或指一个不变的义核带有一个可变的义界(义域的边缘),有时也指含有集合意义的语言变量("T"是它的代表符号)。例如"温度"这个语言变量可以用很多乃至无穷(无穷只是从理论上说的)义位、义丛表明。所有这些语义单位就是这个变量总体的意义的集合。其中每个语义单位都可以表示为数值,这些数值就是基础变量(绝大多数义位是没有基础变量的)。这些意义集合和基础变量形成一个语义结构系统。也就是说一个大的模糊域是由若干子集或交集(两个义位或两个量之间)组成的。如下列等式和图表3-7。

T(温度) = 热 + 烫 + 温 + 凉 + 冷 + 寒

T_1(热) = 极热 + 非常热 + 很热 + 较热 + 热 + 不很热……

图表3-7

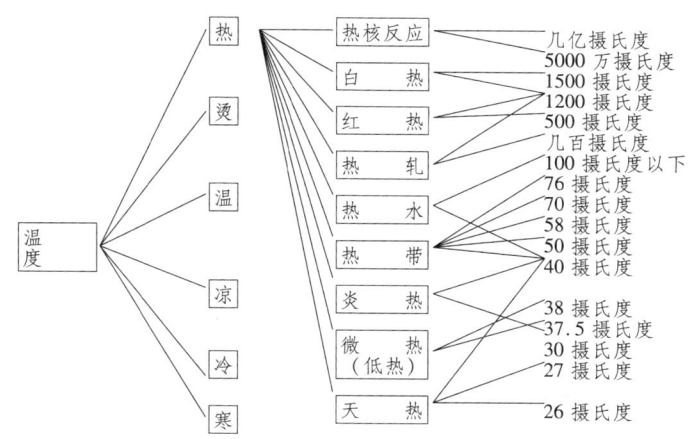

可见,"热"的基础变量是由30摄氏度左右到几亿摄氏度,这可谓之一个幅度极大的模糊域,也是具有典型集合意义的语言变量。

"热"这个义位是由一群模糊的义素([温度+高];[感觉+温度+高])概括成的。把"热、烫、温、凉、冷、寒"这群模糊义位再进一步概括成一个更高层次的模糊义位"温度"。

从以上的典型例子,可以对模糊性得出以下几点认识:

第一,所谓模糊性的有无,多是对一个义位来说的。一个词具有几个或几十个义位,只要其中的每个义位不模糊,就不能说这个词是模糊的。有一种观念认为,词的多义性是模糊性的表现之一,其本身就是模糊观念。布莱克把模糊(vagueness)和歧义(ambiguity)区分为两种现象。

第二,处于不同概括层次的义位,跟模糊的程度没有必然联系,也就是说,一个上位义位不一定比下位义位模糊。如建筑物:楼房、平房、桥,等等。

第三,不仅词语的义位有模糊性,概念也有模糊性,义位比概念有更多的模糊的可能性。义位的模糊性,主要表现在基义和义域上,其次也表现在陪义上,如语体陪义、时域陪义、地域陪义、外来陪义,等等。它们在许多义位上都存在模糊性。

第四,模糊性,不是含混不清,隐晦费解,而是在模糊中有明确性,有一种规范性,是约定俗成的模糊。

第五,从一种质到相邻的另一种质,其中有量变的中介连续过渡,因之产生的划分上的不确定性就是模糊性。

3.4.3 模糊性的三种原生体

客体和主体本身的模糊是原来就存在的,义位的模糊是衍生的。

3.4.3.1 第一原生体——客体的模糊

具有连续性的一个事物或一类事物,切分的界限不十分明确,或语义范围相接、部分重合,或者仅具有相对性,这就形成客体的模糊域。如时间、颜色、距离、速度,等等。反映这些事物的词,其语义界限有三种情况:

第一,语义切分的界限不十分明确,源于客观事物的界限不明。其一,语义界限的一端明确,另一端不明确。如月初、月终。其二,语义界限的两端都不十分明确。如黎明、春天。"黎明"不用说起止的时分秒无法确定,就连大致的时间也说不准。第一种说法,旧《辞海》说是"及至天明"(即天刚亮),这是沿用了唐人司马贞、清人王念孙、近人符定一、朱起凤的说法。第二种说法,《新华字典》(1971)说"天快要亮的时候",《汉语词典》说"天将明之时",新《辞海》说"天将亮未亮之时",《现汉》"试印本"和"试用本"说"天快要亮的时候",这是沿用了汉代服虔、文颖,唐人颜师古、杜佑,宋人程大昌的说法。第三种说法,《现汉》(正式本)说"天快要亮或刚亮的时候"。吕叔湘先生说是"天亮前后","从天不亮(不包括不亮)到天大亮(不包括大亮)这一段时间",并认为后一定义最准确。以用例评判,从古到今的说解,以《现汉》的正式本的解释符合实际。"春天",《牛津英语词典》的解释是近于精确的:"在英国约自3月21日至6月22日"。奥热果夫的《俄语词典》的解释是模糊的:"一年中冬天之后的一段时间"。《现汉》的解释兼有精确和模糊:"我国习惯指立春到立夏的三个月时间(按,为确指),也指农历'正、二、三'三个月(按,为模糊)。"这是分别用的习惯和月序标准,此外还有日照和气温标准:"指春分到立夏的一段时间","候(五日为一候)平均气温10～22℃的一年中的第一季"。不管用什么标准,不管什么工具书的解释,实际上,春天的始末两端是不确定的,因为对不同国家以及一国之内的不同地区,春天的长短、早晚是不同的。

  第二,语义的范围相接,源于客观事物是相接的,如年龄、颜色。(见图表3-8)通过仪器对可见光谱分析发现,红、橙、黄、绿、青、蓝、紫七种颜色的语义范围是依次相接的,例如红的中心波长是6600埃(各色的中心波长及其区域的波长,各家数值各异,此仅据姚启钧等《光学教程》1989年版),橙的中心波长是6100埃,而红、橙义位的交集在光波波长6220埃。在这一相接处,红橙色是模糊不清的,而红、橙的语义中心是明确的。这里仅仅涉及颜色的三个变量之一——色调(电磁振动的波长),如再考虑另外两个变量——亮度和浓度,那么颜色又多了两个模糊因子。正是受这两个因子左右,荷马才把大海说成是"葡萄酒色的"(按,指深红的葡萄酒色)。

图表 3-8

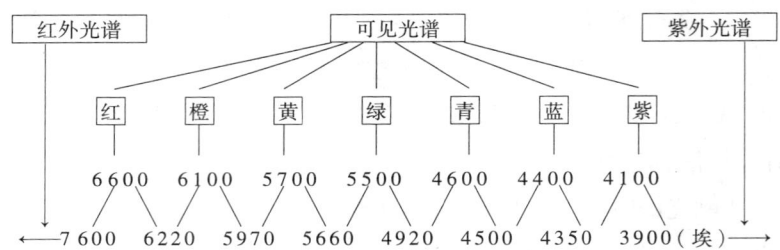

第三,语义界限仅具有相对性,源于客观事物具有相对性,具有过渡的渐近性。如:形体数量方面的"大/小,长/短,高/低,宽/窄,粗/细,厚/薄,深/浅,远/近,老/中/青"。性质性能方面的"好/坏,软/硬,强/弱,贫/富,冷/热(暖),美/丑,善/恶,快/慢"。这些意义相反的词都含有不确定性。从 A 词到 B 词都有量的渐变,其中包含着级别性(graduability)(莱昂斯,1977),有人称其渐变量为"梯度"或"坡度"(gradience)。因此,哲学家、数学家、语义学家和符号学家都称之为模糊概念(fuzzy concept,艾柯,1976)。这种模糊具有相对性。比如严冬-10℃,对于上海来说就算很冷,对于哈尔滨来说就算很暖和,对于南极来说就算出奇地暖和。因为南极最低温度是-89.2℃,在这种温度下钢板摔到冰上即刻粉碎。

客体模糊,导致某些事物的类别归属不能确定。如,西红柿(番茄),介于水果和蔬菜之间。《现汉》说"是蔬菜"。《辞海》说"作蔬菜","也可作水果"。《汉语大词典》说"是主要蔬菜之一,也可作水果。"《朗文英汉双解词典》释为水果,欧美人多以之为主要蔬菜之一,中国人多以之为蔬菜。这不仅说明"西红柿"模糊,而且"蔬菜"、"水果"也模糊。再如,细菌,介于动植物之间,现在只好叫它"微生物"。仙人掌,介于草本和木本植物之间。可见"细菌"、"动植物"、"仙人掌"、"草本植物"都模糊。

3.4.3.2 第二原生体——主体认识的模糊

第一类,非自觉的。由于认识水平的局限,人们对于许多事物的认识还是"模糊"的。罗素在《人类的知识》中说,他一生都在追求知识的明晰性和确定性,但是在这本书写完的时候,他却失望了。因为人类的知识、常识多是模糊的。

在人们确立日心说之前,中外盛行地心说,所以都说"日出/落","太阳升起/降落"。

在人们发现脑是思维器官之前,中外都以为心是思维器官,所以都说"心想"、"心算"、"心领神会"、"专心致志"、"挖空心思"、"计上心来"、"大快人心"。

"钢"和"铁"是模糊的:"钢笔",是"金属做笔头的笔"(《现汉》)。可是,实际上多不是钢,而是铁或合金。"铁笔"是"刻蜡纸用的笔"(《现汉》)。可是,实际上不是铁质的,而是钢质的。"铁路",实际上不是"铁路",而是"钢路"。

第二类,自觉的。由于思维的高度概括性,常把"多值倾向"简化为"二值倾向"。客观事物和科学概念的界限、等级、数据等存在着多值倾向。如气温,南非热带沙漠可达76℃,南极洲最冷曾经达到 -89.2℃。76℃ ~ -89.2℃,存在着许许多多气温值。可是,我们在语言生活中常把"多值"简化为"二值",即"冷、热",充其量说"非洲沙漠特别热","南极特别冷"。这样就把复杂的事物简化了,便于表达。现实中的这类普通的"两项极性对比"被人称为"二值倾向"。"二值倾向"来源于"二值思维",而"二值思维"是受语言本质决定的(利奇,1983:47)。多值简化,便于交际。

3.4.3.3 第三原生体——语言世界因素的模糊

义位所指范围不清。这类义位具有多元性或综合性、复杂性,所指的是许多事物的个体,范围广泛。布莱克称之为笼统(generality),并把它跟模糊(vagueness)区别开。本文还是把它归入扎德的模糊(fuzziness)之中,尽管布莱克所谓的"笼统"和扎德的"模糊"有点区别。如:

[东西]①泛指各种具体的或抽象的事物(《现汉》):

买~|看不见~|吃~|穿什么~|语言这~|写~|生活中最重要的~|学会了新~|纸上的~|文章中有~|感情是个怪~。

②特指人或动物(多含厌恶或喜爱的感情):

老~|笨~|这小~真可爱。(《现汉》)

[玩意儿]指东西;事物(《现汉》):

买个~|买什么~|看个~|看什么~|语言这~|写~|写什么~|吃的~|感情这~。

"玩意儿"多用于对人的蔑称,有时用于对孩子的昵称:

他算什么~|这小子不是~|两三岁的孩子是妈的宝贝~。

[很久](义丛):

他在车站等你~了(几小时)|他病了,~没吃饭了(几天)|~没见到他了(可能是几个月)|~以前的事(可能是几年)

[崚嶒]"形容山高"(《现汉》),"山高峻貌"(《汉语词典》),"高峻突兀"(《辞海》),"高耸突兀"(《汉语大词典》)。

其实都是模糊的,正如鲁迅先生说的:"假如有一位精细的读者,请了我去,交给我一支铅笔和一张纸,说道:'您老的文章里,说过这山是"崚嶒"的,那山是"巉岩"的,那究竟是怎样一副样子呀? 您不会画画也不要紧,就勾出一点轮廓来给我看看吧。请,请,请……'这时我就会腋下出汗……因为我实在连自己也不知道'崚嶒'和'巉岩'究竟是什么样子,这形容词是从旧书上抄来的,向来就并没有弄明白,一经切实的考察,就糟了。此外如'幽婉','玲珑','蹒跚','嗫嚅'……之类,还多得很。"(《且介亭杂文二集·人生识字胡涂始》)

语词所指的事物是不存在的臆想物。如:

神仙|神明|仙人|上帝|天神|地神|天老爷|土地爷|女神|圣母|仙姑|天仙|嫦娥|佛|玉皇大帝|西王母|观音|财神|雷公|阎王|龙王|鬼|魔|妖怪|水怪|狐仙|天国|天堂|阴间|地府|龙|凤|麒麟。

3.4.4 具有相对模糊性的义位

(1)一部分名词

①时间或含时间义的名词:晚上、秋天、现在、傍晚、青年、老年,等等。有人认为专有名词也有模糊性。

②部分抽象名词:意识、品德、性格,等等。

③范围相对的名词:部分、大部分、小部分、盘子、碟子,等等。

④义域相邻的词:红、橙、黄、绿、青、蓝、紫。

(2)一部分数词、量词

①概数词及其短语:二十来(个)、几、两(有两下子、说两句)、三五、多半、一百多、百把、个把(月)、五十以上、二十以下,等等。

②不定量词:些、点,等等。

③临时量词:人(一人那么高)、身(好几身汗)、脚(一脚踢开)、车(一车歌声)、路(一路笑声)、丝(一丝怀念),等等。

(3)大部分形容词

①颜色词:黄、绿、蓝,等等。

②味觉词:酸、甜、苦,等等。

③带有主观评价性的:干净、美丽、伟大、高尚,等等。

④相对性的:宽/窄、深/浅、长/短、许多、好些、无数,等等。

(4)一部分副词

①程度副词:基本上、很、太、非常、十分、稍微、有点儿、有些,等等。

②部分时间、频率副词:常常、经常、时常、通常、有时、往往、屡次,等等。

③估计、可能副词:大概、大约、也许、或许、似乎、几乎、简直、好像、恐怕、大半、多半、相仿、差不多、可能,等等。

(5)某些泛义动词以及情感动词:干、搞、弄,高兴、悲伤、满意、喜欢、讨厌,等等。利科说:"情感性(affectivity)就是模糊性本身"。

(6)某些代词:有的、别的、其他、其余(指示代词)、别人、人家(人称代词)。

(7)某些义丛:较好、看情况、一般地说、一般说来、通常情况,等等。

3.4.5 模糊与明确的相对性和互相转化

3.4.5.1 模糊的相对性

模糊与明确不是绝对的,而是相对的。有许多义位的义值随着时间、地点、条件、对象、语言等不同而有所变化。主要有两类:

(1)极性对立的义位。如:大/小,长/短,高/低。中外研究者大部分人认为是模糊的,少数人(刘叔新,1990)认为是明确的。

(2)表时段的义位。如:早晨/晚上,白天/夜晚,过去/现在/将来。大部分研究者认为是模糊的,少数人认为基本明确,有些模糊。

3.4.5.2 模糊性与明确性的互相转化

(1)语用组合中的转化

①模糊→明确

一个普通义位进入术语组合后,由模糊变得明确。如:热带(南北回归线之间),低热(37.5℃~38℃)。

②明确→模糊

一个较明确的义位进入一个含义灵活的组合中,由较明确变得很模糊。如:人→好人;半→下半旗;长方→长方脸。

(2)历时演变中的转化

①模糊→明确。如:

事故:事情(古义)→意外的不安全的事情(今义)。

吃:饮、食(古义)→食(今义)。

②明确→模糊。如:

饿:严重的饥饿(~莩)(古义)→各种程度的饥饿(今义)。

赴:前往险处(~汤丨~难)(古义)→前往某处(~会丨~约丨~宴丨~京)(今义)。

由于词位内的义位增多,有些原义位变得模糊,由较少数的词位总量承载较多的义位总量,使得一些义位密集在一个词位内,有些界限难免混淆。

总的看来,由模糊发展为明确是主流。汉语词的长度从古至今,由短变长,其词义的模糊性由强变弱。这种反比关系普遍存在于各种语言中。

3.4.6 模糊性的利弊

3.4.6.1 是现代科学技术及专业语境的需要

在现代科学技术及专业语境中,一般需要明确性,即需要多值逻辑,不需要二值逻辑,如医学上需要说"体温39度半",不说"40来度"。抓中药只能说"×钱",而不能说"少许"。体育百米成绩说"他的百米11秒",而不能说"他的百米10多秒"。公路交通指示板上需要写明"时速10公里",而不能写"开得慢些"。

现代科学技术有时也需要模糊。如前面讲的"热核反应"、"白热"、"红热"、"热轧"、"热带"、"低热"同是一个"热",其基础变量却是从几亿度到37.5℃。如果不用这个模糊义位,那么就要代之以许多不同温度的术语,实在烦琐,科学术语和语言表达都不需要这种烦琐。

同理,"遥控彩电"、"遥控飞机"、"航天遥控"、"人造卫星红外线遥感装置"、"200亿光年之遥",同一个模糊义位"遥",其基础变量却是几米、一万米左右、几十万米、几百万米、几千万米左右,以至近于无穷大。

法律条文也有模糊义位,如:"……等非法手段","其他方法","在必要的时候"。

3.4.6.2 是公关的需要

外交有时需要明确,有时需要模糊。如,1978年10月,中日两国交换和平友好条约批准书,双方首脑都使用了模糊语言:邓小平说"有过一段不幸的往事",裕仁天皇说"一时有过不幸的事情",暗指"九·一八"、"七·七"事变引起的事情。

一般的交际场合也得利用义位的模糊。在科学概念中"海水"是指大洋边缘的靠近大陆的水域,包括江、河流入的淡水。因此海水所含的盐分比大洋的低。日常生活中,常把海水跟江河水相对而言。《伊索寓言》

中写了这样一个故事:伊索的主人醉酒后狂言,说可以喝干大海,并拿全部财产跟别人打赌,等醒酒后,悔之晚矣。伊索给他想了个绝好的挽救办法,于是他跑到海边对打赌的对手和看热闹的人说:"我再说一遍,我能喝干大海,而如今千万条江河汇入大海,海水混杂了河水,谁能把河水和海水分开,我就能把海水喝干。"谁也无法做到这一点,于是财产保住了。

3.4.6.3　是文学表达的需要

用语言,特别是用修辞手法描写形象,更常用到模糊义位。如:

千呼万唤始出来,犹抱琵琶半遮面。(白居易《琵琶行》)
载着一车笑声,洒下一路歌声。
有一回,他似乎是姓赵,但第二日便模糊了。(《阿Q正传》)

3.4.6.4　是日常生活的需要

比如谈到年龄,人家问你:"现在多大了?"你应该模糊地说:"我现在26(周)岁了。"而不能说:"26周岁3个月零5天7小时25分。"

又如人家问你:"外边的雨大不大?"你只能模糊地回答:"大/很大/不大/很小……"而不能回答:"外边是中雨,24小时10毫米以上","外边是大雨,24小时25至49.9毫米"。

再如人家问你:"现在身体如何?"你一般回答:"还好/一般/不太好……"而不能回答:"血压90～120,心跳每分钟70次……"

3.4.6.5　模糊性的弊病

模糊性也给交际带来许多障碍和麻烦。甚至"正在困扰着无数的人们。现在有许多争论,如关于人权的,关于民主的,关于儒教性质的,关于亚洲价值观的,都源自词义模糊。"(王宗炎,1998)

第五节　义位的民族性

义位的民族性是对义位的普遍性(universality)而言的,这里的普遍性是指多种语言的大致相当的义位存在着普遍因素：

(1)许多语言有大致相当的语义场数目。如：时间场、年龄场、空间场、颜色场、亲属场、关系场、食物场、衣服场、同义场、反义场,等等。

(2)许多语言的某个共性义场的划分大致相同。如：颜色场在近百种语言里有许多语言都划分为十一个义位：白、黑、红、绿、黄、蓝、棕、紫、粉红、橙、灰。(伯林和凯伊。利奇,1987:328)

(3)许多语义特征是共有的。元语言所表示的语义成分或语义原子多数是相同的。如：[± ANIMATE](± 生命)|[± HUMAN](± 人类)|[± ADULT](± 成年)|[± MALE](± 雄性)等等。

(4)组合的规则大多相同。如：语义的可接受性或可能性,语义的协调、语法符合规则、语用得体。

总之,"在语言的深层结构中,我们可以看出语言的普遍性远远大于差异性。"(邢公畹,2000:102)

上述内容,普通语义学(universal semantics)和类型学(typology)已多有论述。本节不再重复,这里只谈义位的民族个性。

语言中的语义,特别是义位,最明显地反映出一种语言的民族个性。这种个性,是受社会(含社会的自然环境、历史、文化、生活、劳动、风俗、习惯等)、思维、语言三个条件决定的。因此,在大多数情况下,两种非亲属关系语言之间的语文性词语,不是简单地一一对应,而是处于错综复杂的多种多样的联系之中,其间只有一定的相对性,而没有绝对的等同性。这样,一般所说的双语词典,实际上都是"语差"词典(дифференциальный словарь)(谢尔巴,1959),总离不了用译文或解释性文字描写对应词的区别性语义特征,其实就是描写对应义位的民族个性。主要着眼于六个方面：基义、派生、陪义、义位聚合、义位组合、义位的理据。

3.5.1 义值的民族性

义值是范畴特征、表意特征和指物特征的统一体。(苏卡连柯/石肆壬,1981:188)而民族性主要表现在表意特征及指物特征上。具体说来,表现在基义、义域、派生、陪义、聚合、组合等多个方面。

3.5.1.1 语义场内的划分不尽相同

许多语言的两个对应语义场,被划分出的义位多寡不同。因为:一方面,各民族思维大同小异;另一方面,各民族表意和指物的语言模式不同,对现实事物概括的程度不同。人们用亲属语义场、颜色语义场等一些语义场中义位数目不同来论证这个命题,这是众所周知的。时至今日,这个命题已经带有一定的公理性。因为它的例证俯拾皆是:金属皮爆炸物这个最小的语义场,法语通常可用一个义位 projectile 表示,而俄语和汉语则划分为五六个义位:бомба/炸弹、пуля/子弹、снаряд/炮弹、граната/手榴弹、мина/地雷、水雷。钟表这个语义场,汉语、德语划分为十多个义位,英语、俄语只划分为几个义位,其余的表意或指物单位代之以义丛。这就是各语言的编码度不同。(见图表 3-9)

图表 3-9

义位号 语	汉语	英语	俄语	德语
1	时钟	clock	часы	Uhr
2	挂钟	(wall clock)	(стенные часы)	Wanduhr
3	座钟	(desk clock)	(настольные ч.)	Tischuhr
4	闹钟 马蹄表	(alarm clock)	будильник	Weckuhr
5	自鸣钟	(striking clock)	куранты	Schlaguhr
6	摆钟	(pendulum clock)	(маятниковые ч.)	Penduluhr
7	电钟	(electric clock) electroclock	(электрические ч.)	(Elektrische uhr)
8	石英钟	(quartz clock)	(квариевые ч.)	Quarzuhr
9	天文钟	(astronomical c.)	(астрономические ч.)	(Astronomische uhr)
10	手表	(wristlet watch) (wrist watch)	(ручные ч.)	Armbanduhr
11	怀表	(pocket watch)	(карманные ч.)	Taschenuhr
12	马表 停表 跑表 秒表	stopwatch	секундомер	Stoppuhr
13	夜光表	(luminous watch)	(ч. со светящимся циферблатом)	(Uhr mit leuchtziffern)
14	坤表	(woman's watch)	(дамские ч.)	Damenuhr

以上两例是名词语义场。动词语义场的划分也不尽相同。日语的"泣く"义场,英语和汉语至少划分为五个义位 neigh/(马)嘶叫;moo/(牛)哞哞叫;whine/(狗)汪汪叫;miaow/(猫)咪咪叫;crow/(雄鸡)啼叫。此外,对空间关系这一共性客体世界,各语言映射出的语义网络结构也有较大的差异。

3.5.1.2 多义词义场内的义位不尽相同

一个多义词,也是一种最小的语义子场,其中的几个义位由一个或两个以上的共性义素联系着,形成一个词位内部的语义结构。由于联系的视角不同、所用的共性义素不同,几种语言便从对应词的相同基本义位派生出不尽相同的一些义位。它们反映了基义的民族性。以汉语、英语、俄语的"读/read/читать"为例。(见图表 3-10,有某义位的,便举一用例;没有某义位的,便画一个"—"号。)

图表 3-10

用例\词位\义位	读	read	читать
①阅读	~一本书	~ a book	~ книгу
②朗读	大声~	loudly ~	громко ~
③研读	~历史	~ history	—
④读音为	这个字母~……	The letter ~ s…	—
⑤上学	~大学	—	—
⑥显示	—	~ s 33 degrees(度)	—
⑦看懂	—	~ music(乐谱)	~ ноты(乐谱)
⑧看(猜)出	~懂她的心	—	~ в её душе(看出她的心意)
⑨讲述	—	—	~ в институте(在学院讲课)

3.5.2 义域的民族性

3.5.2.1 义域大小不同

不同语言对一个义场划分出的义位多少不同,即使两种语言对同一义场划分出的义位数目相同,某些对应义位的义域也不同。如:汉语和俄语对年龄段义场的划分,其义域不同。(见图表 3-11)

图表 3-11

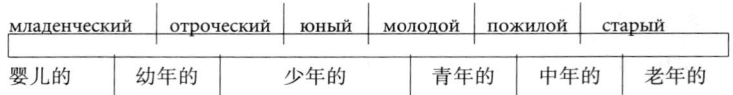

俄、汉语关于年龄段对应的义位的义域都不相同。类似的英汉实例可以信手拈来：

英语的 youth ＝ 汉语的"少年＋青年"

1995 年 5 月以前汉语"周末"(周六至周日)＜英语的 weekend(周五下班至周一上班)。

英语 provisions(做主食的原料和成品)＞汉语的"粮食"(指只做主食的原料)。

英语的 table ＜ 汉语的"桌子"(包括书桌[desk]、办公桌[bureau/desk]、供桌[altar]等)。

英语的 intellectual(专指大学教授等学术地位较高的人)＜汉语的"知识分子"(泛指"具有较高文化水平、从事脑力劳动的人,如:科学工作者、教师、医生、记者、工程师等")。

俄语 рука(手、臂)＞汉语的"手"。

英语的 orphan ＝ 俄语的 сирота
     ＞ 汉语的"孤儿"

英、俄语都指失去父母或其中一方的儿童,汉语则指失去父母或父亲的儿童。

希腊语 theos(指多神世界的一些神)＞英语 god(只指上帝及属神)。

3.5.2.2 义域有交叉关系

不同语言的对应的一个义位,其语义范围有一部分重合,又各有特殊的部分。名词义位的这类情况较多见,如:汉、英、俄语的"房子—house—дом"所指的范围和对象之间有交叉关系。形容词义位的这类例证也不少。如:汉、英、俄语的"美丽—beautiful—красивый"所形容的对象之间有交叉关系。这里再以汉、英、俄语的"吃—eat—кушать"这个动词义位为例,看看施动者、受动者这类义域的交叉关系。(见图表 3-12)三角形之内的是共同的义域,三角顶点是特有的义域。

图表 3-12

3.5.3 义位的有无

因为自然条件和人文条件的不同,A 语言便有了所谓的"文化局限词",产生了独有的义位,具有独特的文化负荷(culturally-loaded),带有独特的文化标记(culturally-marked);而 B 语言没有相应的义位,于是就出现了所谓的"词汇空缺"(lexical gap)。

汉语因为地理条件有"笋",而英语和俄语没有,只好意译为 bamboo-shoot、бамбуковый росток,都表示"竹芽"的意思。同理,汉语有"荔枝",英语和俄语没有,只好音译为 littchi、личжи。

人文的产物,汉语里有"磕头",英语和俄语都没有,英语只好音译为 kowtow,俄语只好意译为 кланяться в ноги(鞠躬到脚)。同理,汉语里有"八仙、六亲",英语里没有,只好意译为 the Eight Immortals、the six relations。汉语里有"鬼子",英语里只好意译为 devil(魔鬼)。英语里有 dollar、jazz、senate,汉语只好意译为"元"(货币单位)、"爵士乐"、"参议院"等。

作为语言文化的习惯产物,英语里有 the,汉语和俄语等许多语言找不到与之等值的转换义位。

3.5.4 派生义位的民族性

基本义位和派生义位之间的关系以及联系手段,常常反映出民族个性,它又是受具有民族个性的联想决定的。文化规约语义论(艾柯)认为,一种语言内直接义和引申义之间的编码规约不同。我们认为,这种编码规约的差异,在不同语言对比中更为明显。

3.5.4.1 派生义位前后联系的民族性

法语的 tête 原义是罐子,法国人看罐子和人头相似,于是派生出"头"这个义位。而汉语的"罐",英语的 jar、pot、tin 和俄语的 горшок、банка、кувшин 都是罐,无一派生出"头"义。这是相似联想的民族个性。

英语的 kid 本义是"小山羊",英国人对小山羊抱有喜爱之情意,以这一感情做线索,派生出"小孩"这一义位。汉、俄语"小山羊"、козлёнок 未派生出"小孩"义。俄罗斯等白种人在寒带居住,很早就有室内厕所,内中常有洗漱、化妆用品,于是,厕所和化妆室便联系起来。反映到词义上,俄语的 туалет 由"化妆台"派生出"厕所"义,而уборная 由"厕所"派生出"化妆室"。英语的 lavatory 由"马桶、卫生间"派生出"公厕"义。汉语的"化妆室"和"厕所"则为多不相干的义位。这是相关联想的民族个性。

3.5.4.2 派生义位手段的民族性

各语言派生新义位时都用比喻手段。但是,由于认识联想的民族性不同,所认识联想的相似点或共同点也就不同。汉族人认为"船"的最前部分和人头或兽头有相似点,所以"头"派生出新义(顶端),说成"船头"。英国人则认为"船"的最前部分和鼻子相似,所以,nose 派生出新义,说成 the nose of ship。汉族人认为"碗"的沿口部分和"边界"的"边"有相似之处,于是"边"派生出新义(边缘),说成"碗边"。英国人则认为"碗"的沿口部分和唇有相似处,于是,lip 派生出新义(边缘),说成 the lip of a bowl。对小熊座(Ursa Minor),汉族人认为它像斗,于是"斗"派生出"北斗星"这一义位;英国人认为它像犁,于是,Plough 便派生出一个直接引申的义位指小熊座,若直译为汉语是"犁星"。(《简明牛津词典》:848)其他词由本义派生指星座时也表现出特别明显的民族个性。《圣经》上说 salt of the earth,直译为"世上的盐",喻"社会中坚"、"为人师表"。俄语也说 соль земли 比喻国家栋梁和杰出人物。

各语言派生新义位时都用借代手段,但其中有明显的民族个性。俄语中用的十几种借代有好几种是汉语不用的:①工具→成品(карандаш 铅笔→铅笔画),②行为→行为处所(выход 出→出口),③动物→其皮毛或肉(песец 北极狐→北极狐皮),④人体器官→其病痛(желудок 胃→胃病 у него желудок?),⑤行为→行为手段或工具(замазка 抹腻[nì]→腻子)。(郑述谱,1991)反过来说,汉语常用的借代也有的是俄语少见的。如,行为→主体:"翻译"行为→翻译者,"裁判"行为→裁判员,"指导"行为→指导者,"指挥"行为→指挥者。

总之,比喻和借代都属于隐含的、非必然的联想范畴。因此,不同语言常常有不同个性的比喻或借代。

3.5.5 陪义的民族性

通常是把情感义、语体义、形象义、风格义等等都包容在陪义之中。最具有民族个性的是情感义。语言是文化的符号,因此义位的陪义的民族个性反映在文化的多侧面。

3.5.5.1 受典籍文化的影响,某些义位常带有民族文化的典雅风格

汉语来自《诗经》的"一日三秋"("一日不见,如三秋兮"),英语译成"one day apart seems like three years",俄语译成"день кажется годом",都译不出典雅色彩。英语来自《圣经》的 Garden of Eden,汉语译为"伊甸园",就无法反映《圣经》里描绘的上帝的园子以及文学作品里的"人间乐土"等典雅义。

3.5.5.2 受宗教文化的影响,某些义位附带有宗教文化义

英语的星期五 Friday,常使人联想起耶稣受难的日子,常带悲观、否定陪义,甚至把愁眉苦脸也说成 Friday face。而星期日 Sunday,常使人联想起耶稣复活、做礼拜、过节,常带神圣、欢乐等陪义,甚至把最好的或最

漂亮的衣服也说成 Sunday best 或 Sunday clothes。受耶稣教影响很小的汉语等的"星期五"、"星期日"则没有这类的陪义。

lily(百合花),基督教传说它是人类始祖亚当的妻子夏娃在被驱出伊甸园时,由悔恨的泪水变成的。耶稣赞扬过百合花。它象征纯洁、洁白、贞操。《圣经》常用百合花描绘美好事物和意境,如"像百合花在荆棘中"就是比喻女子貌美超群。汉语的"百合花"则有"百年好合"的陪义,因此用做新娘的捧花。

3.5.5.3 受传统文化的影响,许多表颜色、动物、植物等义位附带有文化义

英语的 blue(蓝色)具有两种对立的陪义,有时带褒义,这时常说 blue blood(贵族)、true blue(忠实的)、blue book(蓝皮书,载知名人士和高官);更多时候带贬义,常带不愉快、下流、淫秽等陪义,引申为沮丧、忧郁,常说 blue mood/in a blue mood/having the blue/blue devils(忧郁、沮丧、忧愁、情绪低落)、blue funk(恐怖)、a blue Monday(倒霉的星期一)、till one is blue in the face(永不成功)、be beaten black and blue(被打得青一块、紫一块)。俄语和汉语的 синий／蓝色都没有这类的褒贬义。

英语的 green(绿色)常附带嫉妒等贬义(英国裹尸布是绿色的),常说 green eyed("眼绿"正相当于汉语的"眼红"、嫉妒),也说 green-eyed monster、green with envy(十分嫉妒),greenhorn(没经验的人)。俄语的 зелёный 有类似的说法:зелёный юнец(没有经验的年轻人)、зелёная скука(тоска)(难耐的苦闷或寂寞)、тоска зелёная(太闷得慌了)。汉语的"绿"则不带这类贬义。阿拉伯语绿色带褒义(在沙漠中绿色跟生命相联系)。

跟"绿"相对的是"红"。汉语的"红"多有"吉祥、喜庆、光荣、成功、幸福、革命"等陪义。如:

~星|~旗大~灯|万紫千~|披~|挂~|~心|~榜|~人|满堂~|~白喜事|~军|~专。

英语的 red 偶尔也带有喜庆义：red carpet(红地毯,用来迎客人)。也表示革命和共产主义者等,但常带贬义。更多是带有不吉祥义：red light(危险的信号)、red tapist(拖拉的人)、red handed(双手沾满鲜血的)、see red(暴怒而失去理智)、red hot(特恼怒的)。白色在欧洲语言里多带纯洁、忠心耿耿等褒义,在汉语里常带贬义。

乌鸦,在汉语中附带有不祥之兆,而在巴基斯坦谚语却说"清晨开门见乌鸦,当天必有客来到"。汉语中表示类似的意思说"喜鹊叫,喜事(贵客)到"。而西方的一些语言则把喜鹊比做"长舌妇"、"好偷东西的家伙"。乌龟,在现代汉语中附带有贬义(古汉语里有"龟寿、龟鹤、龟年鹤寿"等借指长寿,为褒义),在俄语和日语中则是长寿和吉祥的征兆。龙,在汉语和西方语言中陪义的对立,是人们共知的。而狗的附属义的对立更具有典型性。

狗,在汉语中偶尔带有喜爱陪义,一般都带厌恶陪义。如：

疯~｜看家~｜落水~｜~命｜~屎堆｜~咬~｜~仗人势｜~血喷头｜~急跳墙｜~尾续貂｜~彘不如(猪~不如)｜狼心~肺｜鸡零~碎｜鸡鸣~盗｜狐群~党｜狐朋~友｜鼠窃~盗｜蝇营~苟｜走~｜~腿子｜~头军师。

俄语的 собака 跟汉语"狗"有类似的陪义。

欧美人养狗成癖。狗有户口、居室,甚至住带空调的狗旅馆,有狗医、狗曲、狗罐头、狗洁身剂,常洗澡。人们喜欢谈论狗,三句话不离狗。视狗如伴,奉为宠物。在这个文化背景下,英语的 dog 除受外语影响偶尔用来指地痞、恶棍、窝囊废、烂货外,通常都带有喜爱陪义,当做忠实的朋友,常用来指人：a jolly dog(快活的人,有趣的伙伴)、a gay dog(快活的小子)、the little dog(那小伙子)、a lucky dog(好命鬼,幸运儿)、you dirty dog(你这个坏小子。[带疼爱色彩])、a (to be) top dog(优胜者)、every dog has day(人总有得意的时候)、to help a lame dog over a stile(助人于危难,仗义勇为)、top dog(头子,当权者)、sea dog(老练水手)、a big dog(大亨)、love me, love my dog(爱屋及乌)。松、竹、梅,汉语形象地称其为"岁寒三友",能"傲霜斗雪"、"高风亮节",英、俄语的相应义位(pine、bamboo、plum,сосна、бамбук、муме)则没有这样的陪义。

3.5.6 义位聚合的民族性

义位聚合关系,各语言都有同义、反义、近义、邻义、上下义等多种关系。这里只谈谈同义、反义两种聚合的民族个性。

3.5.6.1 义位同义聚合的民族性

比起汉语等语言,英语同义词场有两个显著特征:

第一,英国英语和美国英语有二元对偶同义义位:cinema ≈ the movie (美俚语电影院),goods ≈ freight(货物),leader ≈ editorial(社论),plurality ≈ majority(大多数)。

第二,英语和其外来语有二元对偶同义义位或多元共存同义义位。在英语词汇中,有一多半是外来词,因此,其同义词场无论是二元的,还是多元的;无论是日常生活同义词场、文学同义词场,还是科学、文化、政治、法律、军事、宗教等等同义词场;无论是名词同义词场,还是动词、形容词、副词等同义词场,其中一元或二元常常是从希腊语、拉丁语或法语等引进的:brotherly ≈ fraternal(兄弟般的,拉丁语),foe ≈ enemy(敌人,法语),stool(凳子) ≈ Stuhl(凳子,德语) ≈ chair(椅子,法语)。英语惯于用日耳曼语源词表示具体事物,用罗曼语源词表示抽象事物。可见,英语同义词的丰富,主要是由于外来词和本族词的巧妙合用。(巴乌格赫,1957)与此形成鲜明对照,现代汉语同义词场,绝大多数是自足的,"自力更生"的。(吕叔湘,1981)因为外来词和本族词的并列,俄语也有一些所谓"绝对同义词":аэроплан ≈ самолёт(飞机),экзамен ≈ испытание(考试),лингвистика ≈ языкознание ≈ языковедение(语言学)。汉语具有较明显的自足性,这类"绝对同义词"则很少,仅见于普方对偶、术普对偶、音译意译对偶等,而且分化或消失得比俄语快得多。

3.5.6.2 义位反义聚合的民族性

义位反义聚合的民族个性,表现在多方面:首先,A 语言的由反义语素组成的义位,对应的是 B 语言的反义义丛。汉、英语对应的情况是:始终——from beginning to end,甘苦——the sweet and the bitter,祸福——weal and woe,多少——more or less。其次,A 语言的一个义位是反义语素的组合,B 语言的对应义位则不是反义语素的组合。汉、英语的对应情况是:东西——thing,长短——length,忘记——forget,反正——anyhow,呼吸——breath。再次,反义组合的习惯次序不同。汉、英语的对应情况是:贫富——rich and poor,左右——right and left,新旧——old and new。又次,汉语的一些反义义位可以重复成 AABB 式,如:前前后后,上上下下,高高低低,里里外外,大大小小,老老少少,早早晚晚,来来往往。而英语的反义义位不能这样重复。最后,汉语的一个重复义位可以把另一个反义组合间隔开,说成:XAXB,或 AXBX。如:不破不立,善始善终,问寒问暖,能上能下,若即若离,出尔反尔,讨价还价。英语中很少有这类组合。

3.5.7 义位组合的民族性

词语搭配是表层现象,义位组合是深层现象。组合规则是研究同现规则(co-occurrence rules)所包含的选择规则(selective rules)和序列规则(sequencing rules)。这些规则都是各种语言在自己的长期发展过程中逐渐形成的,因而都有明显的民族个性。

3.5.7.1 选择规则的民族性

汉语的"穿"和英语的 wear(穿、戴、佩)义位的义值不相等,不能比较组合特点。只有义值相同的义位,才能比较组合特点。

汉语的"栗色"和"马、皮毛、头发、衣服"等都可以组合,而英语的 bay(栗色)只能和 horse(马)组合。

汉语的"黑色"可以跟"马"等很多义位组合,俄语的вороной(黑色)这个义位只能跟лошаль(马)、скакун(跑马)组合。

汉语和英语各有两个表示"高度小"的义位:矮、低,low、short,它们跟生物和非生物义位的组合各有特点。(见图表 3-13)

图表 3-13

用例 义类 义位	生物名词	非生物名词
低	低的树	低栏／潮
矮	矮人／草	矮墙／凳
low	／	low wall／bench
short	short man／grass	short smoke stack(据韦氏9版)

再看看汉、英语表示兄弟、姊妹的义位和几个义位组合的特点。(见图表 3-14)

图表 3-14

组合 义位 义位	党／parties	学校／schools	篇／volume	协会／societies
兄弟	+	+	-	+
姊妹	-	+	+	-
fraternal	+	-	-	+(美)
brother	-	+	-	-
companion(同伴)	-	-	+	-
sister	-	-	-	+

用第二语言表达(含说、写、译),当然应当掌握义值和义域,但更重要的、更难的是掌握义位的语义组合和语用组合选择的有定性——它具有很强的民族个性。即使是所谓"自由组合",对于外族人来说,也不那么自由。至于"固定组合",就更无自由的分寸。汉语说的"非驴非马",俄语则说 ни рыба ни мясо(直译"非鱼非肉"),英语则说成 neither fish, flesh, nor fowl(直译"既不是鱼、肉,也不是鸡")。俄英 осёл/ass(驴)、лошадь/horse(马)都不能像汉语那样进入那个组合里。

3.5.7.2 序列规则的民族性

表空间义位的组合,汉语多用由大到小的序列,英语、俄语时常相反。汉语说"中国辽宁省大连",英语俄语则说 Dalian, Liaoning Province, China／Далянь, Провинция Ляонин, Китай。汉语说"英国剑桥国际名人传记中心",英语则说 The International, Biographical Centre, Cambridge,

England。

同样,表时间义位的组合,汉语大多用由大到小的序列,英语、俄语时常相反。汉语说"1994 年 6 月 3 日",英语则说成 3rd June 1994,俄语则说 третье июня1994 - г。

并列义位的组合,绝大多数是有一定序列的。汉语说"水火",而俄语则相反:огонь и вода——слепые стихии(直译:火水无情)。汉语说"甘苦",俄语则相反:делить горе и радость с массами(直译:与群众共苦甘)。汉语说"贫富",俄语则相反:богатый бедному не брат(直译:富贫不是一家人)。

语法性的序列规则,众所周知,无须赘述。

义位组合的个性对比,还包括语义从表层结构到深层结构的正逆向对比,即"形式和功能"对比,受篇幅所限,待另文讨论。总之,汉语义位组合的临摹性的直接投射,是与印欧语稍异的个性。(见 4.1.5 节)

3.5.8　义位理据的民族性

理据是构成词的三要素之一。(另外两个要素是语音组合和意义。波铁布尼亚,1889。倪波等,1995:23)认识、了解义位的理据,便于掌握义位。汉语的"虹",《诗经》叫"蝃蝀",都选取彩虹的像虫的形状特征。英语的 rainbow 和德语的 Regenbogen,都说虹像雨天上的弓,俄语的 радуга,说它像弓背,法语的 arc-en-ciel,说它像天上的弓。这是形象义各有特征。汉语的"自来水笔"强调的是自来水,英语的 fountain pen 强调的是笔水有源泉,俄语的 вечное перо 强调的是永久。这是笔的命名的区别特征各有不同。汉语的"祖国"说的是"先人之国";俄语的 отечество 说的是"父亲之国",родина 说的是"双亲之国";英语的 one's country 说的是"本人之国",native land 是"出生之国",homeland 是"家之国",fatherland 是"父亲之国",motherland 是"母亲之国"。这是情感联系的不同。由此可见,"两种语言在词汇体系、词义范围以及在言语中运用方面的差异,归根结底取决于这一集团在划分和命名语言外世界的客观事物时,凭借什么样的特征。词的内部形式取决于所选择的特征。"(加克,1977:15)

第 四 章

义位语用论

第一节 义位组合论

4.1.1 义位组合研究

传统语法学和语音学都研究语言单位的组合关系,只不过所研究的单位范畴及其组合关系不同。唯有传统(含传统结构主义语言学)的词汇学不研究组合关系,不是它不应该研究组合关系,而是它没有找到适合其研究组合关系的意义单位范畴及其关系。

在 20 世纪之初,弗雷格认为"一个词语只有在语句的语境中才有意义"。(涂纪亮,1988:35)他已经萌发了建立意义组合原则的想法。到 1934 年,另一位德国学者波尔齐格注意并触及了线性组合义场,即语义组合的横结构问题。后来,在 30 年代还有帕默尔研究了英语组合,总结了动词结构模式类型,特别是动词补语结构,强调必须把短语作为一个整体来掌握。组合问题就上升为结构语义学的三大课题之一(另两个是:语义场关系、词汇语义结构关系)。60 年代,生成语法学家讨论了词语搭配是句法问题,还是语义问题。就其本质而言,多数人认为是语义和语用问题。到了 70 年代,蒙塔古再次强调了意义组合原则。到了 80 年代,贾肯道夫更认为结合性是语义学的四性要求之一(另三项,见本书 1.2.4.(四))。

如果说现代音系学研究音位及其配列(phonotactics),那么现代词汇语义学研究的对象之一便应该是义位及其配列。现代词汇学,特别是现代词汇语义学应该突破传统词汇学的研究范围,把组合问题作为自己的新课题。

语义组合的微观世界是义位组合。义位组合包括:A. 义位内部组合,即素义之间的组合;B. 义位外部组合,即义位之间的组合。B 类也叫义位搭配。义位搭配是深层现象,词语搭配是表层现象。"搭配,就是一种语言中重复出现的一组词。"(本逊,1985)搭配就是"共现趋势"。(韩礼德,1985)搭配主要是指词语或义位的固定性或习惯性的组合体,其次是指词语或义位的相对自由的组合体。本逊等人把前者叫黏着组合,把后者叫自由组合。词语能组合的单位越多越广,其义项就越多。如"打、搞、弄、做"。搭配也是一种模式,主要研究词语或义位的习惯性共现规则(cooccurrence rule)。也就是研究两个有先后次序的规则:A. 选择规则(selection rule),选择规则就是研究选择限制(selective restriction,转换语法中常用 selectional restriction),借以组成语义网式模块;B. 序列规则(sequencing rule),借以组成线性义链。

词汇靠着义位聚合和组合两条纵横轴的联系而成为一个整体平面。义位聚合是栅性结构、栅性或聚合义场;义位组合是线性结构、线性或组合义场。对义位组合系统的研究是聚合系统研究的回归式的深化,从而显示出语义组合系统。

进入组合系统的义位就是语段义位,它不仅承载着语法功能,而且主要承载着语义功能和语用功能。义位组合从动态上反映着义位内部关系和义位之间的关系,反映着基义及其变体,反映着义域,反映着陪义和语用义。因此,弗斯建立了一个语义分析原则——"意义取决于搭配"。

在组合规则制约下,义位被分为两个系统:自由意义(维诺格拉多夫,1953)系统,即第一性义位系统(本义或基本义);非自由意义系统,即第二性义位系统(派生义)。前者选择限制较少,后者选择限制较多。自由义和非自由义的选择限制,可以从下列两类例子看出。一类例子是在一个词位内部自由义位和非自由义位的选择限制多少不同。如:

"车",自由义位是"车子",不仅常单用,而且能构成常用词语 80 多个,占各义位构成词语总数的 90%多;非自由义位是"水车"的"车"、"车床"的"车"以及它们的动词用法,这些义位构成的词语只有 10 多个。

"长",自由义位是"距离大",不仅常单用,而且能构成常用词语 50多个,占各义位构成词语总数的 70%多;非自由义位是"长度"、"长处"、

"经常"、"多余"等,它们构成的词语只有10多个。

"唱",自由义位是"歌唱、吟咏",不仅常单用,而且能构成常用词语20多个,占各义位构成词语总数的近90%;非自由义位是"高声叫、念",只能构成少数几个常用词语。

另一类例子是在两个词位之间的一个义位的自由和非自由的选择限制多少不同,"车"和"舆"都有"车子"这一义位,但对"车"而言,"车子"是自由义位,选择限制较少;对"舆"而言,"车子"是非自由义位(因为"舆"的本义是"车厢"),只能用于几个有限的词语里。

"卖"和"售"都有"卖"义,用它们分别能构成20多个和10多个常用词语,但是"卖"这个义位是自由的,它在口语和书面语中都可以单用,而"售"只能在书面语里单用。

由以上两类例子可以看出,在自由义位上的组合或搭配,是个相对的开放系统,而在非自由义位上的组合或搭配是个相对的封闭系统。在这两个系统里,语义语境制约较强,而语法的制约性较弱。

在系统中,功能系统是重要的一类。布拉格学派(1925)强调:"必须用功能观点对待语言分析。从这个观点看,语言是为某一特定目的服务的表达手段的系统。"作为布拉格学派的直接继承者的功能学派的代表人物韩礼德和马丁内都特别强调提出并使用"搭配"这一概念,义位组合系统就是表达功能系统之一。

4.1.2 义位组合类型

义位组合的类型不同,义位组合的规则也不同。因此在描写组合规则之前,必须了解组合类型。

按不同标准,义位组合可以分出很多类型。诸如:①简单的二项组合和复杂的多项组合,②开放组合和封闭组合(自由组合和黏着组合或非强制组合和强制组合,自由类首先跟好坏有关,黏着类跟对错有关),③必需组合和非必需组合,(张可任,1992)④有理据组合和无理据组合,⑤静态组合(从义位到义丛)和动态组合(从义丛到句义),⑥语法性组合(含同类组合和异类组合)和语义性组合。对于最后一类,吕叔湘先生有一段说明是富有启发的:"必须区别语法上的选择和语汇上的选择,比如'甜'所属的类和'星'所属的类是可以组合的,'吃'所属的类和'床'所属的类也是可以组合的,咱们不听见有人说'甜星'或者'吃床',那是因为受语汇意义的限制。凡是合乎语法上的选择但是不合乎语汇上的选择的,不是绝对没有意义,只是那种意义不近常情,甚至荒唐可笑罢了。只有不合乎语法上的选择,像'看见们'、'又星'之类,才是真正没有意义。"(吕叔湘,1983:55)

这里要多说几句的是下列两类义位组合:超常类型的组合和通常类型的组合。

超常类型的组合就是超常编码,是指童话、寓言、宗教典籍、幻想作品中的一些超越现实的义位组合,也指一般文学作品的一些修辞(艺术)性的组合。如:

夸父逐日 羿射九日 拔苗助长 阎王是印度人 地球人游览银河系 太阳是咸的,月亮是甜的 袖珍男子汉。

通常类型的组合就是正常编码,是指口语和书面语经常使用的,超常类型以外的义位组合。

通常类型组合中,按组合的频率,又可以分为中心类组合、边缘类组合、中间类组合。

"关怀"跟表人的义位(领导、上级、长辈、群众、下级、晚辈、学生、我等)组合,是中心类组合,跟表事的义位(健康、工作、生活、成长、利益等)组合是中间类组合,跟表物的义位组合是边缘类组合。

在通常类型组合中,按组合的共性义素的显隐,还可以分为显性组合和隐性组合。

刀切 = 刀(a.切、割、砍、铡的工具,b.一般用钢铁制成) + 切(a.用刀,b.把物品,c.分成若干部分)

刀 a 和切 a、c 都含有"刀、切"义素,因此,"刀切"是显性组合,常说"一刀切"、"刀切面"、"刀切一般齐"。同理,"刀"跟"割、削、砍、铡"等也是显性组合。

刀挖 = 刀(a……,b……) + 挖(a.用工具或手,b.从物体表面向里用力,c.取出其一部分或其中包藏的东西)。

"刀"和"挖"虽然没有明显的共同的义素,但是"刀"隐含在"挖 a"、"工具"里,"挖"的 b、c 行为义素隐含在"刀 a"的功用里,因此"刀挖"可以构成隐性组合:用刀挖菜|用刀挖马铃薯的芽|用刀挖肉补疮。如果连隐含的共同义素也没有,一般不能搭配。如"刀"不能跟"想、缝、编、织"等组合。

4.1.3 义位组合的选择规则

凡成系统的事物,必然有规则。"词语搭配规则……依赖于词汇语法属性。这些属性中最重要的一个方面,就是词的词汇意义。"(苏联科学院,1980:12)这种见解已显得陈旧而狭隘。根据现代语言学的广阔视野,义位的组合规则,既受语言外部因素制约,也受语言内部因素制约。从语言内部因素来说,共有四类规则:语义规则,语用规则,语法规则,语音规则。本节主要谈前两类规则,并且把这两类规则置于选择规则和序列规则两条经线之下。

弗雷格的语义组合原则是:句子的整体意义是它的组成成分语义的总和及其各部分的组合方式的函数。我们认为,语义和语用具有同构性,语义运用原则不能游离于语义意义。语义规则的核心,是义位协调组合的可接受性(acceptability),它是指受过教育的操母语的人所说的话有条理性,不会引起"奇异反应"。(蒯因)这样内容语义格局便具有理据性,它部分地反映了客观现实和逻辑的可能性。违反这一可能性的,如果有人说"从北京坐船可以到达昆明",便不具备可接受性。在具备可接受性的前提下,即在义位组合同现实组合同构的时候,主要的选择或同现规则(语义以及语法、语用、语音)有:①同素规则,②施事规则,③受事规则,④同系规则,⑤形容规则,⑥同向规则,⑦同层规则,⑧同类规则,⑨分布规则,⑩语体同一规则,⑪态度同一规则,⑫倾向同一规则,⑬修辞规则,⑭传统规则,⑮习惯规则,⑯音节协调规则。

4.1.3.1 同素规则

组合成一个义位或义丛的各语义单位常至少含有一个共同的义素。如：

人行道 = 人(a. 会劳动、说话、直立行走, b. 高等动物) + 行(a. 人或鸟兽, b. 脚交互向前移动) + 道(a. 人或车马, b. 通行的, c. 地面上的部分)

"人 a"、"行 b"和"道 b"都含有"行走"义素；"人 b"、"行 a"和"道 a"都含有"人"义素。因此可以组合成"人行道"，指"马路两旁供人行走的便道"。不能组合成"树行道"、"人爬道"、"人行屋"等等。再如：

晒太阳 = 晒(a. 在阳光下, b. 吸收, c. 光和热) + 太阳(a. 地球和其他行星都围绕它旋转, b. 从它得到, c. 光和热)。

"晒 a"和"太阳 a"都含有"太阳"义素，"晒 b"和"太阳 b"都含有"得到"义素，"晒 c"和"太阳 c"都含有"光和热"义素。因此"晒"和"太阳"可以组合。而"晒"和"月亮"、"金星"不能组合。因为"月亮"、"金星"不含有"晒 a、c"义素("阳光"和"热")。

这些共同的义素表明组合成分是在互相选择，也就是"基本意义关系"黏着在一起，(波尔齐格)显示着组合成分在语义上的黏着性。比尔维希(1970)把这类现象称为"概念和谐"(conceptional cogruity)，其实就是语义和谐。如果选择限制较严，即要求特有的共性成分，那么黏着性就更为突出。一般常说"处女"，因为"处"在这里有两个义素："a 女子，b 居家未嫁"，所以在这个义位上的"处"，文言还可跟"子、姊"组合，只偶尔跟"男"组合，但不可能跟"牛、马"等组合。

在同素规则中，显现出义素组合的羡余现象，因此形成了"信息牢靠度"(库兹涅佐娃，1989)，使得这类组合紧密、较普遍，处于强势状态。

4.1.3.2 施事规则

许多句子的表层或深层都含有施事语义。语义角色(也叫"论旨角色",指深层格或语义关系中的角色)是施动者,是主语或宾语(含介词宾语),一般是施事体词(agent—substantive:叶斯泊森)。其中主语最典型的语义作用是施事作用(agentive role:夸克),宾语也偶有施事作用。它们的语义结构,按照布龙菲尔德的说法,分别是"施事—动作"(actor—action)、"动作—施事"(action—actor)。施项(施动者)及动作,二者之间具有事理上的理据性,具有语义或语用上的可接受性。其中包含着语义和谐的同素规则。这也就是"语义约束"。

(1)有灵名词做施项常和有灵动词(张今等,1981:299)组合。斯米尔尼茨基(1956:179)的 одушевленные,李友鸿(1958)译作"有灵"。有灵名词是表示人的名词。有灵动词表示人特有的意识、思想、心理活动、行为、言语。如:爱、恨、想、懂、思考、打算、计划、提议、称赞、知道、暗示、推荐、选举、劳动、工作、说、讲、讲演、回答、告诉、说明、写、写作……施、动的语义特征的共性,决定了它们选择特征的共性,因此可以共现。

有灵名词做施项,又受具体语义角色(主宾语表示的身份、年龄、性别、言语社团等)条件制约,得跟适合角色的动词组合。如:

①几位<u>名人</u>都来讲学。(﹡学生)(A 标志施事)
　　A
②<u>演员</u> 化装/ 出台/ 出场/ 表演。(﹡医生)
　A
③<u>医生</u>常出诊/ 开刀。(﹡演员)
　A
④<u>商人</u> 贩卖一批货物。(﹡教师)
　A
⑤<u>被告</u> 反咬原告。(﹡审判员)
　A
⑥<u>债务人</u> 抵押了一些首饰。(﹡债主)
　　A
⑦<u>僧尼/ 道士</u> 还俗了。(﹡军人)
　　　A
⑧<u>孩子/ 儿童/ 小朋友</u>在玩耍。(﹡老头儿)
　　　　A

⑨这姑娘 出落得才貌超群。(＊老太婆)
　　　A

⑩军人 开拔/ 进抵/ 撤退。(＊学生)
　A

⑪屋里站着一个人。(＊婴儿)
　　　　　　　A

⑫婴儿由母亲 喂养。(＊孩子)
　　　　　　　A

(2)无灵名词做施项常跟无灵动词组合。斯米尔尼茨基(1956:180)的неодушевленные,李友鸿(1958)译作"无灵"。无灵名词是表示人之外的名词。无灵动词(张今,1981:299)表示人之外的动植物及其他事物的一些无意识、无思想的存在、运动、活动、发展、变化、消失或作用等。无灵名词和无灵动词组合,又受具体的语义条件限制。如:

①蜜蜂在春夏季不断分群。(＊青蛙)
　　　　　　　　　A

②马群在奔腾。(＊牛)
　　　　A

③这些小动物能捕食了。(＊老鼠)
　　　　　　　A

④船/ 飞机 航行着。(＊火车)
　　　　　A

⑤农作物 倒伏了。(＊房子)
　　　A

⑥草木开始凋零。(＊农作物)
　　　　A

⑦工厂/ 商店已经倒闭。(＊政府)
　　　　　　A

⑧胃壁/ 肠壁 穿孔了。(＊心脏)
　　　　　A

⑨大水 冲决了堤坝。(＊大雪)
　　A

⑩<u>水</u> 冲倒了庄稼。(＊火)
　A

⑪<u>药</u> <u>毒死</u>了老鼠。(＊猫)
　A

4.1.3.3 受事规则

与施事规则相仿。语义角色是受动的宾语或主语,一般是受事体词。其中宾语最典型的语义作用是受事作用,主语也偶有受事作用。它们的结构分别是"动作—受事"(action—goal)、"受事—动作"(goal—action)。受项(受动者)及动作,二者具有事理上的理据,具有语义或语用上的可接受性。其中也包含着语义和谐的同素规则。如:

①学校<u>聘请</u>一位客座<u>教授</u>。(＊学生)(G 标志受事)
　　　　　　　　　G

②<u>她</u> <u>领养</u>了一个<u>孩子</u>。(＊丈夫)
　　　　　　　G

③一天<u>宰</u>一只<u>羊</u>。(＊猫)
　　　　　G

④现代人能<u>制造</u> <u>化肥</u>。(＊火星)
　　　　　　　　G

⑤古代人就能<u>打造</u> <u>首饰</u>。(＊化肥)
　　　　　　　　　G

⑥大家<u>畅饮</u>了几杯<u>美酒</u>。(＊醋)
　　　　　　　　　G

⑦调查组<u>查访</u> <u>案情</u>。(＊书刊)
　　　　　　　G

⑧学生正在<u>查阅</u> <u>书刊</u>。(＊房间)
　　　　　　　　G

⑨<u>赠品</u>如数<u>璧还</u>。(＊奖品)
　G

⑩<u>课文</u>已经<u>串讲</u>一遍。(＊词语)
　G

4.1.3.4 同系规则

大多数语言的动词可以分为两大次范畴：变动动词和关系动词(即系词,copula)。用数学符号来比较:"+、-、×、÷"是表变动的符号，"=、>、<"是表示关系的符号。关系动词,数量少,其代表是"是"、"to be"(英语)、"быть"(俄语)等。关系动词用处多,既有语义作用,也有结构作用。它联结的典型结构是：主+是+名(有宾语、表语、补语、谓语等异称,姑且用"名")。"是+名"等的语义作用是解释、说明"主"的同等、同类、属性、特征、存在等。总之,是联系、判断。联系(判断)的前后两项在语义和语用上具有同一性。这就是"同系规则"。如：

①《红楼梦》的作者是曹雪芹。
②中国的第一圣人是孔子。
③最令人敬佩的物理学家是爱因斯坦。
④蝙蝠是哺乳动物。
⑤我们是南方人。
⑥这匹马是白色的。
⑦跑道上全是学生。

4.1.3.5 形容规则

形容词的语义角色是修饰语和谓语。其典型的语义作用是描写,此外还有限制等,可以概括为形容。其语义结构,按照布龙菲尔德的说法,是"特性—实体"(character-substance)、"实体—特性",结构二项之间的性状具有事理上的理据,具有语义或语用上的可接受性。其中也包含着语义和谐的同素规则。如"长、宽、高、厚、深、粗"等空间形容词和有维度的物体词,二者之间的组合必须得有度量特征的一致性。(比尔维希,1970)再如：

①慈祥的<u>爷爷/老人</u>。(*孙子/孩子)(S标志所形容的实体)
　　　　　S

② 顽皮的 <u>孩子/少年</u>。(＊老头儿/爷爷)
　　　　　S

③ 伶俐的 <u>儿童/姑娘</u>。(＊祖父/老头儿)
　　　　　S

④ 如花似玉的 <u>女子</u>。(＊风景)
　　　　　　S

⑤ 如花似锦的 <u>风景/前程</u>。(＊女子)
　　　　　　S

⑥ <u>行人/马车</u>川流不息。(＊轮船/飞机)
　　S

⑦ <u>声音/言语</u>十分刺耳。(＊光线)
　　S

⑧ <u>光线/穿戴</u>特别刺眼。(＊声音/言语)
　　S

⑨ <u>例证</u>繁博(＊辞藻)。
　　S

⑩ <u>辞藻</u>繁丽(＊例证)。
　　S

4.1.3.6　同向规则

组合成一个义位或义丛的同义或近义的各语义单位,常具有同一方向这一语义特征。当然,也有异向(反义)组合,此处暂不讨论。

语义单位的方向性语义特征有多种,先看动词性义位的内外向(动作由外向内,由内向外,≠内外动词,梅祖麟,1980)。

例如内向的"收"+内向的 V 或内向的 V+"收":

收受|收取|收纳|收归|收购|收回|收获|收买|收入|收听|回收|接收|抢收|吸收|招收。

再如外向的"发"+外向的 V 或外向的 V+"发":

发表|发布|发出|发放|发付|发给|发还|发挥|发卖|发散|发售|发抒|发送|发问|发泄|发扬|颁发|播发|出发|挥发|开发|启发|

散发|生发|抒发|喷发。

具有同内向、同外向语义特征的动词义位还有许多,如"加入、领取、买入、进入、参加、接受、喷吐、赠送、卖出、支出、支付、开除、泄露、流露、给予、产生"。

再看义位组合的上下向语义特征。具有上下向语义特征的动词义位有很多,如上向的"瞻仰、拜访、上涨、上升、升腾、托举、抬举、提拔、提高、增长、攀登"。下向的"衰落、降落、陷落、沉落、低落、坠落、摔倒、跌倒、俯瞰、滑坡、塌陷"。

这里仅以"指示、请示"为例。

"指示"用于上对下,它和表示上下级的名词性义位组合,公式为:

表示上级的 N_1 + 指示 + 表示下级的 N_2。如:

首长	指示	战士
校长	指示	学生
中央	指示	地方
上级	指示	我们

"请示"用于下对上,它和表示下、上级的名词性义位组合,公式为:

表示下级的 N_1 + 请示 + 表示上级的 N_2。如:

连长	请示	团长
群众	请示	领导
县府	请示	省府
我们	请示	主任

义位之间组合的同向规则,较典型的例子是表趋向的"起来"和同向动词的组合。其同向类别有三类:

第一类方向——上向。其中包括:

(1)下 → 上:

升起来｜浮起来｜爬起来｜站起来｜支撑起来｜挂起来｜挑起来。

(2)少 → 多：

多起来｜加起来｜增加起来｜递增起来｜增长起来｜丰富起来｜充实起来。

(3)小 → 大：

壮大起来｜发展起来｜强大起来｜长大起来｜放大起来｜膨胀起来。

(4)点 → 面：

扩大起来｜扩展起来｜扩张起来｜伸展起来｜滋蔓起来｜蔓延起来。

第二类方向——始发向。开始 → 继续：

开动起来｜起动起来｜启用起来｜开讲起来｜创办起来｜设立起来（以上是ＶＶ型和"起来"组合）。动员起来｜从事起来｜起草起来（以上是非松散的、及物的ＶＮ型与"起来"组合）。开起头来｜动起工来｜挥起手来(以上是松散的、及物的V∥N型与"起来"编插组合)。好起来｜冷起来｜紧张起来(以上是A[形容词]和"起来"组合)。

第三类方向——中心向。

表示两方或多方朝向中心的行为动词常与"起来"组合。如：

(两点)连接起来｜(两个字)连起来｜(钢轨)连接起来｜集合起来｜联合起来｜召集起来｜围拢起来｜旋转起来。

与上述"起来"(向上)方向相反的或不相合的动词多半不能与"起来"组合。诸如：a)表"上→下"向的，如"降落、倒塌"等；b)表"内→外"的，如"给予、产生"等；c)表"外→内"向的，如"进入、参加"等；d)表"向背"向的，如"来临、前往、相逢、分别、分离"等；e)表终止方向的瞬间动词和结果动词，如"拒绝、胜利、消灭"等；f)无方向特征的静态和动态动词，如"是、象征、希望、认为"等。这些不能跟"起来"组合的动词约占常用动词的10％，跟"起来"不常组合的动词占常用动词的6％，跟"起来"常组合的动词占常用动词的80％。前两类之中的一些动词和后一类全部动词都有方向性。这说明大多数动词是有方向性特征的。此外,当然也有异向组合。

4.1.3.7 同层规则

一个义位包含另一个义位的语义关系,王宗炎(1988)叫上下层语义关系(hyponymy)。它包括上层词(superordinate)和下层词(hyponym)。(见2.3.3.3节)非修饰、非限制关系的义位组合常常是同层语义单位的优选组合。因为"动作义位的等级和事物义位的等级就有联系"(兰姆,1969)。

上层动词为 SV,下层动词 HV,上层名词 SN,下层名词为 HN。常见的组合实例,见图表 4-1、4-2、4-3、4-4。

图表 4-1

SV	SN
干	农活
种	地
撒	种
锄	草
割	禾
HV	HN

图表 4-2

SN_1	SN_2
金	石
金	汤
金	木水火土
金	银铜铁锡
铜(墙)	铁(壁)
钢	铁
HN_1	HN_2

图表 4-3

SN_1	SN_2
衣	裳
衣	服
衣	衫
服	装
领	袖
纽	带
纽	扣
纽	袢
HN_1	HN_2

图表 4-4

SN_1	SN_2
身	体
身	躯
躯	体
容	颜
相	貌
面	貌
眉	目
HN_1	HN_2

这个规则不很严格。例如，上层动词"做"，既可以跟上层名词"活儿"、"东西"、"事"组合，也可以跟下层名词"饭"、"菜"、"桌子"、"作业"、"习题"等组合。上层动词"办"可以跟上层名词"事"组合，也可以跟下层名词"私事"、"喜事"、"手续"、"护照"等组合。

4.1.3.8 实虚规则

这里的实虚，是指名词和形容词的次范畴的两个类：具体（concrete）和抽象（abstract）。所谓"实虚"有两种模型：

A 型：在义位和义丛内部，具体名词性语素和具体名词性语素组合，抽象名词性语素和抽象名词性语素组合：

$CN_1 + CN_2$

  衣服|房屋|墙壁|干警|网络|布帛菽粟。

$AN_1 + AN_2$

  信息|意义|品德|礼仪|情理|仁义道德。

B 型：在义位和义丛内部，具体的名词性的语义单位和抽象的名词性语义单位分别跟其具体的和抽象的修饰成分（adnominal）组合：

CAD + CN

  小区|皇冠|黄河|门球|星光|赛车|香蕉座|地滚球|问路机|电视手|声音邮件|夜光公路|水上芭蕾。

AAD + AN

  美育|套路|文德|智术|知名度|可塑性|精神文明|主体道德|风险观念|危机意识。

这个规则的有效范围是表事物的名词性成分。表人的名词性成分既可以跟具体的修饰成分组合，也可以跟抽象的修饰成分组合。

4.1.3.9 分布规则

（一）互补分布规则

同一义场，具有互补关系的 a、b 两个或 a、b、c、d 几个义位/义素，在相互制约的规则下,以互补分布的形式同其他义位/义素组合。这也就是人们常说的同义系统或同一义场中的义位互相制约关系。先看名词性义位"年龄、年纪"的互补分布情况。(见图表4-5)

图表4-5

分布\义位 义域		年　龄	年　纪
人	龄数	＋　＋	＋
人	龄段	＋	＋　＋
生　物		＋	－
非生物		＋	－

"年龄"和"年纪"的义域互补表现为下列互补组合:

年龄:果树~|马的~|生物~|生理~|心理~|相貌~|月球的~|天体~|同位素~|北京的~。

"年纪"一般不用于人之外。

在用于人时,二者有一些共同的组合用法。如:

多大年龄/年纪|年龄/年纪一般大|年龄/年纪不小|到了懂事的年龄/年纪。

更多的组合是不同的:

"年龄"更多用于表示龄数,在下列常用组合体中表示确指岁数:

应征~|服兵役~|入学~|生育~|结婚~|规定~|实足~|获奖时的~|~结构|~群几个~组。

唯有"年龄高"是泛指一个年龄段,这同"年纪轻"、"上(了)年纪"等组合相仿。英语用age、years old表示"年龄、年纪"及"年岁"等。

再看动词性义位"穿,戴"互补分布的概况。(见图表4-6)

图表4-6

分布　　　　义位 义域	穿	戴
加在身或脚上的东西	＋	－
加在头、面、颈、胸、臂、手或脚上的东西	－	＋

穿和戴的义域大致互补,表现为下列互补组合:

穿——①(上身)~衣服|~大衣|~军装|~警服|~西服|~上衣|~夹克|~褂子|~坎肩|~红着绿。
②(下身)~裤子|~裙子|~连裆裤。
③(脚)~鞋子|~靴子|~袜子|~小鞋。

戴——①(头)~帽子|~首饰。
②(面)~面纱|~眼镜|~口罩|~耳环。
③(颈)~领巾|~围巾|~领带|~项链|~领章。
④(胸)~勋章|~奖章|~胸章|~胸花。
⑤(臂)~套袖|~袖章|~袖标。
⑥(手)~手套|~戒指|~手镯|~手铐。
⑦(脚)~脚铐|~脚链。

实际上,穿和戴的互补是义位特征决定的:"穿"多为身体放进其中,"戴"多为附在体外。

在这个语义场中,英语的义位及组合分布没有汉语这么整齐。英语用 wear、put on 表示"穿"或"戴"。"穿"还用 be dressed in 或 have on 表示。穿(大衣)、戴(帽子)常用 put on;穿(衣、裤、裙、鞋)、戴(眼镜)常用 wear,put on。

动词义位"发表、出版"所带的宾语也是互补的。如:

发表 + 文章(论文等单篇)
出版 + 书(专著、教材等成本的)

形容词义位"肥/胖"的互补分布组合,人所共知,这里不再赘述。

(二)交叉分布规则

同一义场,具有交叉关系的两个或几个义位,在相互制约的原则下,以交叉分布的形式同其他义位组合。

"采取/采用"带的宾语,除了共同的"方式、方法、形式、方案、意见、办法"等之外,"采取"的宾语多是较抽象的,如"措施、态度、手法、步骤、立场、攻势、方针、政策、主动、行动"等;"采用"的宾语多是较具体的,如

"武器、工具、设备、词语"等。

从上述两类例子可以看出,词的意义和它们的分布之间存在一种内在的联系。(莱昂斯,1977:375)

4.1.3.10 语体同一规则

具有文言性的语素较宜相互组合,具有口语性的语素较宜相互组合,而不宜或较少交叉组合。这里包括新旧质的分别配列问题:新质与新质,旧质与旧质较宜共现。这一规则,在"冠/帽"、"履/鞋"、"足/脚"、"观/看"与同语体语素组合群中显得较清楚。如能说"免冠"和"脱帽",而不宜交叉;能说"革履"和"皮鞋",而不宜交叉。能说"盲目"和"瞎眼",而不宜交叉。(见图表4-7)

图表 4-7

组合		口 语				文 言			
		妈	牙	水	喂	母	齿	汁	哺
口语	奶	+	+	+	+	干	-	干	-
文言	乳	-	干	-	-	+	+	+	+

当然也有两可的中间性的组合。如:

乳/奶 + 名/牛/酪/头。

文言"之"和口语"的"一般不能互换。如:

非分之想:超出本分的想法。

不毛之地:不长庄稼的地方。

知遇之恩:受到赏识的恩情。

文言系列义位组合,口语系列义位组合,应当泾渭分明。如:

顷承惠函,敬悉贵恙幸愈。

刚接到您的信,知道您的病全好了。

通称、俗称应当分别组合。新《辞海》说"您俩"、"您仨"是"您"的复数尊称,但是它们在标准语中是不通用的。因为"您"是通称,"俩"、

"仨"是俗称,两类义位一般不混杂组合。

此外,如用于军队的"开拔"和"进抵",用于科技的"奇数"和"偶数"等不宜跟"启程、上路、到"、"单数、双数"等普通义位混用。公文性的义位之间,公文性的义位和政治、经济、法律等语域的义位较宜组合,而公文性的义位和文学性的义位不宜组合。

4.1.3.11 态度同一规则

具有尊敬陪义或中性的语素较宜相互组合,具有谦虚陪义或中性语素较宜相互组合。(见图表4-8)

图表 4-8

组合 敬谦 \ 敬谦		尊敬/中性					谦虚/中性				
		尊	堂	妻	郎/子	爱	父	母	弟	妹	亲
尊敬	令	+	+	+	+	+	−	−	+	+	+
谦虚	家	(+)	−	−	−	−	+	+	−	−	−
	舍	−	−	−	−	−	−	−	+	+	+

这里也有两可的中间性的组合。如:

令/家+尊/翁/慈/兄/姐

4.1.3.12 倾向同一规则

语言中有些带倾向性的词语(bias words),指暗含褒贬或偏见的词语(王宗炎,1988)。这里只是借用"倾向"这个提法。其所指则较广,不仅包括暗含褒贬,即陪义中有褒贬的,而且包括基义中有褒贬的。同一倾向的语素、义位或义丛宜于组合在一起。

(一)me.+me.褒义(melioration)+褒义:

聪俊|欢愉|佳美|精雅|鲜脆|敏捷|骄傲自豪|表彰功绩|赞扬成果|树立榜样|推广良种|歌颂英雄事迹|提倡艰苦奋斗。

(二)de.+de.贬义(depreciation)+贬义:

残次|错漏|呆傻|坑骗|贪狠|伪劣|骄傲自大|违法乱纪|死记硬

背│捏造罪名│隐瞒罪行│居心叵测│图谋不轨│悲观论调│纠合党羽。

语言中大量的是中性义位之间的组合。也有少数倾向性义位和中性义位的组合,当然也有倾向相反的义位组合。如:

玷污尊严│辱没荣誉│诬告好人│伟大渺小│香花毒草。

4.1.3.13 修辞规则

有些义位组合,从语义方面看,似乎没有共同义素,不能或不宜组合,但从修辞方面看,隐含着共同义素,是可以组合的。如:

铁石心肠│群情鼎沸│心猿意马│缘木求鱼│天涯若比邻│新片导读│读沧海│读长白山│思想感情的潮水。(比喻)

固若金汤│路有冻死骨│绿肥红瘦│乘坚策肥│吃火锅│送红包│坐面包│坐出租│喝龙井。(借代)

高山低头│鱼翔浅底│青山起舞。(比拟)

情书│怒发(fà)│寂寞的梧桐树。(移就)

眼睛长在头顶上│高兴死了│寸步难行│万向轮。(夸张)

在修辞规则中需要特别提出的是"正反对比(照)的组合"或叫"矛盾组合"。如:

老小孩│小大人│零增长│负增长│老兵新传│人老心不老│老媪模特儿│睁眼瞎│软骨头│活地狱│活死人│活字典│活化石│活阎王│公开的秘密│嫩的老玉米│不辣的辣椒│未婚妈妈│无情的情人│善良的罪过│人间地狱│瞬间的永恒│穷得只剩钱│有钱的穷人│贫穷的富豪│乞丐万元户│高声耳语│北国江南│防守中的进攻│绝望中的希望│冬天里的春天│建设性的破坏。

这是在对立中突出意旨,增强个性。有些矛盾组合是表意的必然组合,如:白夜(49°以上的高纬度地区无黑天的夜晚),可烧冰(在一定条件下可燃烧的、一种类似于冰的固体化合物),未婚妻/夫(订婚未结婚的妻子/丈夫)。

4.1.3.14 传统规则

有些义位或引申义位不符合科学事实,但符合直觉。直觉同一的义位常组合在一起,这是传统规则之一。如:

天边｜天涯｜天心｜天外｜天角｜天崩(地裂)。

宇宙是无限的,直觉却是天有边,有中心,有里外,有角隅。再如:

天旋｜天转｜日出｜旭日东升｜日上三竿｜日薄西山｜日落。

太阳系事实上以日为中心(哥白尼,1509),直觉却是以地为中心,看似日有升落。又如:

心算｜肝胆相照｜没心没肺｜衷肠｜铁石心肠｜牵肠挂肚。

事实上,脑是思维器官(威利斯,1664),直觉却以为心等内脏器官是有思想感情的。

有些义位或引申义位是臆想出来的。臆想同一的义位常组合在一起,这是传统规则之二。如:

神出鬼没｜神差鬼使｜天花乱坠｜阎王好见,小鬼难当｜妖魔鬼怪｜魂飞魄散｜魑魅魍魉。

4.1.3.15 习惯规则

有些同义、近义义位同其他义位的组合有个习惯用法。如:

兄弟 + 国家/民族/单位/政党。
姊妹 + 城市/篇/校/舰/会。

有的组合用"兄弟/姊妹"都可以。如"兄弟/姊妹 + 城市/学校"。再如"贵庚"通常跟表示中青年人的名词或称谓组合,不用于老、幼。"芳龄"通常跟表示青少年女子的名词或称谓组合,不用于男子和老、中、幼。

"千、百、万"都有表示"多"的义位,各有习惯组合。如:

百货｜百叶箱｜百川归海｜百炼成钢｜一呼百应｜百里挑一｜千秋｜

千里马|千虑一得|千载难逢|大千世界|万能|万年历|万家灯火|万事大吉|万众一心。

汉语的量词和名词的组合更有习惯规则,这是人所共知的。

有些义位的组合似乎是不可接受的,但人们已习非成是。如:

喝西北风|恢复疲劳|打扫卫生|养病|非要去(=非要去不可)|差点儿没迟到(=差点儿迟到)|没治了(表示极好)|戴紧箍咒。

4.1.3.16 音节协调规则

汉语自古以来,组合讲究音节协调。如双音节义位和双音节义位组合,单音节义位和单音节义位组合。单双音节组合较少见。如:

脱离危险|脱险(*脱离险|*离危险)
开垦荒地|开荒|垦荒(*开垦荒)
美好景色|美景(*美好景)
美丽容貌|美貌(*美丽貌)

4.1.4 义位组合的序列规则

序列规则,是义位组合的第二重要规则。序列规则的辖域是两大类义位组合:

一类义位组合是"非联合"类,其中有六类的次序一般是固定的:①偏正序,②补充序,③支配序,④陈述序,⑤递续序,⑥附加序(词根和定位词缀组合,或前缀加词根,或词根加后缀)。这些固定的次序方家多有论述,不再赘述。

另一类义位组合是"联合"(含"连谓")类,其中大多数成系统的义位是有序列的,因而其组合便显示出有序规则。较重要的有九个细则(内中偶尔涉及偏正序、陈述序),下文分别论述。

4.1.4.1 时间序列

(一)含有"年、季、月、日、时"等显性时间义素的语素或义位大多数按先后时序组合。常用的有六种时序。

(1) 日内时序：

早晚｜旦夕｜白天晚上｜上午下午｜日出日落｜朝发夕至｜子丑寅卯……｜一更二更三更……

(2) 年内时序：

春夏秋冬｜春秋｜小暑大暑｜小寒大寒｜秋冬｜一月二月三月……

(3) 世代时序：

夏商周秦两汉｜唐宋元明清｜上古中古近古｜古代近代现代当代。

(4) 泛时时序：

过去现在将来｜初期中期末期｜先后｜前后｜前因后果｜思前想后｜古今｜始终。

(5) 义域大小次序：

年月｜岁月｜年月日｜时分秒｜1993年9月2日(偏正)。

这与英俄语语序不同。

(6) 其他时序：

"后天星期三"是表相对时间义位在前，表绝对时间义位在后；"星期一头伏"是表周期连续的时间义位在前，表周期不连续的时间义位在后。马庆株先生(1991)已有论述。

(二)含有隐性时间义素的语素或义位的组合，依据感知的事物运动、变化的时序或人物行动的时序。如：

父子｜子孙｜祖孙｜兄弟｜老少｜老中青｜作息｜睡觉｜裁缝｜拆洗｜采写｜查处｜影视｜根本｜调查研究｜巩固提高｜成长壮大｜讨论通过｜研究解决｜了解甚至精通｜试验、改良并推广｜失之东隅,收之桑榆｜打开电视看一会。

(三)不含有时间义素的语素,表本义的语素在前,表转义的语素在

后,这也是一种隐性时序。如:

意义|形态|诗歌|材料|器具|亲戚|休息|贫穷。

4.1.4.2 空间序列

传统的认知和习用的空间序列,常用的有十种。

(1) 上下序:

上窜下跳|七上八下|上不着天,下不着地|比上不足,比下有余|上梁不正,下梁歪|上有天堂,下有苏杭。

(2) 天地序:

乾坤|天长地久|天高地厚|顶天立地|改天换地|上天无路,入地无门。

(3) 高低序:

山高水低|眼高手低|高分低能|高不成,低不就|人往高处走,水往低处流。

(4) 前后序:

前呼后应|前仆后继|房前屋后|前怕狼,后怕虎|前有山,后有水。

(5) 左右序:

左右手|左思右想|左顾右盼|左右为难|左支右绌|从左到右|先左后右。

(6) 方向序:

东奔西跑|东张西望|声东击西|东鳞西爪|东西半球|东边不亮,西边亮|东边是佛,西边也是佛|南征北战|南辕北辙|走南闯北|南北夹击|南箕北斗|南来北往|南腔北调|南北极。

(7) 内外序:

内外科｜内外耳｜内外角｜内外矛盾｜内外有别｜内外交困｜内忧外患｜内方外圆｜内外亲｜内外孙。

(8) 头尾序：

街头巷尾｜虎头蛇尾｜藏头露尾｜摇头摆尾｜彻头彻尾｜畏首畏尾｜首尾相连｜首尾呼应｜掐头去尾｜从头到尾｜头重脚轻｜从头到脚｜品头论足。

(9) 远近序：

远近法｜远近闻名｜远交近攻｜远山近水｜远愁近虑｜远亲不如近邻｜远水救不了近火｜远水解不了近渴｜人无远虑,必有近忧。

(10) 长短序：

长短笛｜长短枪｜长短途｜长短波｜长短合适｜说长道短｜取长补短｜三长两短｜长吁短叹。

4.1.4.3 体点序列

体,指认知基体(base),包括整体、群体,就是认知背景或认知辖域,尤其是跟"点"相关度较大的直接辖域。点,指认知中注意焦点,常被突显为侧面(Profile),包括部分、个体。代表"体"的语言成分,常做词语的前头语素。代表"点"的语言成分,常做词语的后头语素。例如:脚趾(*腿趾),手指(*臂指)、膝盖(*腿盖),脚掌,手掌。体辖点,就是大辖小。又如:

国家｜乡村｜城市｜官殿｜基础｜家庭｜墙壁｜皮肤｜人民｜声音｜尺寸｜时期｜时代｜桌子面｜房子盖｜市中心｜衣柜抽屉｜首都北京｜港城烟台｜崇山峻岭｜阶级和阶层｜市、区、街｜中国山东省烟台市｜山上有个房,房里有个缸,缸里有些粮。

或者与广狭次序相反,如:

松树｜鲤鱼｜疟疾｜北国｜下江｜下腹｜点线面体｜系、院、校｜全省、

全国、全世界|国内国际|内蒙古自治区|延边自治州。

语素或义位的"使用"这一义域有广狭,广的(常用的)在前,狭的(不常用的)在后。如:

牙齿|旗帜|标准|衣服|睡眠|停止|考试|领导|学习|建设|斗争|帮助|庆祝|选择|变化|反对|禁止|比较|勤劳|诚恳|和平|迁移|美丽。

4.1.4.4 数量序列

数量次序,常见的有三类模式。
(一)升式:少、小→多、大

千万|个十百千万|一五一十|三令五申|三弯九转|四分五裂|七手八脚|七零八落|八九不离十|九曲十八弯|千千万万|千言万语|五天以至十天|单音节、双音节和三音节的词|小题大做|小惩大诫|小屈大申(伸)|小受大走|小往大来|小不忍则乱大谋。(小大序能产性弱)

(二)降式:多、大→少、小

千百|一鳞半爪|三三两两|百十号人|百儿八十|千疮百孔|千儿八百|万儿八千|千方百计|气象万千|大小事情|大小不一|大街小巷|大同小异|大惊小怪|大材小用|大醇小疵|声音大小正合适。

(三)用数字或文字表示先后次第的序列:

按一二三次序排好|数一数二|首屈一指|一不做,二不休|甲乙丙丁|伯仲叔季|伯仲之间|冠亚军|勇冠三军|热带亚热带|桂林山水甲天下|他先说,其次轮到我|登月的第一、二个人|六书:一象形,二指事,三形声,四会意,五转注,六假借。

4.1.4.5 地位序列

地位次序隐含着人们认识和评价的人文性的先后序、上下序、主次序、轻重序。如：

> 父母｜夫妻｜男女｜官兵｜干群｜儿女｜子女｜尊卑｜师生｜指战员｜德智体｜师生员工｜妇女儿童｜工人农民｜首长和秘书｜客人和主人／主人和客人｜领导和群众｜工农兵学商｜农业、轻工业、重工业｜国家、集体、个人｜中央地方｜北京上海天津｜金银铜铁锡｜大中小｜高中低｜上中下。

称道人时，并列用两种以上称谓，其规则有：

（1）义域小的称谓在前，义域大的尊称或更尊敬的称谓在后。如：

> 主席先生｜总统先生｜博士先生｜教授先生｜校长同志｜总理同志｜会计同志｜总理阁下｜主席阁下｜校长阁下｜将军阁下｜先生阁下。

（2）较虚的荣誉衔位在前，较实的职称、职务称谓在后。如：

> 硕士讲师｜博士教授｜大校师长｜少将师长｜教授校长｜高工厂长。

（3）行业高级名称在前，人名在后。如：

> 作家巴金｜画家齐白石｜音乐家聂耳。

（4）职业一般名称和人名连用，次序两可。如：

> 铁匠×××／×××铁匠｜保管员×××／×××保管员。

三四项并列称谓的次序，也依据上述规则排列。如：

> 总统×××先生阁下｜博士×××教授先生｜校长×××教授先生。（马庆株1991）

（5）引称（背称）在对称（面称）之前（马庆株1996）。如：

> 令尊大人｜贤内助夫人。

4.1.4.6 标记序列

这里借用布拉格学派创立的术语"标记性"（markedness）。在分布视角下，无标记的单位常处于优势，有标记的单位常处于劣势。在组合序列视角下,语义中立的无标记(unmarked)语素或义位常在前,语义有倾向性的有标记的(marked)语素或义位常在后。一前一后组合成义位或义丛。如:

  高低 | 深浅 | 远近 | 粗细 | 快慢 | 大小 | 好坏 | 强弱 | 多少 | 长短 | 厚薄 | 宽窄 | (这件大衣到底)是长,还是短? | (这个速度)是快了些,还是慢了些?

"高"、"深"等进入"有多~?"、"~不~?"这个框架,就是问高低、深浅,无倾向性;而"低"、"浅"等进入上述框架,语义倾向于"低"、"浅"。无标记义位使用频率大,有标记义位使用频率小。

4.1.4.7 正负序列

具有积极的、肯定义的正面语素或义位在前,具有消极的、否定义的反面语素或义位在后。如:

  褒贬 | 是非 | 是否 | 利害 | 公私 | 甘苦 | 善恶 | 贵贱 | 好歹 | 尊卑 | 成败 | 胜负 | 优缺点 | 正义和非正义 | 扬长避短 | 说长道短 | 以己之长比人之短 | 谁都有长处和短处 | 总结成功和失败的经验。

少数义位组合,也有相反的情况(否定的在前,肯定的在后)(王宗炎,1998)。如:

  阴阳 | 阴晴 | 幽明 | 晦明 | 反正 | 轻重 | 软硬 | 迟速 | 冷暖 | 迟早 | 去留 | 输赢 | 消长 | 屈伸 | 离合 | 哀乐 | 敌我友 | 断断续续。

4.1.4.8 语法序列

语法特征是由语义引出的,语法一般不能决定句中共现词的特征。(麦考莱,1968)搭配的深层是义位的组合,属于词汇语义层次,或属于词汇语义和语法意义中间层次。而语法次序,属于语法意义层次,是语法范畴的类连结(colligation)。类连结含有通常搭配的管辖规则。一般的类连结多有论述,这里以副词的常见类连结序列为例,说明组合的语法序列：①评注性副词（毕竟、简直），②关联副词（却、才、就），③时间副词（马上、就、永远），④频率副词（往往、逐渐），⑤范围副词（都、仅仅），⑥程度副词（很、更），⑦否定副词（不、没），⑧协同副词（一起、一道），⑨重复副词（再、重），⑩描摹性副词（全力、悄悄）。如果有二三个或更多副词共现一个语链，其序列与上述副词类别序列一般相同（张谊生，1996）。如：

> 毕竟都是善本｜简直不行了。
> 读书就什么都忘了｜马上就集合。
> 往往一起演出｜逐渐都特别熟练。
> 最不爱玩象棋｜一再全力支持他。

4.1.4.9 声调序列

并列结构复合词，平声语素多在前，仄声语素多在后（徐通锵 1997：371）。我们抽样统计 347 个并列复合词，其中平仄序列的 130 个，占近 40%。周荐（1994：12～13）的统计占 80% 多。如：

> 朋友｜城郭（古入声）｜皮革（古入声）｜饥馑｜坟墓｜泥土｜珍宝｜行列｜根本｜根柢｜头绪｜包裹｜习惯｜风化｜生产｜答复｜离别（古入声）｜攻击（古入声）｜攻打｜依靠｜着重｜殷实（古入声）｜卑贱｜姑且｜将要。

4.1.4.10 习惯序列

阿·亚·沙赫马托夫等许多语言学家都认为"语言中主要的和唯一的权威是习惯"。汉语有一些语用习惯次序。如：

> 金木水火土｜烟酒糖茶｜柴米油盐酱醋茶｜聪明伶俐｜天真活泼｜又白又胖｜有说有笑。

还有，在书信中，写信人把收信人的名字放在前面，职务等敬称放在后面：×××总统/校长/部长/局长。而在布告、公告、文件等公文里，发件人的职务在前，名字在后：总统/校长/部长/局长×××。

4.1.5 组合规则的再研究

结构语言学认为,语言是规则系统。上文讨论的只是若干系统之一:同现规则系统,包括选择规则和序列规则以及它们的次范畴同素规则、施事规则、同向规则等等以及时间序列、空间序列等等。其宏旨是:汉语从语义深层结构到词语形式的表层结构,常是直接投射。汉语和印欧语较大差异之一是编码方式和原则的差异,汉语的编码方式更多显现出临摹性。

直接投射或临摹就是:词序大体等于概念次序或事物次序。19世纪30年代,洪堡特认为,汉语句子跟思想的顺序一致,简单明确,是其特殊的优点。19和20世纪之交,美国哲学家皮尔斯(Peirce, C. S.)认为,人类语言的共性之一是临摹性:"语言中成素(elements)的次序平行于实际的经验或认识的顺序"。后来此说被称为图式象征论(diagrarmmtic icons)。其经典的例证是恺撒的名言:我来了,我看见了,我征服了(Veni, vidi, vici)。20世纪80—90年代境外华人学者戴浩一、谢信一和国内徐通锵(1991)都比较重视汉语的临摹性原则。当代的认知语言学比较推崇这一原则。

组合中的语义规则起着主导作用,语用规则通过语义杠杆起着辅助作用。同素规则等等次范畴规则,具有广狭不等的辖域,而没有普遍的辖域,任何规则都有数量不等的例外。汉语这些组合规则,是在汉语长期发展过程中逐渐形成的,具有明显的民族特性。(请参阅3.5节"义位的民族性")义位组合规则研究的前景,应该在数理逻辑帮助下,向各个研究群象辐射,运用元语言(比自然语言具有的更高的阶/scale,即等级),使该项研究减少随意性、个别性、非公理性,增加系统性、普遍性、公理性。

4.1.6 义位的组合意义

义位的意义不等于其成分加和意义。义位的组合意义,指两种现象:一指义位内部的语素组合意义,二指义位之间的组合意义,后一种也叫义位搭配义,其表层现象就是词语搭配。可见这里讨论的"义位的组合意义",大于利奇的搭配意义(collocative meaning)。语义学不仅仅讨论词义,还探讨一些词如何互相组合,并以此来给出一个语句的完整的意义解释。这被称为弗雷格原则(Frege' principle)或称为组合原则(principle of compositionality)。

组合原则的一条原理,用心理学来表述就是:"当感觉元素聚合在一起时,就会形成某种新的事物","整体比它的各部分的总和多"。(舒尔茨)用语言学来表述就是:凡是词组以上的语言单位,其意义并不简单地是词组中各个词项的意义的总和。(奈达,1984)句子的意义,是成句义,它是由词汇意义、语法意义和语用意义三部分决定的。结构赋值因素,是意义的存在方式。(格雷马斯,1999:35)其实,彻底地说,语言中的每一个层次单位都有其自身的质。语素义 a、b、c 或义位 a、b、c 等组合义不等于 a、b、c 等的简单相加之和。组合是解释语义学所说的链条序列。组合是一种微观语境。这种语境影响,甚至决定着组合单位的意义。组合单位以其排他性,承载着组合后的义值和义域进入综合体(syntagma)的义链。如"他不在"、"他不在了"。这两个组合形式差别只在一个"了",而意义差别却很大:前一个"在"表示在某处存在,后一个"在"表示在世间生存。"他不在"是说"他不在这里,到别处去了"。"他不在了"是说"他已经死了"。详解词典可以把这两个义位分为两个义项。这里不涉及这类区别很大的组合义,而涉及下列两类组合现象:

一类是利奇所谓的同义词不同搭配。如"博得"和"赢得"都可以跟"好感、同情、好评、信任、支持、喝彩"等搭配,而"赢得"还可以跟"时间、成功、和平、奖金"等搭配。"隐藏"和"藏"的搭配词语也有抽象和具体之分。"乖"和"颖悟"分别用于儿童和少年。"虚伪"和"虚假"的对象的主要区别是人和事。由此可见,一些动词的意义常是由施动者、受动者决定或影响的。一些形容词的意义常是由所形容者决定的。至于趋向动词的意义常由其前后的动词类决定的,虚词的意义常由组合前后的词语类别决定的。这些组合反映的主要是义域,是语义溢出(semantic overflow),也叫语义渗透或语义感染(contagion)。所谓"溢出",形象地描绘了词或义位组合中 A 单位的语义流淌到 B 单位中去(至少是渗透),使 B 受义。

只不过流淌的程度不同:有的是必不可少的,如古汉语的"洗＋足、浴＋身、澡＋手、沐＋发、沬[huì]＋面、溅＋物、涤＋器";有的是可有可无,如"白银、圆球";有的是可能之一,如"围起来/打起来"。A 义位以某种程度、方式参与 B 义位,于是 A 义位就构成了 B 义位的语义特征。词典编者对溢出或搭配的处理可能采取两种方式:一是不加括号,二是加括号。如果采取第一种方式,编者就认为溢出是词义的组成成分;如果采取第二种方式,编者就认为溢出是搭配或组合对象。我们从《现汉》随机抽出带语义溢出释语的义位 2210 个,其中加括号的 992 个,不加括号的 1218 个。形容词带溢出释语的较少;动词带溢出释语的较多,带溢出对象(受动者)的更多。大致说来,两种方式是词义和用法的区别,维诺格拉多夫(1953)说明的"用法"的四个特点(遗迹、新奇、多变、狭窄)虽然不十分准确、不完全适用,但是有很大参考价值。

另一类是义位进入组合后的变异,其中大多数是义位及其变体的关系。也就是语言系统中的词在词典中的一个义项,而在言语组合中的一个语段词表现出的一些具体用法的语义差异。常见的变异有十种,下文分别论述。

4.1.6.1 同化

原来的两个义位是有差别的,在义位组合里同化无别。公式为 $S_1 + S_2 \rightarrow SS$。如:

①大野曰平,广平曰原(《尔雅》)→平原
②上曰衣,下曰裳(《释名》)→衣裳
③大曰门,小曰户(《急就篇》)→门户
④草曰零,木曰落(《说文》)→零落
⑤南北曰袤,东西曰广(《说文》)→广袤
⑥直言曰言,论难曰语(《毛传》)→言语[1]

---

[1] 《礼记》郑玄注:"发端曰言,答难曰语","言,言己事,为人语曰语"。《论语》朱熹集注:"答述曰语,自言曰言"。

⑦草行曰跋,水行曰涉(《毛传》)→跋涉

⑧东西为交,邪行为错(《毛传》)→交错

⑨宫商角徵羽,杂比曰音,单出曰声(《礼记》郑玄注)→声音

对以上现象,唐代孔颖达的看法是"对文则别,散文则通";清代段玉裁的看法是"析言则异,浑言则同"。王宗炎先生(1998)认为是二者合而为一,似应称为合并或一体化。详解或历史性词典可以酌情释出"别、异",中小型现代语文词典只注明"通、同"即可,即注明义位整体:"[平原]起伏较小、海拔较低的广大平地。"

4.1.6.2 异化

同一个义位,在不同的义位组合里可能异化为对立或有差异的变体。

作为容量单位的"斗",在下面两个系列组合里,向对立的两极"大"和"小"异化:

$斗_1 = [斗+(斗>N)] \to 大$

斗胆丨斗印丨斗碗丨斗石丨斗大的字。

$斗_2 = [斗+(斗<N)] \to 小$

斗室丨斗舍丨斗城丨斗门丨斗船。

"$斗_1$"异化为"大",条件是"斗"后面跟上一个比"斗"的体积小的名词义位。

"$斗_2$"异化为"小",条件是"斗"后面跟上一个比"斗"的体积大的名词义位。

"传统"在下面两个系列组合里,向肯定和否定的两极异化:

传统$_1$:传统工艺丨传统剧目丨传统节目丨传统友谊丨传统教育丨传统产业。(指长久相传的具有特点的,肯定的)

传统$_2$:传统观点丨传统观念丨传统习惯丨传统道德丨传统管理。(指陈旧的,否定的)

"大小"在下面两种组合里发生"大"和"小"两种异化:

大小₁:省长那么大小官来到了咱们家。(偏指"大")

大小₂:乡长那么大小官也进京了。(偏指"小")

"知识"在下面两个组合里,向高、低方向异化:

知识₁:知识分子。(指较高的文化水平)

知识₂:知识青年。(指一定的文化水平)

动词"驱逐"的"驱"在下面两个系列组合里向着有差别的变体异化:

驱₁=(驱+所驱的对象)→驱走(逐)

驱邪｜驱虫｜驱敌｜驱胡｜驱鬼。

驱₂=(为+场所+驱+所驱的对象)→驱来(去)

为渊驱鱼｜为丛驱雀｜为汤武驱民。

除了两极异化,还有差异异化,即指事物不同的侧面,或指义位的不同方面的义素。如义位"人体"在下列组合里产生有差异的变体。

人体₁测量→指人体的部分外形情况(高、重、围等)。

人体₂模特→指人体的裸露形态。

人体₃解剖→主要指人体的内部结构。

再如义位"球"在下列组合里也出现差异变体:

这球₁真好看→指球的样式、颜色等。

这球₂真结实→指球的质料和缝制的质量。

这球₃真大→指球的体积。

中小型词典对一个义位的两极变体不必释出,只用举例补充释义不足即可。详解词典宜释出两极变体,多列例证甚至可以分做两个义项。

4.1.6.3 特指化

义位具有概括性,但在一定组合中可以确指具体的特定的类或个体,即具体化。这种功能俄语叫"指物性"(предметная отнеённость),英语叫特指性(definiteness)。传统词汇学认为,这只是一种功能(特指),不能跟词义混为一谈。而现代词汇语义学则认为,这是一种组合义。义位获得这种指物性的变体,传达各异的指物信息,这就是义位的特指化。本稿原来叫"物化",接受王宗炎教授(1998)的建议,改为"特指化"。如"车"的"陆地上有轮子的运输工具"这个义位在下面五个组合系列中,有五个变体:

$车_1$:车老板→畜力车。

$车_2$:车库→汽车。

$车_3$:车铃→自行车、人力车等。

$车_4$:车棚→自行车、人力车等。

$车_5$:车头→火车、汽车等。

再如"球"的"球形的体育用品"这个义位,在下面 n 个组合系列中,有 n 个变体:

$球_1$:角球|点球|头球|任意球→足球。

$球_2$:扣球|持球|勾手飘球→排球。

$球_3$:抽球|近台球|擦边球→乒乓球。

$球_4$:运球|跳球|篮板球|三分球→篮球。

$球_n$:……→冰球、网球、垒球……

"球",是对无数个体和若干小类的概括。这类具有泛指义的词在语言中占绝大部分。除了"球"这类具体名词以外,还有亲属名词、职位(称)名词、代词等等,都可以特指化。只有专有名词和只指一个客体的名词(如太阳、月亮、地球、赤道等)无所谓"特指化"。

对于上述"球"n 个变体,辞书在"球"下不能一一释出,但可以对 n 个变体作概括。目前较好的概括是《汉语大词典》的"指某些圆球形的体育用品"。有些辞书概括得不好:"某些圆形立体的体育用具"(《汉语大字典》)、"现代体育用品"(《辞海》)、"指某些体育用品"(《现汉》)。这些辞书在概括之后都以特指的典型词例补充了释语的不足。

4.1.6.4 虚化

虚化是指在组合里,有的语素的意义弱化到等于零或趋于零,由实指转为虚指,这类语素成为羡余信息(redundancy)之一。英语的 blackbird 中的 black"黑"的意义大大减弱,不是黑色的鸟,而是"画眉(鸟)"(布龙菲尔德,1933)。汉语里主要有三种情况:

(1) 有的语素,在古代有意义,到现代其意义等于零或趋于零。如:"走马观花、走马上任、车水马龙"的"马",在古代确有实在意义;而在现在等于虚设:现代的"观花"、"上任"可能是坐汽车,现代的闹市只有"车如水",没有"马如龙"。辞书释义不应紧扣这类虚化的语素义。"康庄大道",整个成语解释为"宽阔平坦、四通八达、美好光明的大路"。"康庄"原义鲜为人知,且置于该成语中迂曲费解——"一达谓之道路,二达谓之歧旁,三达谓之剧旁,四达谓之衢,五达谓之康,六达谓之庄,七达谓之剧骖,八达谓之崇期,九达谓之逵。"(《尔雅·释宫》)现代的"康庄大道"已远离"康庄"的"五达、六达",辞书不可泥古不化。

(2) 有的语素,是因为用了借代或互文手法,意义由实指转为虚指。如:

南腔北调→"南北"代表几个地方。
东张西望→"东西"代表四处或各处。

辞书对这类语素的解释,应避实就虚。

(3) 在汉语词汇双音化过程中,有时以一个语素为主,另一个语素成了虚设。如:

①宇宙 = 宇。在这个义位上,"宇"指上下四方。而"宙"指古往今来,虚设无义。
②人物 = 人。"物"(众人)虚设无义。
③兄弟 = 弟。"兄"虚设无义。
④面目 = 面。"目"虚设无义。
⑤饥荒 = 饥("谷不熟为饥":《尔雅》)。"荒"("果不熟为荒":《尔雅》)虚设无义。
⑥雕琢 = 琢("玉曰琢"《毛传》)。"雕"("金曰雕":《毛传》)虚设无义。

⑦甘苦＝(多指)苦("患也"：《广韵》)。"甘"("美也"：《说文》)多虚设。

中小型的现代语文辞书,可以只管现代断面,不追究词的历史。大型的历史性的语文辞书不能不管词的历史。上面的①②③三例,溯本求源,每个语素都有意义(都有用例),应作历史描述。④例的"目"一开始就是虚设,这类例子不多。

4.1.6.5 强化

能表达强化义的组合很多,这里只说两种：
(1) 表层的羡余组合,深层的强化。如：

①白银、白昼、黑夜、圆圈、死尸。
②硬骨头、软棉花。

银、昼,本来就是白的;夜,本来就是黑的;圈,本来就是圆的。在"银、昼、夜、圈"前面分别加上"白、黑、圆"表面上都是羡余信息,实际上一方面是双音化的需要,另一方面是语义强化的需要。辞书对①类的隐含的强化义不必释出,对羡余成分白、黑、圆,也不必释出。但是对②类的"硬"、"软"不能只释表层义,而应该释出深层义："硬骨头"是"比喻坚强不屈的人"(《现汉》),"软棉花"是"比喻不坚强的人"。

(2) 正反对比的组合,使语义强化。如：

①软骨头、活地狱、活阎王。
②活死人、活尸、活死尸。

①类的"软"和"骨头","活"和"地狱"、"阎王"正反对比,使语义强化,且带有比喻性的深层义,因此《现汉》把它们分别释为："比喻没有气节的人"、"比喻黑暗悲惨的世界"、"比喻极凶恶的人"。

②类的"活"和"死人"等正反对比,使语义强化,但带有特指的深层义,因此《现汉(补编)》把它释为"指反应迟钝、动作笨拙的人(骂人的话)"。

在同一义位递加式的组合里也有强化义位的作用:前沿的前沿,外行的外行。

4.1.6.6 显化

义位在概括事物时把某些属性隐含起来,吕叔湘(1980)说是把外界事物的无穷细节放弃一部分,"说是'放弃',并不是不要,而是不明白说出来,只隐含在里边"。一个义位中这类隐含的义素就是潜在的隐性义素。在义位组合时,常因语义结构中关注焦点的突出而激活某一义素,使某一隐性义素常常显现出来。这是义位具体化的另一种情况。"雷"这个义位是:"云层放电时发出的响声"。(《现汉》)这是本质属性。还有一些非本质属性,于是在下列组合里它显现出不同的隐性义素:

迅雷不及掩耳——"迅速"义素由暗转明;
如雷贯耳——"大声"义素由暗转明;
暴跳如雷——"猛烈"义素由暗转明;
雷霆万钧——"威力大"义素由暗转明。

"风"是"跟地面大致平行的空气流动"。这是本质属性,舍弃了非本质属性:速度、方向、声音、温度、时间。而在下列组合里,显现出的是速度快:

风行雷厉|风驰电掣|风卷残云|风起云涌|风风火火|风马云车|走起路来一阵风(快而轻飘)。

"梯"在"梯形"里突现的是外形,在"梯田"里突现的是层级,在"梯队"里突现的是"依次相接"。德国学者里普加(Lipka,L.1985)把诸如此类的现象叫"孳生特征"(infevential features),是"由上下文和非语言环境产生的特征,它是补充性的,非固有的。"(符淮青 2004:330)其实,这不是历时性的孳生,而是原来固有义系在组合中的显化。这些显化了的隐性义素,辞书在相关条目的释文中要酌情选择释出。

4.1.6.7 广化

义位的广化,有两类情况:
(1)专名义位→通名义位。如:

　　她们是当代的包公|我们是伯乐|这些人是诸葛亮|她们是体育场上的穆桂英|他们都是阿Q|达到科学的珠峰。

(2)普通义位在固定组合里扩大了义域:
就语素义(M)和义位(G)的关系来说,如果语素义组合义值小于义位义值,就得出广化的泛指(E)义位。其公式为: $M_1 + M_2(+ M_n) < G \rightarrow EG$。如:

　　胸 + 像 < 腰部以上的人像(《现汉》)
　　　　→"胸"泛指腹胸颈头
　　车马 + 费 < 交通费(《现汉》)
　　　　→ 泛指车船机费
　　手 + 表 < 戴在手腕上的表
　　　　→"手"扩大至腕
　　脱 + 产 + 学习 < 脱离直接生产或工作,专门学习
　　　　→"产"泛指生产、工作

这是词的常规义位在语境中的扩大。词汇语用学(lexical pragmatics)称之为"语用扩充"。辞书对这类词语的释义,应该从语素义的表层义扩展为实际运用的义位。

4.1.6.8 狭化

义位的狭化有两种情况:
(1)在固定的义位组合中的狭化
就语素义和义位的关系来说,如果语素义组合义大于义位,就得出狭化的特指(D)义位。其公式为: $M_1 + M_2(+ M_n) > G \rightarrow DG$。如:

离 + 休 > 老干部离职休养
　　→ 特指解放前参加革命工作的干部离休
收 + 心 > 把放纵散漫的心思或做坏事的念头收起来
　　→ "心"特指不好的心思和念头
守 + 业 > 守住前人所创立的事业
　　→ "业"特指前人的事业
排 + 外 > 排斥外国、外地或本党派、本集团以外的人
　　→ "外"特指某范围之外的人
断 + 路 > 断开电路
　　→ "路"特指电路
美／佳 + 人 > 美貌的女子
　　→ "人"特指女子
老 + 脸 > 年老的人指自己的面子
　　→ "脸"特指自己的面子

辞书对这类词语的释义，应该从语素义的表层义缩小为实际运用的狭窄的义位。

（2）在临时的义位组合中的临时狭化，这是辞书暂不反映的。共有三类：

①义位之间的偏正关系自由组合和半自由组合，其中一个义位狭化。如：

英俊 + 少年 > 英俊的男少年
　　→ "少年"指男的
俊俏 + 孩子 > 俊俏的女孩
　　→ "孩子"指女的
宇宙 + 人 > 地球之外的人
　　→ "宇宙"指地球之外的
个人 + 问题 > 个人的婚姻问题
　　→ "问题"指婚姻问题

大龄+青年 > 年龄大的未婚青年
　　　　　→"青年"指未婚青年
民族+干部 > 特指少数民族干部
　　　　　→"民族"指少数民族

同类的例子还有"民族地区、民族文字"等等。再如：

服装+城 > 做服装生意的城中的一个区域
　　　　→"城"特指城中的区域或一个场所

同类的例子还有"美食城、游乐城、大学城、汽车城、商业城、啤酒城"等等。这种用法古已有之，唐朝李泌藏书汗牛充栋，其家被誉为"书城"。后来，鲁迅在《论毛笔之类》里有"国货城"。

②义位之间的并列关系自由组合，后一个义位或义丛狭化。如：

"团员和青年"的"青年"指团员以外的青年。
"各民族党派、各人民团体、各少数民族和全国人民"的"全国人民"指上述"党派"等之外的人民。
"核武器和一切大规模的杀伤武器"中的后者不包括核武器。

这一类是义域小的词语在前，义域大的词语在后。有时后者之前还要加上统括词，如"一切、所有、全体、全部、各种"等。

③前后小句包括表全的义丛和表独的义丛，前者狭化。如：

什么都不要，只要那件纪念品。
世界各地都走遍了，只有莫斯科没去过。
宝玉和众人都起身让座，独凤姐不理。

这一类是义域大的词语放在前面，义域小的词语（包括在义域大的词语中，是全中之一）放在后面，前后有表统括和专独的词（副词或连词）呼应：都……只（就）；都……只有。这是表层的非逻辑组合，深层的强调。也是词的常规义位在语境中缩小，临时狭化，词汇语用学称之为"语用收缩"。

4.1.6.9 褒化

是中性义位倾向化之一——扬升、转佳。

某些(∃)抽象(A)的,意义中立(NE)的名词(N),进入下列五种组合框架里,常由中立义位转化为褒义(m)变体。即陪义褒化。

(1)(很/非常)有 + (点/些) + (∃、A、NE)N→Nm

有本事|有分量|很有特色|非常有气派|有水平|有思想|有点见识|有些眼光|有办法|有道德|有意志|有模样。

(2)干/打/玩/赛/混 + 出 + (个) + (∃、A、NE)N→Nm

干出(个)样子|打出(个)情绪|玩出(个)水平|赛出(个)风格|混出(个)人样。

(3)(真/ 不/ 很)是/ 算 /像/ 够/ 成 + (个) + (∃、A、NE)N→Nm

真是时候|算个人物|像个人样|够意思|很够交情|不成样子|不成比例|是个数目|很是个本事|是条汉子|非常像个样。

(4)Na + 是 + Na→Nam(常含有"地道"、"标准"、"像样的")

(这饭店里)饭是饭,菜是菜。
(她长得)眼是眼,眉是眉。

(5)(∃m)V + (NE)N→Nm

发挥作用/ 力量/ 水平|推荐产品/ 学生/ 图书|赞美家乡/ 品德/ 精神|挑选品种/ 商品|弘扬民族文化|表扬学生|憧憬未来|仰慕学者/诗人。

离开上述框架,有的中立义位在一定的组合义丛里也可能褒化。如:

国饮:一国人普遍饮用的受欢迎的饮料。
绿都:绿化出色的城市。
绿文化:园林式的令人喜爱的文化。
精神食粮:文化艺术的好作品。

"战斗的一生"的"战斗"褒化为"积极拼搏、斗争"。组合中义位的褒化,早在孔子时代已经有了:"君子质而已矣,何以文为?"(《论语·颜渊》)的"质"褒化为"(要)好的本质"。

4.1.6.10 贬化

中性义位倾向化之二——贬降、变坏。

某些(∃)抽象(A)的,意义中立(NE)的名词(N),进入下列三种组合框架里,多由中立义位转化为贬义(d)变体。

(1)(很/非常)有+(∃、A、NE)N→Nd

有想法|很有看法|有情绪|有意见。

(2)闹/耍/摆+(∃、A、NE)N→Nd

耍态度|耍威风|耍心眼儿|耍气派|摆资格|摆威风|摆门面。

(3)(∃)V+(NE)N→Nd

捏造事实/消息/证据/案情/数字|坦白问题/事实|隐瞒历史|纠正发音|粉饰现实/太平|标榜自由/团结/军纪|炫耀身份/成绩/能力。

有的中立义位,在一定的组合义丛里,也可能贬化。如:

文山会海|教书匠|瞧那长相|副作用|太平官(庸官)|安慰官(闲官)|权力股(官势股)|孝敬项目(趋炎附势工程)|课桌文学(课桌上乱刻写的诗句议论等)|小报告(不确切的或不好的或不正当的汇报)|一团和气(无原则和气)。

上述褒化和贬化的义位的组合体,在辞书中有两种处理办法:

(一)酌情选收一些组合体立为条目,如《现汉》及其《补编》收了"闹情绪、闹意见、摆架子、摆门面、摆样子、文山会海"、"副作用"。汉外词典收选的应该更多,因为那些组合体是外国人难以掌握的。

(二)在单字字头下,列出专门义项,列举带有褒化或贬化成分的组合体。如《现汉》在"耍"字立出一义项——"③施展;表现出来(多含贬

义):~笔杆|~脾气|~威风|~态度。"《现汉》和其他辞书对上述的"有、干、打、玩、赛、混、是、算、像、够、成、摆"等带褒贬义组合成分的描写尚属空缺。详解词典应当填补这类空白。

除了上述组合意义类别之外,还应有反化(逆化)、转化、简化、丰化、确化、深化、淡化、隐化(王宗炎,1998)等。限于篇幅,不再阐述。

总之,上述义位组合义,一类是基义变体,一类是陪义变体;一类是语义性的,一类是语用性的。这些变体,有的语言学家称为"涵义"(指关系义)而不是"意义"(指指称义)。

这一节所说的"组合意义"是某个义位跟有限的一些义位组合才产生的义位变体,而义位变体本身不具有称谓事物的功能,整个义位组合体才具有称谓事物的功能。

第二节　义位语境论

4.2.1　语境学说简史

晋代的杜预已经认识到《春秋》经一字未能褒贬,需"数句以成言"。南北朝刘勰已经论述了字、句和篇章的关系。唐代贾公彦在《周礼·秋官·小行人》义疏中已经"据上下文",把单言的"国"解为"诸侯国"。清代袁仁林进一步提出"此等用法,必由上下文知之"(《虚字说》)。

欧洲中世纪哲学家对词语在命题语境中实际用法的意义已经发生了兴趣。德国数理逻辑学家、现代哲学创始人弗雷格 1884 年在《算术基础》中提出一条基本原则——必须在句子联系中解释词。他说:"不能孤立地解释一个词的意谓,而必须在一个句子联系中解释它。"(王路 1996:40)后人称之为语境原则。分析哲学的先驱维特根斯坦 1922 年在《逻辑哲学论》中强调:"只有在命题的语境中,名称才有意义。"语境作为解释语言的社会功能的手段,是 20 世纪以来的新学说,它是以索绪尔的"结构段"为前导的。

1923 年,英国人类学家马林诺夫斯基确立"语境"概念,并区分为"文化语境"(context of culture)和"情景语境"(context of situation)。1927 ~

1934年,德国语言心理学家布勒尔提出每个符号的三重功能关系(对事物的描述、由传者表达、对受者的指称),由此认识到语境和语言的不可分割性,并导出语境具有明确性和可分性。1932年陈望道提出"情景"。20世纪30年代,伦敦语言学派的创始人弗斯的主要学说之一便是根据语境来寻求意义,他创立了完整的语境理论。他说:"离开完整语境的任何意义研究都没有意义。"1966年,纽约市立大学萨洛蒙教授认为,语境包括上下文、整个环境、使用者。1971年,曾任欧洲语言学会会长的英国语言学家罗宾斯认为,"语境即有关话语作用——意义——的信息能够得以说明的基本框架"。法国圣克鲁师大教授笛卡穆普斯提出了"语境结构"。哈里斯(1990)突破索绪尔的语言符号二维性(任意性和线性),提出语言符号的三维性:语境性、同时性、交际相关性。(见 *Linguistic Abstracts*, June 1999 Number2 Volume 15M/10)莱昂斯、莫里斯、卡纳普、斯泰兰克等人都给语境下过定义。以主流趋势而论,语境的界定趋于宽泛,包括下文要讨论的主体、客体和语言三类六种语境。

4.2.2 主体语境——语境 A

语境 A_1——交际者。1980年美国版《大英百科全书》在说明现代修辞学和传统修辞学区别的时候,把"说、写者"和"听、读者"的关系称为一种语境。我们把这两者概括为发者和受者,即编码者、解码者,再概括为交际者。人是语言方程式中的常量,交际者是言语行为的主体(subject),中心环节,是言语方程式中的变量。这个变量因子包括:年龄、性别、民族、社团、阶级、职业、文化、信仰、修养、心理、个性、志趣、情操、感情、联想、思想、目的(意图/动机)、态度、经验、地位、作用、了解、关系等等。其中心理(广义)因子,有人认为是"语境的实质",语境就是心理场(冯炜,1994)。交际者有显性的和隐性的。显性的是直接参与的交际双方。隐性的是间接的、有第三者制约的,如书信体小说等文艺作品中的交际者,现实中的某些对话者。

语境 A_2——副语言。交际者使用的副语言(主要指无声语言/silent language)构成了副语言环境(paralinguistic context)。这个环境包括如下

因子:

(1) 身势语:手势、头势、背势、肩势、脚势及其他姿态。
(2) 面目语(情态语):眼、眉、嘴、唇、舌等表情意动作。
(3) 音响语:哼、嘶、掌声、咳声、吹、打、敲击声等。
(4) 距离语(体距学):距离的远近或有无,握手、拥抱、接吻、搂脖、挽臂、拉手、拍肩、抱腰、拉钩等。
(5) 标志语:披麻戴孝、黑纱、徽章、标牌、戒指、服饰等。

培根在17世纪初倡议用科学方法研究手势语。其第一个响应者布尔沃在1644年写出一本《手势语》。接着便出现了一批研究用无声语言表达思想感情的作者,如达尔文、贝尔、霍尔、伯德威斯特尔(1952《身势语入门》)、法斯特。有学者统计,无声语言和有声语言在交流思想感情中各占75%和25%或65%和35%。虽然这个比例数未必那么科学,但是已从中报道出无声语言的重要性这个值得重视的消息。

4.2.3 客体语境——语境 B

它是语言之外的因素,因此叫外部语境。也叫大语境、宏观语境、情景语境、环境上下文、环境词围。

B_1 小背景,即言语的具体情景,包括时间、空间(含自然环境)、场合、方式(交际的正式程度、媒介)、事件、实物、话题、前提、速度、自然景物等。

B_2 大背景,即言语的社会背景,包括社会、民族、历史、地域、文化、传统、习俗、社会规范等。这是一个民族交际者共同认知的客体因素,共有的背景知识。

4.2.4 语言语境——语境 C

言语环境就是语流(语境)、言语词围、小语境、微观语境、内部语境、语言环境(linguistic context),通称言语上下文。美国哲学家莫里斯把它叫语形学。

C_1 言语近境,包括上下词、上下句。

C_2 言语远境,包括题旨、上下段,有关的篇章、著作、谈话以及语体、风格(雅/俗)、语域(register,在不同的交际领域里使用的语言变体)。

C_1、C_2 里都包括逻辑语境、语法语境(该语言的语法规则背景)、语用语境(含语体、风格诸参数)、语音语境(含语调、语气、声调、重音、语速、停顿、延长、音高、音质等)。

4.2.5 语境的界定

广义的语境,指 A、B、C 三类语境。

狭义的语境,或者指 A、B(都是语言外部因素),或者指 B、C,或者指 A、C(都是言语活动的现实因素),或者指 C。

义位的组合意义(见 4.1.6 节)研究的是在 B 类语境影响下义位的若干变异意义,即义位变体。而下文所谓的"义位的语境意义"的"语境"多指 A、B 类语境。

4.2.6 义位语境意义

义位的"组合意义",是在 B 类语境中,受语言内部因素影响的结果,主要是一个义位受近邻或远邻的义位语义溢出作用而获得的新义。义位的"语境意义"则是受语言外部因素影响、补充、作用的结果。这就是格赖斯区分出的两种会话含义之一的特殊性会话含义(另一种是一般性会话含义)。有时称为"偶发义"(区别于"继发义")、临时义、上下文(广义)义、会话寓义。它比语义意义复杂、丰富,且多不能分析为义素。

语境意义的载体大多数是话语(utterance)。它的形式可以是句子,也可以是词语。如果表层以词的形式出现,那么深层就是一个义位。

话语和句子是有区别的:(1)单位不同。句子是游离于语境之外的语言单位,按语法规则组词成句,是多次言语行为结果的抽象。话语是一定语境中的言语交际单位,可以是完整的句子或几个句子,也可以是句子的一部分或一个词,是一次言语行为的结果。(2)意义不同。句子的意义是抽象的、简单的,即所谓"自然意义"。话语的意义是具体的、丰富的,它体现了传者的意图、种种语境义(如言外义),即所谓"非自然意义"。

同理,一个单独的、游离的义位,无所谓丰富、正误、美丑、准确与不准确、生动与不生动。只有它以自己的语义特征进入义丛、句义、段义、篇义等高一级单位或复杂的语境时,才能显示自己的丰富多彩的语义特征,或失去部分旧义素,或获得新义素。义位语境义的求得,依靠从部分到整体,从整体到部分,反复理解。这就是施莱尔马赫、狄尔泰、海德格尔、伽达默尔等释义学的观点。

4.2.7 义位语境意义的性质

(一)语用性

利奇(1987:455)用四条标准判别意义的语义学和语用学范畴分野。其中第一条(是否考虑到言者和听者)、第二条(是否考虑到言者的意图和听者的解释)、第三条(通过语言所实施的行为)是主观语境,第四条(是否考虑到语境)是指的客观语境。牵涉到四条之中一条的意义,就是属于语用学范围,而不是语义学范围。显然,义位语境义,至少牵涉到一条。

(二)外部性

会话寓义(conversational implicature)以及会话中义位寓义,不完全是由语音、词汇、语法等语言形式反映出来的;语境也赋予其意义,突现一些或部分语义特征。因此布龙菲尔德认为,意义就是语境。语言信息始终是受许多前提即语境参数制约的,而这些参数大多是变数。语用学就以这些变数为参数对言语意义做尽可能的逼近描写。实验社会心理学(experimental social psychology)在1967~1968年前后的研究项目之一就是把语境作为语言处理的焦点。奥斯汀、赛尔勒、维特根斯坦等哲学语用学派认为,不从言语情景(speech situation)角度考虑,不可能研究意义,传统语义学所研究的意义是不存在的。"在大多数情况下……词的意义在于它在语言中的使用"。(维特根斯坦)以弗斯和韩礼德为代表的伦敦学派认为,情景决定意义。"意义并不是在言语形式的本身,而是由言语形式的三种关系的类型所组成的:(1)一类语言形式和另一类语言形式的关系;(2)言语形式和非言语环境(物体、事件)等的关系;(3)言语形式和参与交际行为中的人的关系。"(弗斯)"语言和环境相互密切地纠结在一起,语言环境对于理解语言来说是必不可少的"。(马林诺夫斯基)语境是在句中以前提形式出现的意义成分。(利奇,1987:407)而一个义位在各种语境(包括实际的和潜在的)中遇到的全部正常关系,称为它的语境关系(contextual relations)。靠语境关系选择(selection)、调整(modulation)、突出(highlighting)、隐退(backgrounding)语义特征;夸张地说,语境决定了义位。(克鲁斯,1986)

　　语境,许多是语言的外部因素,因此由它赋予的意义是外部意义,不是语言单位内部固有的意义。古人称之为"言外之意"、"意在言外"、"弦外之音"。这类意义,字典里无法注明。通常说的意义是"字面意义",也叫认知意义、命题意义、语言意义、词汇意义,是词典里注明的。

　　(三)反常性

　　格赖斯仿效康德的办法,把会话的原则概括为四个范畴:量(信息内容适量)、质(真实、有根据)、关系(话要有关联)、方式(清楚明白)。遵守这些合作原则的意义是一般含意。它有三种性质:不可取消性(non-defeasibility)、可分离性(detachability)、不可推导性(non-calculability)。违反合作原则而又使人能觉察到,这样的意义就是特殊含意,即反常意义。这类意义都具有可取消性、不可分离性、可推导性。

　　可取消性,指如果条件变了,话语就取消了。如"他跑第一,如果我没看错的话。"其中"如果"条件变了,"他跑第一"就不成立了。"不可分离性",指含义依靠客体语境,会话含义不能用言语形式、语境分离。如"亚当·斯密(《国富论》作者)打败了拿破仑"(a)"威灵顿将军打败了拿破仑"(b)。a句不能离开英国国力的创造史,b句不能离开军事战场。可推导性,指可从言语形式推导出新含义。如"你是诸葛亮转世",可推导出"政治或军事有奇才,足智多谋,神机妙算"等。

　　有人由此归纳出一些附属性质:临时性、言语性、不确定性、依附性(寄生性)、共生性、目的性、暗含(潜在)性、具体性、复杂性、丰富性、灵活性、新奇性,等等。总之,都是反常性派生的。这类共时义变,是历时演变的前奏,因此不能写入词典里。

(四)主体性

一个义位受语言使用者(user)的影响,产生了一些变异或差异。其影响的因素包括传者的意图、受者的领会以及双方思想感情、联想等。这样,义位常改变义值,也包括带上主体感情附加义。如婚前的一对恋人说:"我们的事快办吧"。这"事"指结婚喜事。"牛"这个义位,所指意义(referential meaning)对一般人可能是相同的,但联想意义则不同:中国人联想到的是勤劳,印度人联想到的是神圣,欧美人联想到的是肉和奶的奉献者。

4.2.8 义位语境意义的特征

韩礼德(1980)把社会符号系统中的语境特征分析为三方面:场(field),指参与者正从事的活动;旨(tenor),指参与者的关系;式(mode),指语言的方式、形式及其作用。场、旨、式中的实际情景因素就是语境变元(variable),由它们组成了实际的具体的语篇的语境构型(contextual configuration)。

在语境构型里,受语境变元的影响,语境义位是可变的(changeable)。而语义的义位是恒常的(constant)。其可变性主要表现为五个方面。

(一)量的特征

从义位量的信息上看,语境义位跟语义义位相比,除了有许多义位相等之外,还有许多产生了变量:少于、小于或多于、大于原来的信息量。

在文章或发言中,"我们认为……"中的"我们"有时特指"我",暗含谦虚。在课堂讲课时用,其义趋于虚化,人称义趋于零。

在对话中,"你们学校/工厂……"中的"你们"有时特指"你"。不以等量直指对方,古今中外都是表敬重要方法之一。

"您好"平常人用,有敌意的外交官也用。这个"好"已经从评价或认定好坏的"好"这个泛指义转为一种专用义:友好或礼貌应酬。义位在实现应酬功能(雅柯布逊)时,常有类似的变异。

(二)质的特征

从义位的真实性上看,语境义位跟语义义位相比,常发生违背真实的情况。苏叔阳在《故土》中说:"只要别人带着夸张的口吻说'哎呀,你真年轻',那就意味着被夸赞的人实际上已不年轻,或者甚至很老了。"其实这是受制于主体环境——被夸赞的不是年轻人。如果是老人夸赞年轻人,"年轻"的失真性就小得多。

(三)范畴特征

从义位的范畴特征上看,语境义位跟语义义位相比,常发生义位的上下位转移的情况。"老板"原来大多指男的,因此才说"老板娘"(指老板的妻子)。现在又说"他是我们的老板爷"(指老板的丈夫),这个"老板"显然是指女的。可见"老板"在一定的语言环境中上升为上位义位。

"保姆"本来指女的,在"找个男保姆"中的"保姆"泛指男女保姆,上升为上位义位。

"学习语言必须注意学习语法"。在现代汉语课堂上,"语言"下降为下位的"现代汉语";"语法"下降为"现代汉语语法"。在英语课堂上,分别下降为"英语"、"英语语法"。

(四)表意特征

从义位义素的隐显状态上看,语境义位跟语义义位相比,义位的主要义素不变,某些义素(欲突现的,欲提取表达的)由潜在的、隐性的呈现显性状态。某些义素(欲舍弃的)处于隐性状态。格雷马斯(1966)称为"义素悬置"。如:

豆腐块文章:突现小块面积,隐去小块体积;
豆腐心:突出"软的",隐去"白的"、"嫩的"等;
金子般的心:突现"纯正",隐去"金黄"、"贵重"等;
金子般的东西:突现"贵重",隐去"金黄"、"纯正"等;
金子般的霞光:突现"金黄"、"光亮",隐去"贵重"、"纯正"等。

克鲁斯(1986)曾以汽车为例,说明不同语境突出其部位、性能、重量或外表等。他认为:"语境强调某些语义特点,掩蔽或抑制其他语义特点……语境对包含一个词汇单位的这种影响叫做调整(modulation)。"其中包括"语义特点的相对突出(highlighting)或隐退(backgrounding)"。这是话语层面的择取或消除。(格雷马斯,1999:47)虚词的语法意义在语境中也可以发生同样的隐显变化。

(五)特指特征

从义位的特指特征上看,语境义位跟语义义位相比,常由非特指的(non-specific reference)变成特指的(specific reference),即指某个个体事物,实现了特指性。因而,语义义位是封闭性的(closed),语境义位是开放性的(open)。这种开放性可以表现在一般义位上,但更多地表现在索引词语(哲学、逻辑学指受语境制约的词语)所表示的义位上——人称代词、指示代词、时间名词、情态词、概率词(含确证度的词,即模糊性较强的词,如"东西")等。含索引词的句子叫索引句。美国的蒙塔古肯定了索引词语理论是语用学的一个突破。如:

宋庆龄,生活中的她还是她:"她"特指宋庆龄。
北京这边一切顺利:"这边"特指北京。
明天春节是个好天气:"明天"特指春节。
今天在路上碰见一个老熟人:"老熟人"特指特定时地碰上的那个人。
买了点东西:"东西"可以指特定时地的几个实物。

再请比较下列两个常用的例子:

①客人来了。
②来了客人。

一般认为"客人①"是特指的、有定的、意中的;"客人②"是泛指的、无定的、意外的。如果把②句的语境变更一下——使"来了"之后有稍长的停顿,那么"客人②"还是特指的、有定的。

言语中的义位具有定位性,指在特定的时、空、事中的一般义位变为特指义位。

4.2.9 义位语境意义的类别

科学史告诉我们,类别显示着系统。参数不同,类别也不同。义位的语境意义类别,当然应以语境为参数。

(一)A类语境意义,即主体语境意义。义位在言语中必然受交际者的种种参数的影响。交际者包括传者和受者的关系以及传者一方的关系——句中主语的"我",言语主体的"我"(如叙述者),内在的"我"(即控制言语主体的"我",如作者等)。确定"我"在时、空、事件中的位置以及跟语言符号的关系,这是所谓的定位功能。交际者定位,代词确定所指,某些义位才能确定意义。如在《红楼梦》里多次用了"小蹄子":如果是贾母、王熙凤等对奴仆,则是对青年女子的骂称;如果是长辈对儿女或小姐,则是昵称。如:

贾母一见了紫鹃,便眼内出火,骂道:"你这小蹄子,和他说了什么?"(《红楼梦》第五七回)

他娘笑道:"小蹄子,你走罢!"(《红楼梦》第六十回)

又如"火!"——如果是消防队瞭望哨喊出的,是指"失火"或"有火警";如果是战场侦察员喊出的,是指信号或战火;如果是吸烟者说出的,通常是要点烟的火。

(二)B_1类语境意义——小背景意义,即场合义。如说"死了!"场合不同,意义也就不同:如果是在医院里,多指病死了;如果是在战场上,一般指战死了;如果是在屠宰场,常指牲畜被杀死了;如果是在玩象棋,是指主帅被将死了。

(三)B_2类语境意义——大背景意义,即社会文化意义。广义的社会文化包括社会、历史、民族、宗教、心态、习俗等方面的文化。其中常见的是一个义位的时代义和民族文化义。这类意义都反映着自然的人化物或人文现象。其载体是具有文化历史背景的词(culturally-loaded words)。

时代义的甲类是,古今的一个义位反映着不同时代的该事物"人化"程度或人文程度。例如:

电:古人的认识是"闪电",是雷雨的伴随现象,因此古人造的"电"字上面用个"雨"部。《说文》说它是"阴阳激耀也",《文心雕龙》认为"震电始于曜电",都具有一定的科学性。16世纪吉尔伯特提出"电"这个科学术语,17世纪德国格里凯制成了摩擦生电的起动机。现代人发现并利用了电的原理,指有电荷存在和电荷变化现象;这"电"已成为现代文明的主要标志。现代的"电"是个全新的义位。

车:古代传说,在新石器时代的晚期,黄帝已经会造车,故号轩辕氏。而且那个智慧群体是"见飞蓬转而知为车"。(《淮南子·说山训》)这大概是仿生学的原始信号。后来《诗经》中有"有车邻邻,有马白颠",杜甫《兵车行》有"车辚辚,马萧萧"。不管是帝车、民车,还是战车,都脱离不了古老的风貌。而陈毅诗句"万国车一轨"的车已经包含了火车、汽车等现代车辆,它们已经远离了周秦汉唐车的古形古貌。

时代义的乙类是,一些不同的义位反映着、代表着各自时代特有的人文现象或陪义(附属义)。如:连横(秦代)、鸿门宴(汉代)、三顾茅庐(三国)、藩镇(唐代)、三从四德(封建时代)、小米加步枪(抗战时期)、糖衣炮弹(五二年"三反"时期)、鸣放(五七年反右时期)、钢帅(五八年大跃进时期)、红卫兵(文化大革命时期)、开发区(改革开放时期)。

还有些义位有古今、新旧之分。例如,宋朝庆历年间,宋仁宗询问:"河北水灾如何?"对曰:"怀山襄陵。"又问:"百姓如何?"对曰:"如丧考妣。"仁宗退朝后愤然下令:"(今后)上殿奏事,并须直说,不得过为文饰。"可见,在宋朝,皇帝听起《尚书·尧典》的"怀山襄陵"(洪水包围了山岳,漫过了丘陵)、"如丧考妣"(指百姓死于洪水较多,令人像死了父母一样悲伤),已经有了"过为文饰"的隔世古奥感。又如:

  黎民百姓——人民群众   学堂——学校
  戏园子——戏院、剧场   报馆——报社
  伙夫、厨子——炊事员、厨师 水师——海军

义位的民族文化意义表现在许多方面。举要如下:

民族文化意义。某些义位具有民族特有的文化负荷,负载着民族特有的精神文明,即具有民族文化义素(национально-культурные семантические доли/сд/),这是义位民族个性(见 3.5 节)的一个侧面。

民族典籍文化义。汉语的"一日三秋"是《诗经》"一日不见,如三秋兮"的缩合,表示对人怀念之迫切。俄语把它译为 день кажется годом,英语译为 one day apart, seems like three years,都未表达出原来的典雅的丰富的文化义。

宗教文化义。《圣经》里的 Garden of Eden,汉语音译为"伊甸园",也表达不出原来的"上帝的园子"(有丰富文化义)及"人间乐土"的比喻义。

民族习俗文化义。一些义位的使用是依从民族特有的习俗、习惯,因而它们自然就带上各自的民族习俗文化义。

在外国许多植物、动物、食品类义位都可以代称恋人、妻子,表示亲爱、亲昵、温柔、甜美等陪义。其中植物类的居多:小卷心菜(法国)、美丽的山花(日本)、小白桦(德国波恩)、黄瓜(阿拉伯)、小树叶(芬兰)、小草(南斯拉夫加尔纽拉人)、玉米(刚果)。小动物类次之:鼠/小金丝雀(英国)、蛙(法国)、黄瓜虫(希腊)、小蜗牛(奥地利维也纳)、小蟋蟀(塞尔维亚)。食品类的再次之:蜜糖(美国)、饼干(波兰)、啤酒(立陶宛)、小蒜(兹库)。大约受了这些影响,鲁迅在给许广平的信中偶尔用了"小莲蓬、小刺猬"。汉语旧时谦称妻子为"糟糠、拙荆、山荆"。

中国的新婚妻子常对丈夫说:"从今以后我就是你的人了。"对此,西方人完全不理解。

最能反映东(中、日、朝等)西(英、美、俄等)方习俗文化差异的,是对恭维反映的策略模式不同。尤其是下面一段用中介语的对话:

美国青年约翰用中介语汉语说:"王小姐,你长得真漂亮。"

中国王小姐用中介语英语说:"Where, where!"(哪里,哪里)(按西方礼俗应说:"thank you!")

约翰惊奇地说:"哪里都漂亮"(everywhere)。

中美社会文化不同,聚焦在"individualism/个人主义"上。在美国,它是心态文化的主流;在中国,它是错误思想。

(四)C 类语境意义——语言语境意义,也就是"组合义",4.1.6 节已有专节论述。

(五)义位的语境零义

受交际者、场合、时代等语境参数的制约,某些义位的义值变为零。如:今天官员说:"走马上任",学生在解答不了问题时说"我不太懂",我们欢迎客人常说"扫榻以待"。加点的义位,其值为零。

4.2.10 义位语境意义研究的价值

义位语境意义的研究突破了语言的自足王国封闭系统,向言语使用扩展,向言语主体扩展,向言语环境扩展,使语义研究走上多元化、综合化的康庄大道。语言单位的义值不仅等于其构成单位的意义加上语法关系,还得加上各种语境义。

有利于探索义位在言语环境中的细微变体或变异,完成词汇语义学必须研究活语言的任务。

有利于求得自然语言动态真值,理解传者的话语意图、深层含义以及文学作品所表达的多元内容。许多语言哲学家认为,比喻、讽刺、外交辞令、间接言语行为(用问话或陈述表示请求,常含言外意。——密尔)多不是语词的表层意义,而是受语境影响另有深层含义。

有利于选择同义、近义的义位,提高交际水平。

有利于在第二语言习得过程中,在没有掌握目的语的情况下理解词语或话语。

传统的语言研究,特别是以索绪尔为先导的结构主义,其研究模式是"非语境"的,或者不系统考虑语境,尽管有人把索绪尔的"结构段"称之为语境说的前导。近来由于需要求得自然语言动态语义真值,特别注意并引入了语境这个变动的参数。语境之外无所谓语言或言语,无所谓义位、义丛、句义。语义学、语法学主要研究言语的正确性和可领悟性,而语用学(离不开语境)主要研究言语的真实性和可接受性。事实上,以语境为参数的言语研究已经并将继续获得新的发现。

第 五 章

义位演变论

第一节 词义演变学说简史

5.1.1 系统词义演变是语义学课题

从前的语义演变研究还只是对个别语义事实的观察和分类,因此有人认为,现代语义学的一些学派还没有把该部门研究看做语义学的组成部分。(徐烈炯,1993)可是事实上,事情正在发生变化。

19世纪最后二十年的情况是,保罗的《语言史原理》、达尔梅司脱的《词的生命》、布雷阿尔的《语义学探索》等多是着眼于个别的、孤立的、分散的词义演变事例。到20世纪前三十年,学者们利用了多学科(如哲学、心理学、社会学、文化史等)的成果,推进了词义演变的研究。作为这些成果的继承而又有所发展的是斯特恩1931年的专著《词义及词义的演变》。到了乌尔曼1951年出版的《语义学原理》,特别是1962年出版的《语义学》的第八章"词义演变问题",已经进行并展开了初步的系统的词义演变研究,把词义演变问题作为现代语义学的重要组成部分。这是合理的。因为词义是在历时和共时两个坐标中形成的。词义演变是词义结构体系的历时变化,历时现象也存在着体系。

许多经典作家都论述过,一切事物都必须置于一定历史过程中去考察,否则就不能全面地科学地认识事物。只有借助历时的研究成果,才能促使共时的研究全面、科学。只有了解太阳的历史,才能科学地认识太阳的现状。只有了解人类在自然史中的位置,才能科学地认识人类的现状。因此,赫胥黎的《进化论与伦理学》(旧译《天演论》)才说"社会中的人,无疑是受宇宙过程支配的"。同理,词义系统中的义位,无疑是受词义演变过程支配的。又"因为人和社会都同时处在历史和常态中,而所有全面完整的描写都必须考虑到以上两种状态",所以"对意义结构的历时性变化进行结构定义无疑是语义学的一个基本任务"。(格雷马斯,1999:365)

5.1.2 心理学模式

心理学倾向是传统语义学的倾向之一。

19世纪中叶以后,德国理论语言学家斯坦塔尔强调了语言学属于心理学,主张用表象运动规律说明语言的发展。表象,是事物大体形象在大脑中的再现,具有初步的概括和抽象,是感性认识的高级阶段。开始于事物作用于感官,在头脑中形成痕迹,然后改造、组合,即由个别、部分、直接发展为全体、整体、间接,形成心理编码,再现于头脑。它形成认识的作用是直接的,词语是间接的。

19世纪末至20世纪初,许多学者主张从心理学角度研究词义变化。

法兰西学派第一代学者,在索绪尔门下受业十年的格拉蒙,1895年发表论文,强调语言变化的心理原因不可忽视。跟格拉蒙同龄、同门、同学派的而名望更高的梅耶也主张研究语义演变要注意心理因素,词义演变是心理过程。

20世纪的最初三年,德国的心理学家、哲学家冯特在他的《民族的心理——语言》(1900)、《语言的历史和语言心理学》(1901)、《民族的心理因素》(1912)等著作中,尽可能用心理学解释青年语法学派所研究的问题之一——语义的演变。(康德拉绍夫,1985:77)他认为"语义转化的研究最终应该永远归结为心理研究"(1900)。他根据联想规律把语义变化分为两种:(1)诱因多次出现而产生的正规的(一般的)变化,包括观念的联想和感觉(感情)的联想两小类;(2)诱因突然出现而产生的个别的(特殊的)变化,包括特殊联想、特殊转化和隐喻性变化。(高名凯,1963:223)原来,18世纪上半叶之前,有相似律、接近律和因果律三大联想定律。到18世纪上半叶,英国哲学家哈特莱概括为接近律,分为同时联想和继时联想。因此他被称为联想主义心理学创始人。到19世纪初期,又出现了赫尔巴尔特联想心理学。受了这思潮的影响,冯特认为"只有联想的一般规律才是语义变化的规律"(1900),把具体联想分为"近似的联想、接近的联想及对立的联想"三种基本过程。在联想之外,他又补充一个重要原因——统觉,它把基本联想结合成整体。(高名凯,1963:222)冯特并没有照搬德国赫尔巴尔特的联想心理学,而是突出了集体心理主义和唯意志论,反对个人主义,强调社会决定个人。

乌尔曼的《语义学原理》(1951)和《语义学》(1962)都强调联想。他认为联想有名称联想,观念联想;相似联想,相近联想。

5.1.3 修辞学模式

18 世纪,意大利哲学家维科注意到了语义演变中的隐喻现象。在传统语义学早期背景下,19 世纪 80 年代初期保罗提出演变的四种修辞规则:夸张、曲言、恶化、好转。19 世纪 80 年代后期,以达尔梅司脱(1887)为代表的研究者,从修辞学角度观察分析了词义演变现象。到 20 世纪 10~30 年代,布龙菲尔德从修辞角度增立七类词义演变规则:隐喻,换喻,提喻,夸喻,曲意,贬低,抬高提升。这七类,主要视角是修辞学。按照布氏(1980:527~528)的解释,隐喻不言自明(相似,象征),换喻是时空义接近,提喻是部分与整体相联系,夸喻是由强而弱,曲意是由弱而强。布氏在长达二十多页阐述之后,引了一句有名的令人深思的谚语:"语言是一部褪了色的隐喻的书"。20 世纪 40~50 年代,雅柯布逊认为隐喻和换喻是言语活动的两大支柱。1980 年雷科夫等的《我们生活在隐喻中》认为,隐喻遍布于日常用语中。雷科夫(1993)认为,话语是一个包括传统隐喻表达的有机体系。"人类思维是隐喻性的"。(里查兹)用隐喻构成的词义,在许多语言中都占了一多半。

5.1.4 逻辑学模式

词义演变的逻辑模式,就是从概念的内涵和外延观察、分析词义的演变。

新柏拉图派是罗马帝国衰落期(公元 3~5 世纪)的哲学派别。其中雅典派最重要的代表人物普罗克洛从公元 437 年起主持学园讲学,在他

的《柏拉图对话集评注》等著作中,已经列举了词义扩大、缩小等情况。(乌尔曼,1962)

1880年,德国新青年语法学派的主将保罗出版了颇有影响的专著《语言史原理》(*Prinzipien der Sprachgeschichte*,1880年1版,1886年2版,1898年3版,1909年4版,1930年5版,1960年俄文版),起初讲的是扩大、缩小、转移,后来又补充了第四类型——其他(包括夸张、曲言、恶化和好转)。从1897年法国的布雷阿尔的《语义学探索》、1902年汤姆逊的《语言学史》开始,多部语言学著作介绍过保罗的说法。20世纪20年代初的房德里耶斯《语言论》和30年代初的布龙菲尔德《语言论》以及50～60年代的乌尔曼的几部语义学著作,70年代的弗罗姆金和罗德曼的《语言导论》,90年代的福米纳的《现代俄语词汇学》、《剑桥语言百科全书》都介绍过应用过保罗的说法。在中国,从30年代至60年代,王力先生在一些著作中多次把保罗的说法定为"扩大、缩小、转移"。直至现在通用的叶蜚声、徐通锵的《语言学纲要》、黄伯荣等的《现代汉语》都在讲"扩大、缩小、转移"。这三分说,主要是从外延视角观察词义演变的,可以称为保罗说的简单化、定律化。这简单化的定律,一直在中国语言学界通行了半个多世纪。事实上,词义演变远比这三分说复杂得多。

5.1.5 历史学模式

历时分析(diachrony),与共时的(synchrony)相对,雅柯布逊反复强调二者的区别仅仅是一种观点,而不是语言本身所固有的。历史学模式涵盖则较广,其中包括历时分析这个观点或方法。

20世纪20年代初,德国学者魏兰德主张用历史原则研究词义演变。(高名凯,1963:224)他的中心议题是新义的起源。所用的方法是广义的历史法。主要内容是探索词义演变的语言外部和语言内部因素。虽然他的历史原则贯彻得不彻底(例如搀杂进逻辑原则),又没有较大地推进词义演变研究,但是他对词义演变内外因的区别,却是富有启发性的。1931年,斯特恩企图把历史原则、心理原则和逻辑原则交织成综合原则,(高名凯,1963:225)实际上他不是综合描述词义演变规律,而是探讨词义演变的内外因。继而,1959年俄国学者阿尔诺德在《现代英语词汇学》中提出词义演变的发生学分类方法,主要分析词义演变的内外因(本来,发生学分类法,是指基于同源假说的对有谱系关系的各种语言的分类法)。以上内容,仅仅是历史学模式的一些侧面。此外,还应该有更丰富的内容:词义演变同语言内外诸多因素联系的类型,量变与质变历时描述,各语言间词义演变的共性与个性,个体演变同群体、种类乃至整体的联系,新义的萌芽、产生和发展,旧义的衰弱、消亡,资料怎样由个别片段进展到足量的抽样,再进展到穷尽的全量,一般和特殊规律的描述。这些内容迄今尚无系统研究。

5.1.6 训诂学模式

汉语训诂学在词义演变方面一贯使用引申说。

引申最早见于公元前4世纪《易·系辞上》的"引而伸之,触类而长之,天下之能事毕矣。"原来说的是引长八卦而伸尽为六十四卦,触逢同类事物而增长,天下所能有的万事都如此例。泛指由一事物延展推广到同类事物("引伸"后来多写作"引申")。最早把这一通义用于字词义是清代18~19世纪之交的江藩的《经解入门·说经必先通训诂》:"字有义,义不一。有本义,有引申义,有通借义。"稍后有江沅的《〈说文解字〉后叙注》:"本义明而后余义明,引申之义亦明。"

对引申义研究最有成绩者,在清代首推段玉裁。他在《说文解字注》中共列引申义780多条,分类总结了引申规则,如"体用引申"等。在段氏的780多条中,也有误杂入的假借义、通假义、由《说文》失当的本义和未详的本义误导出的引申义、以联绵词意义误做引申义。(周祖谟,1966:866~883)后来有人分析出多种引申。齐佩瑢(1942)的"缩小式、扩大式、变坏式、变好式、变强式、变弱式",显然源自保罗说。广义的引申,包括扩大、缩小、转移等等演变结果。

戚雨村等(1993)分出"比喻引申,借代引申,反正引申"。王宁把1983年的三分法改为1997年的二分法:理性引申,状所(事物的性状和本体)引申。其子类和他人的相关的小类,例释如下:

时空引申:"间"空间引申为时间。

因果引申:"厌"饱、过饱引申为嫌恶、讨厌。

动静引申:"鱼"鱼类引申为捕鱼。

施受引申:"纳"收受(纳福)引申为交付(纳税)。

反正引申:"乱"治引申为紊乱。有的包括施受引申。

实虚引申:"及"追赶上引申为达到某程度、连词和。(以上为理性引申)

同状引申:"题"额引申为题目。

同所引申:"横"门栓引申为横竖的横。

通感引申:"痛"是肌体疼痛感觉,"苦"是味觉,引申为心理痛苦。
　　(以上为状所引申)

致使引申:"苦"味苦引申为使受苦。

同极引申:即同步引申。"贵/贱"价钱高低引申为地位高低。

类比引申:有的归入比喻引申,"斗"酒器引申为斗星。

体用引申:"梳"梳子引申为梳理。

第二节　对保罗派逻辑学模式的检验

5.2.1　定量分析检验

在词义演变的心理学模式、修辞学模式、逻辑学模式、历史学模式和训诂学模式中,传播最广泛、最久远的是逻辑学模式,而且在中国把它简化为扩大(expansion)、缩小(narrowing)、转移(transfer)。我们简称为ENT模式。王力(1958:570)认为ENT模式包括了全部词义演变现象,扩大、缩小之外的都属于转移(广义的)。请看我们的两个典型抽样统计表。(图表5-1)

郭锡良等编的《古代汉语》上、中册(简称"郭本"),"词义分析举例"共选典型的意义演变词例157个,原编者注明"引申义"(广义)674项。按演变类型分别统计项数和百分比数。

图表 5-1

	郭本 674	所占比例	现汉 882	所占比例	平均所占比例
扩大	59	8.75%	61	6.91%	7.83%
缩小	66	9.79%	101	11.45%	10.62%
转移（狭）	257	38.13%	372	42.17%	40.15%
转类	144	21.36%	166	18.82%	20.09%
虚化	126	18.69%	65	7.36%	13.02%
实化	2	0.29%	65	7.36%	3.82%
深化	1	0.14%	33	3.74%	1.94%
扬升	5	0.74%	5	0.56%	0.65%
贬降	6	0.89%	8	0.91%	0.90%
强化	5	0.74%	3	0.34%	0.53%
弱化	1	0.14%	1	0.11%	0.12%
反化	2	0.29%	2	0.22%	0.25%

从《现汉》取样的方法是系统抽样法：第 1 页，第 21 页，第 41 页……，即每隔 20 页取 1 页，共得出演变义项 882 项（《现汉》有时把常用义项放在前面，统计时按历史次序），按演变类型分别统计项数和百分比数。

统计表中的扩大、缩小（见 5.3.3.4 节）、转移三类之和占总数的 58.6%。

统计表中的"转移"是狭义的，即只指两个义位由 A 义场转至相似和相近的 B 义场或同场内由 A 类转至 B 类。这样的转移占演变总数的 40.15%。如果把扩大、缩小之外的都归为转移，那么广义的转移所占的比例就高达 80% 多。这样它成了一个庞大的"不管部"。这不太符合科学分类的首要原则：全部对象都有科学的、合理的归属。如果有数量很多的对象被作为其他的堆放在一类，那么就不是科学分类。广义的转移中包括几个性质不同的演变类型，在 5.3.3 节中，将有详细分析。

转类，就是转移词类，请见 246 页。

5.2.2 对定性分析的检验

任何一种分类法，都是随着人类认识和科学的发展而改进着。达尔文的先导之一、18 世纪 50 年代瑞典博物学家林耐的对植物的二名法等分类法到 19 世纪被新的分类法代替了。奥地利病理学家兰德斯坦的血液分类法至今也有了改进。同理，保罗的词义演变逻辑分类法也应当改进发展。

改进之一,许多逻辑学家断言,自然语言没有逻辑。而语义演变复杂之极又远远超出逻辑学家和一般研究者的想象之外。单纯用逻辑法分析极其复杂的词义演变现象,是无济于事的。必须用多种方法,特别是用语言学分析方法才能真正揭示复杂的词义演变的规律。因此,保罗自己也没把逻辑原则坚持到底,在逻辑的三个类别之外,又增设了夸张、曲言、恶化、好转几个小类。布龙菲尔德(1980:527~528)增设了"隐喻、换喻、提喻、夸喻、曲意(见230页)、贬低、抬高提升"。但是,其中前五类是手段,后二类是结果,分类标准不统一。罗姆(Room, A.)的《词义变化词典》列出十一类:功能转换,缩小,贬降,扩大,关联转移,抽象化,扬升,弱化,科学调整,人为歪曲,强化。(汪榕培,1997$_b$:207)

改进之二,在逻辑方法内部,必须从内省式有限(简单)枚举法变为封闭域的定量统计法。在19世纪,许多学科惯用内省(introspection)式简单枚举法——用于认知事物(不是用于道德修),指内心省察观察而带有较多主观成分的认识方法。它长期广泛地使用着,但是有很大的局限性。因为它是根据有限的部分事实提出带有直觉的观点,然后再寻找、列举有限的事例。生活在那个时代的保罗,也逃离不了这种方法论的大气候,他的扩大、缩小、转移等也局限于列举有限的例词。如果只靠非科学的直觉,那么各种科学永远也不会达到当今的现代化的进步程度。"一种现象,在能用定量的方法表征它之前,不能认为它被彻底地理解,这是现代科学的基本信条之一。"(扎德)

第三节 词义演变综论和新说

5.3.1 词义演变界说

词义的共时性和历时性变化是不同的。共时性变化(synchronic changes)一般是言语的组合的语流义变,其结果多是义位变体的产生或义素的消失,这属于线性变化模型内的。历时性变化(diachronic changes)是语言的聚合的语义结构系统的变化,其结果多是义位的产生或消

亡,这属于非线性变化模型内的。对后者,常称为演变或发展。严格地说,发展包括演变。(高名凯,1963)

从现代语义学观点看,词义演变的单位包括:语义场、词位、义位、义素。

词义演变内容包括:

(一)语义场的消亡和新生,简化和丰化。语义场的学说使人们"更加注意相关的物质领域和社会领域的基础意义"。(斯威策,1990)否则,便失去观察词义演变的整体、系统、宏观视角。

(二)一般说的词义演变,都是限制在一个词位之内:词位中义位的新生和消亡,丰化和简化,易位,置换。词位新产生一个义位,即增加义位,也就是词位的丰化,有人把它叫做词义的扩大,这是不准确的说法。反之,词位中一个义位消亡了,即减少义位,也就是词位的简化,有人把它叫做词义的缩小,这也是不准确的说法。词位中的义位易位,就是义位的主次(核心和非核心)位置变易,或常用、罕用的位置变易("池"在古代的核心义是"护城河",非核心义是"池塘",后者今已升为核心义),有人把它叫做转移,这也是不准确的说法。置换,就是词位中的一个 A 义位被一个后产生的 B 义位代替了,有人把它叫做转移。这得分开说,因为 A 和 B 有两种关系:一种 A 和 B 有关系,即 A 引申出相关的 B,这是转移;一种 A 和 B("颁"的"头大貌"和"公布")没有关系,A 不能引申出 B,只是 A、B 借用一个词形,这当然不属于转移。

(三)词义演变的主要内容是义位和义素的多种复杂的演变。其中最简单的显而易见的,就是一百多年以来的人云亦云的"扩大、缩小、转移",这些从前人们主要着眼于词义范围即义域的演变,当然也包含部分义值(基义义素)的演变。褒贬化的演变,多数人着眼于褒贬陪义的演变,其实大多数同时包含着褒贬基义的演变。深化是义域不变,义值深度变了。

(四)新旧义位共存和非共存关系。在一个词位中,具有演变关系的新旧义位,有的同时共存,有的以新代旧,王力(1990:617,629)分别称之为"发展"和"变化",并分别比喻为"如牛生犊"、"如蚕化蛾"。什么叫同时共存呢？我们的界定是在现代汉语（以《现代汉语词典》为代表）中共存的（可能一个是义位，一个是语素义）。非共存，就是分别存在于古今汉语中。两种现象都属于演变。

（五）新旧义位分布的位置形成三种模型。

法国学者达尔梅司脱 1887 年提出辐射、连锁两种基本模型，俄国学者拉耶芙斯卡娅 1957 年补充一种交叉模型。于是形成了三种模型：

（1）辐射型（radiation）。初始义位具有多个可作为生长点的义素，由它们引申演变出多个义位，形成以初始义为中心的辐射网。中心义位与各辐射义位分别具有共性义素。

（2）连锁型（concatenation）。初始义位 A 只有一个可作为生长点的义素，由此引申演变出一个义位 B。同理，B 又引申出 C，C 又引申出 D，等等。这样便形成以 A 为始点的链条线。相邻义位具有共性义素，非相邻义位不一定具有共性义素。甚至，C、D 以后的义位远离了义位 A。这种模型"由一系列连续的变化构成"。（乌尔曼，1962：223）

（3）交叉型。辐射型中有连锁，连锁型中有辐射。

（六）义位演变的过程包括义位衰亡和新生的两种过程，有的词位只有其中的一个过程，有的词位兼有两种过程，仅以"穷"的两个义位为例。（见图表 5-2）

图表 5-2

	穷	
0	S_1 尽、完结	S_2 缺财物
1	常用于 A 语境——核心义	偶用于 B 语境——临时用法
2	A 中频率减少——核心义弱化	B 中频率增多——产生边缘义
3	A、B 中频率相当——偏离核心义	A、B 中频率相当——接近核心义
4	A 中罕用——退居边缘义	B 中常用——上升为核心义

语言演变的渐变性，当然也表现在词义演变的渐变性上。"穷"的两个义位消亡和新兴的全过程有四个阶段：①开始常（不是"只"）用于 A 环境，偶用于 B 环境，产生临时用法，这可能是才子或诗人等的言语创新；②A、B 语境使用频率一减一增，促使原核心义弱化，新边缘义产生，创新被接受，言语成分转为语言成分；③A、B 语境使用频率相当，促使原义偏离核心，新义接近核心；④A、B 语境一罕用，一常用，促使原义退居边缘

(只在熟语中残留,保罗称之为孤立化),新义上升为核心意义(冯特称之为主导要素)。

就"穷"这个词说,它的两个义位发生了易位演变。如果再涉及"缺财物"这个义场,那么演变过程有三个阶段:①"贫"常用,"穷"不常用(且"穷"是"极贫");②"贫、穷"使用频率相当;③"贫"不常用,降为不自由的语素,"穷"常用,取代了"贫"的常用位置。

5.3.2 词义演变研究的新趋势

词义演变研究的新趋势是:

(一)分清演变的性质——优变和畸变。有价值的演变,是优变;没有价值的演变,是畸变。优存畸亡,适者生存。

(二)从原子观推进到整体观,从个体、孤立、分散的研究推进到系统研究。

(三)许多人发现了同类型词义发展具有同一模式。我们称之为"同场同模式"。其中为多位学者关注的是从感觉动词义场到思维动词义场有演变关系。雷科夫和约翰逊研究过由身体到头脑的部分词汇的隐喻联系,马蒂索夫研究过藏缅语系身体词汇和抽象词汇的文化联系,弗莱希曼和米图恩研究过词汇性义位虚化为语法性义位的途径,特拉乌戈特研究过整类英语词的语义发展史。库拉斯研究过行为词、知觉词和器官词常派生出感情词,他认为感情具有身心性,感受和情感具有不可分割性,身体词汇常派生出头脑词汇。斯威策(1990。见汪榕培,1997a:78～105)总结并推进了这些系统演变研究,他以印欧语的多种语言的知觉动词义场的演变作典型分析。如:

视觉动词 → 头脑动词:
see(英):看见 → 领会、理解
discern(英):看见 → 理解
听觉动词 → 头脑动词:
listen(英):听 → 听从、服从
entendre(法):听见 → 理解

嗅、味、触觉动词 → 头脑动词

sapere(拉丁):尝 → 聪明、知道

feel(英):摸、触 → 认为

这类变化——从身体知觉到心智意觉,即"体验认知模型",在汉语中也较普遍。请看《现代汉语词典》抽样统计(徐小波 2005)。

知觉词	视觉词	听觉词	嗅觉词	味觉词	触觉词	总数
数量	122	40	22	60	76	320
意觉义	78	13	5	41	47	184
百分比	63.9	32.5	27.3	68.3	61.8	57.5

义位演变趋向,从具体到抽象。其间的联系是,认知上"把头脑当做身体的隐喻","肉体的自我与内心的自我相等的现象在英语和整个印欧语系中是无所不在的","在现代英语中,视力领域分工精细的多数词汇可以用于描写智力领域","在语义领域相互联系的隐喻系统中具有规则的结构","语义场和语义变化跟音位领域一样,可以形成系统结构,尽管语义结构经常无法以客观的特征来描述","语义学的相关参数比音位学的相关参数复杂得多"。

斯威策的以上这些概括是跨文化的,是在印欧语之外的许多语言中都存在的普遍规则。我们的进一步概括是,同场同模式。就是同一义场的义位,其演变模式常是相同的。在多种语言中都不乏其例。

植物及其果实义位之间,多种语言具有同样模式演变关系。如:

汉语 番茄:一种植物 → 它的果实

英语 tomato:一种植物 → 它的果实

法语 tomate:一种植物 → 它的果实

德语 Tomate:一种植物 → 它的果实

俄语 помидор:一种植物 → 它的果实

颜色义位,多种语言大多演变出一些道德等意识评价义位。如:

汉语 黑 → 坏,狠毒,反动。

英语 black → 坏,邪恶,不吉利的。

法语 noir → 丑恶,邪恶。

德语 schwarz → 阴险,狠毒,不吉利。

俄语 чёрный → 凶恶,恶毒。

人体部位的义位,多种语言大多演变出一些相对应的大体相同的义位。如:

汉语 头 → 顶端,开端,头目。

英语 head → 顶端,首长。

法语 tête → 顶端,领导人。

德语 Kopf → 顶端,首领。

俄语 голова → 顶部,领导人。

感觉义位,多种语言大多存在着通感或联觉(synaesthesia),就是"各个感官不是孤立的,它们是感觉的分支,多少能够互相代替。一个感官响了,另一个感官……也就起了共鸣。"(《美的主观主义印象》)这就是19世纪后半期德国美学家费歇尔(Vischer, F. Th. 1807—1887)与他的儿子共同奠定的移情说。按通感模式演变到相关义场。汉语的"闻"由听觉转移到嗅觉,是典型例子。再看"冷暖"的演变。(见图表5-3)

图表5-3

	肤觉	色觉	情感
汉语	冷 暖	冷色 暖色	冷淡,不热情 温暖
英语	cool(凉) warm(暖)	cool colour warm colour	冷淡 热情的
法语	froid(冷) chaud(热、暖)	couleurs froides tons (coloris) chauds	冷淡 热情的
德语	kalt(冷) warm(热、暖)	kalte Farben warme Farben	冷淡 热情的
俄语	холодный(冷) тёплый(暖)	холодные краски тёплый цвет	冷淡 热情的

此外,还有动物义场、度量衡义场、工具义场等在多种语言中也有同模式的演变。在一种语言内部,同场同模式,更是显而易见的。

英语里表示女性的义位大多都贬降了,指称社会地位低下者的义位都带上了贬义,指称社会地位较高者的义位都带上了褒义,表外族的义位大多带上了歧视等贬义。(汪榕培,1997b:258~260)

俄语的表示声乐、声部等的词位,大多兼有三个或两个相关的义位:声部、歌手、乐器。(倪波等,1995:215)英语这个义场的词位也兼有两三个同类相关的义位。(见图表 5-4)

图表 5-4

	bass	baritone	mezzo-soprano	tenor	soprano
声部	男低音	男中音	女中音	男高音	女高音
歌手	男低音歌手	男中音歌手	女中音歌手	男高音歌手	女高音歌手
乐器	低音乐器(低音提琴)	萨克斯号		次中音乐器	最高音部乐器

5.3.3 义位演变的语言学模式

5.3.3.0 演变的参数

词义演变类型分析的心理学模式、修辞学模式、逻辑学模式、历史学模式、训诂学模式,各有所长,也各有所短。为取长补短,我们采用现代结构主义语言学模式,做一番新的分析尝试。

语义的演变比语音、语法的演变,其相关参数复杂得多。义位演变总参数是合理重组。具体分析,至少必须涉及下列相关参数:

Ⅰ.语义:

(一)义位的义值(V)

  (1)基义义素(BS)

    ①个性义素(SS)

      〈1〉指物义素(RES)

      〈2〉表意义素(EXS)

      〈3〉范畴义素(CAS)

②上位或共性义素(GS),即类素。

(2)陪义义素(CS)

①情态(褒贬)陪义(EC),

②语体陪义(SC),

③时域陪义(TC),

④地域陪义(DC),

⑤语域陪义(RC),

⑥外来陪义(FC)。

(二)义位的义域(F)

(1)大小域(BSF)

(2)多少域(NAF)

(3)伙伴域(PF)

(4)适用域(AF)

Ⅱ.语法:语法意义(GM),转类(TR)

Ⅲ.语用:

(一)比喻(含隐喻 metaphor)及比喻义(ME)

(二)借代(转喻 metonymy,内含提喻 synecdoche)及借代义(MS)

(三)委婉

就一个义位的演变来说,也常涉及三五个参数。我们分析时不能面面俱到,只能简明扼要,选取一两个主要参数。下面把主要演变类型按所占百分比次序简单做个介绍。

5.3.3.1 转移

转移,不仅仅是概念外延或词义范围的变化,也不仅仅是先后两个义位共存和非共存之别,其规定性的轴心应是保罗派的创意——概念中包含的时空的相似性或接近性。布龙菲尔德(1933)是用隐喻、换喻、提喻、夸喻、曲意等修辞手段来限定转移的,其中也包含着相似性和接近性。阿尔诺德(1959)认为,转移是由相似和相近联想造成的词义变化。乌尔曼(1962)虽然没有设置"转移"一类,但是他认为词义演变也受制于相似和相近联想。福米纳(1990)也认为转移是由相近和相似联想引起的词由指一事物转指相关的另一事物,并分出换喻性转移和隐喻性转移。按现代语义学观点,转移多指一个词位的 A、B 义位从一个义场转到另一个相似的或相近的义场,有时指同场内相邻义位的转化。在相似或相近联系的前提下,从 A 到 B 义位,多数是场间转移,个性义素或变或留,上位义素(类素)改变(如"钱");少数是场内转移,个性义素改变了,共性义素不变(如"碑")。转移,可分为相似的(比喻性的)和相近的(借代性的)两种。

相似转移,就是事物间的某种相似性靠隐喻(metaphor)促成的新旧义位之间的语义演变。如:

钱:$S_1 = V_a$ 铲状 $+ V_b$ 金属 $+ GS_1$ 农具
  $\downarrow$
  $S_2 = V_a + V_b + GS_2$ 货币
  $F_1 \Rightarrow F_2$

碑:$S_1 = V_a$ 宫、庙门前 $+ V_b$ 用来观测日影及拴马等 $+ GS_1$
  $\downarrow$ 竖石
  $S_2 = V_c$ 坟、纪念处等 $+ V_d$ 标记、纪念、告示 $+ GS$
  $V_{ab} \Rightarrow V_{cd}$

心:$S_1 = V_a$ 推动血液循环的 $+ V_b$ 在胸腔中部 $+ GS$ 动物
  $\downarrow$ 器官
  $S_2 = V_c$ 位于中部的 $+ F_2$ 物体的部分
  $S_1 \Rightarrow S_2$

钟:$S_1 = V_a$ 奏乐 $+ V_b$ 报时 $+ V_c$ 中空 $+ F_1$ 器具
  $\downarrow$
  $S_2 = V_b + V_d$ 计时 $+ V_e$ 机械 $+ F_1$
  $V_{ac} \Rightarrow V_{de}$

锻炼:$S_1 = V_a$ 通过锻造、冶炼 $+ V_b$ 提炼加工金属 $+ F_1$
  $\downarrow$ 行为

$S_2 = V_c$ 通过体育活动 $+ V_d$ 强健身心 $+ F_1$

$V_{ab} \Rightarrow V_{cd}$

ouaille(法): $S_1 = V_a$ 听话的 $+ F_1$ 羊

↓

$S_2 = V_a + F_2$ 牧师的教徒

$F_1 \Rightarrow F_2$

"钱、碑"的转移是形状相似,"心"的转移是位置相似,"钟、锻炼"的转移是功能相似,"ouaille"的转移是性能相似。此外还有动作、程度、职能等等相似。天象地理义位、动植物义位、衣物义位、人体器官义位、感觉义位等常发生相似转移。如太阳、星、天、云、风、风声、雨、风雨、风浪、冻结、融化、山、海、河、浪、潮、虎、熊、牛、羊、驴、狗、蛇、猴、老鼠、狐狸、螺、鸟、鹰、羽翼、花、草、根、领袖、冠、帽、帽子、小鞋、头、首、顶、脚、足、手、心腹、背、臂、口、嘴、齿、鼻、眼、目、眉目、耳目、口齿、口舌、手脚、血肉、皮肉、甘、甜、苦、辣、酸、香、臭、冷、热、暖,等等。

相近转移是事物之间的某种相近性靠转喻(metonymy 或译换喻)促成的新旧义位之间的语义演变。它充分反映了词义演变内容的极其复杂性。例如"相",郭本说:"本义是仔细看,察看。"引段玉裁说:"目接物曰相,故凡彼此交接皆曰相,其交接而扶助者则为相瞽之相。"郭本说:"据此,扶助的意义就是从观察的意义引申来的。"从"观看"到"扶助",其联系点仅仅在"接,交接"。这是千万种联系之一,我们只好把诸如此类演变称为"关联"。关联,占演变总数的 30% 左右。把它们也归入转移,也是没有办法的办法。再请看下列实例的义素分析:

封: S_1 培植 = [聚土] + [成堆] + [植树]

↓

S_2 筑坟 = [聚土] + [成堆] + [筑坟]

S_1 和 S_2 义位的共性义素 GS 仅是[聚土][成堆]。

道: S_1 引导 = [带着] + [人] + [走路]

↓

S_2 述说 = ［用话］+［表达］+［事情］

S_1 和 S_2 义位的仅有的一点共性义素 GS 是隐含的，郭本说："走在道路上是一个行走的过程，而述说是一个说话的过程，与引导的意思有类似之处。"

飞散：S_1 = ［烟、雾等］+［在空中］+［飘动着］+［散开］

↓

S_2 = ［鸟等］+［飞着］+［向四下散开］

S_1 和 S_2 共性义素 GS 是［散开］。"飞"语素是同形异义：一为"飘动"，一为"飞翔"。

诸如此类的关联演变还有"慢"从"懒惰"到"轻视"，"承"从"捧托"到"双手接受"，"将"从"扶，扶助"到"扶送，护送"，"兵"从"兵器"到"士兵"，等等。

在相近转移中，稍有条理的是借代修辞手法促成的新旧义位之间的语义演变。其中主要指本体与从属者所具有的主从或伴随关系的旁代。如：

青衣：S_1 黑色的衣服 ⇒ S_2 戏曲的一种旦角

布衣：S_1 粗布衣服 ⇒ S_2 平民

乌纱帽：S_1 黑纱官帽 ⇒ S_2 官位

le nankin（法）：S_1 南京 ⇒ S_2 南京产的云锦

la champagne（法）：S_1 香槟省 ⇒ S_2 香槟酒

杜康：S_1 相传最早发明酿酒的人 ⇒ S_2 酒

千金：S_1 指很多的钱、富贵 ⇒ S_2 对别人女儿的敬称

丹青：S_1 红色和青色的颜料 ⇒ S_2 绘画

干戈：S_1 武器 ⇒ S_2 战争

教练：S_1 训练别人掌握技能 ⇒ S_2 从事该工作的人

dish（英）：S_1 盘子 ⇒ S_2 盘中食物

travail（法）：S_1 劳动 ⇒ S_2 作品

积蓄：S_1 积存 ⇒ S_2 积存的钱

前十一个例子都是旁代:"青衣"是以特征或标志代本体,le nankin 和 la champagne 是以产地或处所代本体,"杜康"是以制作或发明者代本体,"千金"是以数量代本体,"丹青"是以材料代本体,"干戈"是以工具代本体,"教练"是以职务代本体,"dish"是以载体或容器代本体。

后两个例子是以原因代结果(本体),这是属于具有对应关系的对代。至于对代中的其他类型各有归属:具体和抽象相代,可以归为义位演变的重要规律——抽象化(虚化)之中;特称和泛称相代,可以归到缩小或扩大之中;部分和整体相代,也可以归到缩小或扩大之中。在外语研究中给部分和整体相代赋予一个名称——synecdoche,一般译为"提喻",这是最简单而明显的转喻。这是就狭义的提喻而言。广义的提喻,还包括以象征、工具、载体等代本体。(拉耶芙斯卡娅,1960:123)

义位演变的复杂性,还表现在"复合转移"上,即转移与缩小、扩大交织在一起:转移而后缩小,或相反;转移而后扩大,或相反;转移而后缩小、扩大再转移。例如:

背①脊背→(扩大)后面→(转移)背对着→(转移)违背

仇①同伴→(缩小)配偶→(转移)仇敌→(转移)仇恨

5.3.3.2 转类

转类,就是转移词类,利奇(1987:302)叫"转化",认知语言学认为它是转喻之一。它占演变总数的20.09%,比扩大、缩小比例之和还高。这是汉语和外语共有的数量很大的语法性的词义演变。利奇把它跟语义转移并列,而且并称为词汇规则类型。因此把转类归入转移,实在是不伦不类。在印欧语里,许多人常把转类归为词的派生。如果同时发生了形态变化,那么当然就是派生出新词。如果形态不变,只是句法功能变了,相伴随的语义也变了,这是否归入派生词,意见不统一。对后一种情况,罗姆的《词义变化词典》把它列为各种词义演变的首要类型"词义的功能转换(functional transfer of meaning)"。在汉语中,语义特征和句法特征常纠葛在一个词中,大多数人都把转类看作义位的演变。这种演变之中同时包含着共性义素 GS 的保留,个性义素 SS、指物义素 RES 和上位语法语义义素的改变。

从历时角度看,古汉语的转类比现代汉语的转类高出十到几十个百分点(因统计材料而异)。古今汉语的动词转名词和名词转动词都是最常见的转类现象,两类之和,占转类总数百分比高达 46.73%。这个事实说明了人类语言史上最早分出的两个词类,也是关系最密切的两个词类。"它们的分化是发展的结果,这是许多语言的历史所证实了的"。(契科巴瓦,1953:80。1956:71)它们分化之后又经常转化,这是"名词在句中广泛地起着谓语作用的那样一个时代的残迹"。(布达哥夫,1956:224)

从类型所占的百分比(根据我们的统计)看,把古今汉语转类现象分类排比,举例如下:

(1)动词 → 名词:占 25.43%

　　书:S_v 写 → S_n 字。
　　评价:S_v 评定价值高低 → S_n 评定的价值。

(2)名词 → 动词:占 21.3%

　　布:S_n 麻布,织物 → S_v 陈列、展开。
　　深交:S_n 深厚的交情 → S_v 密切地交往。

(3)形容词 → 动词:占 9.62%

　　好:S_{ad} 貌美,漂亮 → S_v 喜欢、爱好。
　　麻烦:S_{ad} 烦琐,费事 → S_v 烦扰,打扰。

(4)名词 → 形容词:占 6.87%

　　时:S_n 天时,四时,时候 → S_{ad} 合时宜的。
　　深层:S_n 较深的层次 → S_{ad} 深入的。

(5)形容词 → 名词:占 5.84%

　　利:S_{ad} 锋利,顺利 → S_n 利益。
　　错误:S_{ad} 不正确 → S_n 不正确的事物、行为等。

(6)动词 → 形容词:占 5.5%

治:S_v治水,治理 → S_{ad}安定、太平。

深入:S_v由外到内部或中心 → S_{ad}深刻,透彻。

(7)名词 → 量词:占5.15%

所:S_n处所 → S_{cl}表示房屋、学校等单位。

道:S_n路 → S_{cl}表示条状物单位。

(8)动词 → 使动:占3.09%

惊:S_v吃惊 → S_F使吃惊。

深化:S_v更深地发展 → S_F使更深发展。

(9)动词 → 副词:占2.4%

复:S_v复来,反复 → S_{adv}再,又。

举:S_v举起,推举 → S_{adv}全,皆。

(10)形容词 → 副词:占2.4%

诚:S_{ad}心意真诚,忠诚 → S_{adv}果真。

正:S_{ad}不偏,不斜 → S_{adv}恰好,正好。

其他实词间的转类,所占比例都在1%及其以下。还有些实词转为虚词的,到"虚化"里再谈。

5.3.3.3 虚化

虚化,包括实词义虚化为虚词义,这是词汇意义的语法化,也包括实词的具体(concrete)意义虚化为抽象(abstract)义。这两种虚化都是词义的特别重要的演变规律,把它们归入转移类,似乎是鱼龙混杂。

实词转为虚词的,占转类总比例的3.78%。其中最突出的是动词转为介词,它在实词转为虚词中占绝大多数,即使在转类总数中也占3.06%。如:

将:S_v持、拿 → S_{prep}把。

被:S_v遭受,使遭受 → S_{prep}表被动。

虚化中主要的现象是实词意义的抽象化。以"郭本"的"词义分析举例"为封闭域统计,有 89.41% 的词由具体的本义引申出直接的或间接的抽象意义。这是广义的抽象化。不仅仅是汉语如此,外语也有大量的抽象化的演变。布龙菲尔德(1933。1980:531)用多种语言材料论述了词义抽象化现象。拉耶芙斯卡娅(1957。1960:100)把抽象化归到词义扩大类,这是把主要规则混同为一般规则。特拉乌戈特研究过词义抽象化的过程。斯威策(1990)总结词义演变是"具体到抽象",而不是相反。当然,一般所说的抽象化,是指由具体本义直接引申出抽象义。这是狭义的抽象化。它所占演变总数的比例在 10% 左右。如:

权:S_{conc} 秤锤 → S_{ab} 权力。
渠道:S_{conc} 引水之道 → S_{ab} 途径。
圈子:S_{conc} 圆圈,环形(东西)→ S_{ab} 范围。
grasp(英):S_{conc} 抓 → S_{ab} 领会。

但是,根据什麦廖夫(1977:108)的考察,偶尔也有抽象意义发展出具体意义。如俄语的 жажда 从"渴望"发展出"口渴"。英语的 spirit 由精神、灵魂等等抽象义引申出具体义"烈性酒"。乌尔曼(1962:215)认为,"隐喻的一个基本倾向是使抽象经验化为具体词语"。照此说来,可以把比喻义看做具体化。不过它不是指 A 义位的具体化(因为 A 义位已经是具体的),而是指 A 义位使另一个词位(如文章、文字的"纲要、条理")的抽象意义化为具体词语("眉目")。

眉目:S_1 眉眼,容貌
　　↕
　　S_2(文章、文字的)纲要、条理

如果把比喻意义看做具体化(实化),那么具体化占演变总数的比例并不很小。根据我们的统计,在《现汉》的演变中占 7.36%。

5.3.3.4　缩小

这是从公元 4 世纪普罗克洛提出,中间经过 19 世纪 80 年代保罗的强化,至今仍为人们乐道的老资格演变现象。有人称之为"特殊化"或"狭化"。王力(1958:568)说,缩小比扩大少见。"有几位语言学家认为,扩大不如缩小常见。最近由心理学家维尔纳所做的实验证实了。"(乌尔曼,1962:229)根据我们的抽样统计,缩小占10.62%,比扩大高了近三个百分点。如果对《现代汉语词典》做全量统计,缩小为472项,扩大为1030项,缩小约为扩大的1/2。

  缩小不能完全用逻辑学解释。在语义学看来,缩小着眼于义域狭化的演变结果,实际上其中还包含着个性义素或区别特征的增加(偶尔也有减少),也包含着共性义素(类素)的狭化。广义的缩小,包括新旧义位共存和非共存两种现象,但是不包括传统词汇学所谓的"义项减少"——词汇语义学把它定位在词位内义位的减少,即多义词义场义位数的简化。这样,缩小共包括五个小类:

  (一)整体 > 部分

$$趾:S_1 \text{ 脚} = V_a[\text{接触地面支持身体的}] + F_1[\text{人或动物的}] + F_2[\text{腿的下端}]$$
$$\vee$$
$$S_2 \text{ 脚趾} = V_a + V_b[\text{前端}] + V_c[\text{分支}] + F_1 + F_2$$

$$太阳:S_1 \text{ 日} = V_a[\text{地球等行星旋转所围绕的}] + F_1[\text{恒星}]$$
$$\vee$$
$$S_2 \text{ 太阳光} = V_a + F_1[\text{恒星}] + F_2[\text{所放出的光}]$$

$$\text{room}(英):S_1 = \text{空间、地方}$$
$$\vee$$
$$S_2 = \text{房间}$$

  这类缩小的例子还有:足、肌肉、国境(国土 > 边境)、广场(广阔场地 > 城中的广阔场地)寸口、许多植物名(如"大豆、胡萝卜"缩小指其果实)。这类缩小占缩小总数比例较小。

  (二)大类 > 小类

  这类演变,细分为三种:①总类变分类,②大类变小类,③两类变一类。

球：$S_1 = V_a$ 圆球形的 $+ F_1$ 东西
　　　∨
　　$S_2 = V_a$ 圆球形的 $+ F_2$ 体育用品

人：$S_1 = V_a$ 能制造工具……劳动的 $+ F_1$ 高等动物
　　　∨
　　$S_2 = V_a + V_b$ 某种（做工的、经商的、军队中的）$+ F_1$ 高等动物

girl(英)：$S_1 = V_a$ 少年或青年 $+ F_1$ 人
　　　　　∨
　　　　$S_2 = V_a + V_b$ 女性的 $+ F_1$ 人

这类缩小的例子还有：瓦、金、玺、瑞、辇、子、禽、吏、舅、姑、丫头、亲戚、少年、美人、佳人、千金、学者、烈士、妃、朕、飞轮，等等。

（三）一类 > 个体

书：S_1 书籍 $= V_a$ 装订成册的 $+ V_b$ 若干本 $+ F_1$ 著作
　　　∨
　　S_2 书经 $= V_a$ 中国最古的 $+ V_b$ 经典的 $+ V_c$ 其中一本 $+ F_1$ 著作

子：$S_1 = V_a$ 中国古代 $+ V_b$ 对男子 $+ F_1$ 尊称
　　　∨
　　$S_2 = V_a + V_c$ 对孔子 $+ F_1$ 尊称

这类缩小的例子还有：诗（→《诗经》）、圣人（→孔子）、诗仙（→李白）、川（→四川）、河套（→贺兰山东面的黄河冲积平原）、河曲（→风陵渡一带的河湾处）、长河（→黄河）、下江（→江苏），等等。

（四）伙伴域大 > 伙伴域小

动词、形容词义位的缩小，重要表现是其关涉者（动词的施动者、受动者，形容词的受形容者），即其伙伴由多而少的演变，"观其伴知其义"。（弗斯，1957）这里指的是伙伴域的缩小。如：

立：$S_1 = V_a 使登上 + F_1 某地位$
$\quad\quad \vee$
$\quad S_2 = V_a + F_2 帝王位$

畜养：$S_1 = V_a 养活 + F_1 人和动物$
$\quad\quad \vee$
$\quad S_2 = V_a + F_2 动物$

瘸：$S_1 = V_a 偏废 + F_1 手脚腿$
$\quad\quad \vee$
$\quad S_2 = V_a + F_2 脚腿$

这类缩小的例子还有：亡(逃→逃到别国)、干(求→求禄位)、冷、结婚(国家或男女→男女)、休养、营业、生育、报复(报恩仇→报仇)、美人(美丽的男人女人→美丽女人)、皎洁、皑皑、吻合、萧条、振荡,等等。

(五)偏义化

偏义词,传统中国语言学是从构词角度界定的:两个并列的词素只有一个词素表示词义。从语义学,特别是从语义演变视角考察,许多所谓偏义词(如"窗户、面目、忘记、干净、响亮、寻思、勤快"),其初始义在语言实践中并没有两个词素的并列意义,而只有一个词素表义。有些词的并列词素起初都表义,后来发生了偏义化。如：

国家：$S_1 = V_a 诸侯的 + V_b 大夫的 + F_1 封地$
$\quad\quad \vee$
$\quad S_2 = V_c 一个独立政权的 + F_2 组织 + F_3 领域$

质量：$S_1 = V_a 优劣 + V_b 多少 + F_1 状况$
$\quad\quad \vee$
$\quad S_2 = V_a + F_1$

宇宙：$S_1 = V_a 无限的 + F_1 空间 + F_2 时间$
$\quad\quad \vee$
$\quad S_2 = V_a + F_1$

这类缩小的例子还有:动静、甘苦、长短(指祸事)等。

5.3.3.5 扩大

它跟缩小一样,是最明显、最简单的词义演变现象,因此也是学者最早总结出老资格的演变现象。同样,扩大也不能完全用逻辑学解释。在语义上它着眼于义域广化的演变结果,实际上其中还包括着个性义素或区别特征的减少(偶尔竟是增加),也包含着共性义素(类素)的广化。广义的扩大,包括新旧义位共存和非共存两种现象,但是不包括传统词汇学所谓的"词义增加"——词汇语义学把它定位在词位内义位的增加,即多义词义场义位数的丰化。扩大共有四个小类:

(一)部分<整体

市:S_1 市场 = V_a 商品交易的 + V_b 固定的 + F_1 场所
  ∧
 S_2 城市 = V_c 政治、经济、文化中心 + F_2 区域

眉目:S_1 = V_a 眉毛 + V_b 眼睛 + F_1 面部的一部分
  ∧
 S_2 = V_a + V_b + V_c……+ F_2 头的前部

昼:S_1 = V_a 12点左右 + V_b 白天 + F_1 时间
  ∧
 S_2 = V_a 白天 + F_1

place(英):S_1 大街、广场
  ∧
 S_2 一切地方

这类扩大的例子还有:手、脸、腿、体、身、眼、飞毛腿、宇、城、邦、夕、秋、春秋、麻子,等等。

(二)小类<大类

药:S_1 = V_a 草做的 + F_1 防治病害的物质
  ∧
 S_2 = V_a + V_b 木、石、谷、金、动物等做的 + F_1

布：$S_1 = V_a$ 麻料 $+ F_1$ 织物

　　　∧

　　$S_2 = V_a + V_b$ 棉料等 $+ F_1$

长项：$S_1 = V_a$ 擅长的 $+ V_b$ 体育的 $+ F_1$ 项目

　　　　∧

　　$S_2 = V_a +$ 工作或其他事情的 $+ F_1$

mill（英）：$S_1 = V_a$ 装置 $+ V_b$ 机器磨 $+ F_1$ 建筑物

　　　　　∧

　　$S_2 = V_a + V_c$ 任何机器 $+ F_1$

这类扩大的例子还有：驹、猪、菜、粮、肉、根、公墓、库、房、舍、园、车、灯、琴、器、皮、腿、嘴、匠、标兵、翁、兵家、后人、大伯、大姐、妇人、火花、响、灾，等等。不及物动词（如睡、坐）的方式（如坐睡→躺睡、短睡→长睡、昼睡→夜睡）由小类到大类也属于这一类。

（三）个体＜一类

江：$S_1 = V_a$ 中国最长的 $+ F_1$ 河流

　　　∧

　　$S_2 = V_b$ 较大的 $+ F_1$

诸葛亮：$S_1 = V_a$ 辅佐刘备建立蜀汉的 $+ F_1$ 政治家

　　　　∧

　　$S_2 = V_b$ 足智多谋的 $+ F_2$ 人

Xerox（英）：$S_1 = V_a$ 一个商标 $+ F_1$ 名称

　　　　　∧

　　$S_2 = V_b$ 静电复印机及复印术 $+ F_2$ 名称

这类扩大的例子还有：河、阿斗、西施、尧舜、桀纣、阎王、伯乐、包公、红娘，等等。

（四）伙伴域小＜伙伴域大

这是动词、形容词的伙伴由少变多。如：

洗：$S_1 = V_a$ 用水等去掉脏东西 $+ F_1$ 脚

$\wedge$

$S_2 = V_a + F_2$ 脚、手、头、脸、身、物

凝：$S_1 = V_a$ 由液体变成固体 $+ F_1$ 水

$\wedge$

$S_2 = V_a + F_2$ 水、油、血等

好：$S_1 = V_a$ 美 $+ F_1$ 容貌

$\wedge$

$S_2 = V_a + F_2$ 容貌、身体、人、事物

瞄准：$S_1 = V_a$ 目光对准 $+ F_1$ 射击目标

$\wedge$

$S_2 = V_a + F_2$ 一切活动目标

arriver（法）：$S_1 = V_a$ 到达 $+ F_1$ 岸边

$\wedge$

$S_2 = V_a + F_2$ 岸边、地点、时间等

（这是法语动词词义的扩大。英语与之同形，现在用 S_2 义。）

这类扩大例子在汉语里还有：叫、理、治、流、裁、即、骑、涉、赴、转、航、哭、醒、瞎、缺、沉湎、容纳、深、浅、雌、雄等等。

5.3.3.6 深化

深化，是义位的质的变化，就是义域不变，义值深化。在义值中，指物义值不变，范畴义值由浅变深——多是由非科学变为科学。如：

梅：$S_1 =$ 柟也，可食。（《说文》又："柟，梅也。"）

$\downarrow$

$S_2 = V_a \cdots\cdots + V_b$ 果实球形，青色，成熟的黄色，都可以吃，味酸 $+ F$ 落叶乔木。（《现汉》节选）

月：$S_1 =$ 缺也，太阴之精。（《说文》）

$\downarrow$

$$S_2 = V_a \text{本身不发光,只能反射太阳光} + V_b \text{地球的} + F \text{卫星。}(《现汉》节选)$$

石:$S_1 = $ 山石也。(《说文》)

↓

$$S_2 = V_a \text{构成地壳的} + V_b \text{由矿物集合而成的} + F \text{坚硬物质。}(《现汉》)$$

对"梅"的注释,《说文》一是同义注释(楠),一是归类(可食),太宽泛,太模糊。《现汉》则描写了梅的形状、颜色、味道、功用,尤其是做了科学的归类(落叶乔木)。

对"月"的注释,《说文》一为不准确的形状描写(缺也),一为粗略的归类(太阴)。《现汉》则给出了月亮的科学特征和科学分类(卫星)。

对"石"的注释,《说文》只释出最显著的可感外貌(山石)。其实,河、湖、海里也有石,平地土壤下面也有石,因此《现汉》说是"构成地壳的由矿物集合成的",这才是科学的。

最能反映义位深化的,当属"运动、速度"这类学科义位。它们在亚里士多德时代被认为是外力作用的结果,而从伽利略至今的时代,则被认为是物体自身的存在形式及其固有属性和状态。"随着观念的不断发展、思维能力的提高及感知能力的深化,时间常常会把崭新的东西赋予语言……显示了不同层次的思维过程。""我们在所有发达的语言中都可以看到,由于思想和感觉活动达到了更高的水平,词也就获得了更广泛、更深刻的意义。"(洪堡特,1997:108,116)

许多名物义位和学科义位都深化了。因为"郭本"的"词义分析举例"中选的名物和学科义位极少,所以我们在图表 5-1 中统计的深化比例,《现汉》远高于"郭本"。

5.3.3.7 贬降

英语写做 deterioration、degradation、pejoration 或 degeneration,有的译

做贬降(罗姆)、恶化(保罗)、贬低(布龙菲尔德),有的译做贬化、贬义化、转贬、变坏、降格、降值、退化。还是译做贬降为好。因为贬降概括性大,它指义位演变出不赞许的、否定的、坏的基义或陪义,是义位的质变之一。贬降包括两种因素:一是基义,二是陪义(色彩),许多大学教材和论著常把基义的贬降误认为陪义的贬降。贬降包括两类演变:一是贬化(褒变贬、中变贬),二是降格(指褒变中),许多人忽略了"褒变中"这类降格现象。上述贬降,发生在一个词位中的先后两个义位之间,或者发生在一个义位的历时变化之间。

基义由褒变贬的,如"爪牙、喽啰、复辟、引诱、横行、点缀、神气、肥、瞻前顾后、silly(幸福的、神圣的→愚昧的)"等。

基义由中变贬的,如"伪、仇、赂、谤、遭、侵、勾当、水火、失足、豢养、干涉、手法、伎俩、傀儡、走狗、包袱、帽子、小鞋、小丑、卑鄙、accident(意外之事→车祸)、knave(男孩→恶棍)"等。

基义由褒变中的,如"人士"原指有名望的人物,常跟"权威、著名、高级、有识、革新、先进、进步、成功、爱国、民主、党外、各界、港澳"等义位组合,现在某些地区的"人士"出现中性化的苗头,指一般人员,可以和中性的和贬义的义位组合:吸烟人士、任何人士、十八岁以下人士、可疑人士、在逃人士、非法入境人士、黑社会人士。(程祥徽,1996)

一般情况,基义和陪义是连带贬降的。较少的情况是基义基本不变,陪义贬降。如"图谋"从中古到近古,陪义一直是中性的,到现代在许多用例里陪义贬降了。在现代汉语中跟"图谋"结合的多是贬义义位:私利、报复、串供、串通、捣鬼、盗窃、复仇、勾结、破坏、贪污、杀害、隐瞒、愚蠢、卑鄙,等等。

又如"气味"在志趣、情趣义位上,从中古到近代,其陪义都是中性的,即便"气味相投"也不含贬义。到了现代,其陪义多带贬义。"中庸"的陪义也由中性变为贬义,近来又变为褒义。英语 negro(黑人)的陪义原来是中性的,现在转为贬义。

5.3.3.8 扬升

英语写做 amelioration、melioration、elevation,有的译做好转、扬升(保罗、罗姆),有的译做转佳、升格、升值、褒义化、进化、抬高提升(布龙菲尔德)。还是译做扬升为好,因为扬升概括性大,它指义位演变出赞许的、肯定的、好的基义或陪义,是义位的质变之一。它包括两种因素的变化:一是基义的扬升,二是陪义(色彩)的扬升。许多人常把基义的扬升误认为陪义的扬升。它包括两类演变:一是褒化(贬变褒、中变褒),二是升格(指贬变中),许多人忽略了"贬变中"这类升格现象。

基义由贬变褒的,如"臣、憨、乖、傲岸、烂漫、泼辣、豪华、强人、minister(仆人→重要官员)、nice(愚昧的→好的)"等;由中变褒的,如"治、待、她、造、升华、划算、诗篇、牺牲、knight(男孩→爵士)、angel(信使→天使)"等;由贬变中的,如"赴、氛(恶气→气)、惯用、派头、企图、woman(不雅、粗俗的女子→妇女)"等。

基义由中变褒的,如"楷模(两种树→榜样)、发明(阐发使彰明→创造)"等。

"霸"在上古和中古是中性,近古以后有了贬义:蛮不讲理的,专横;依仗权势横行一方者,如"霸王、霸道、霸占、霸权、独霸、恶霸、渔霸、电霸、称霸、争霸、横行霸道、反帝反霸"。近些年"霸"产生了褒义:高于"歌手、歌星、歌王"的有"歌霸",高于一般彩色电视的有"彩霸",高于一般女篮队员的有"女篮巨霸",连获全国十届象棋冠军的称"十连霸",等等。

当然,跟贬降一样,扬升也有基义不变而陪义褒化的。"嘴"在宋元明用于人带贬义,到清代失去贬义。又如 politician(政治、政治家)的陪义是邪恶、欺诈,现在是中性的。a Black(黑人)在美语中 60 年代以前带侮辱陪义,现在不但没有了这个陪义,反倒带上庄重陪义。

对古今基义褒贬截然不同的义位,使用时应当特别慎重,最好限于文人的雅体语域。如:

①徐青藤门下走狗郑燮。

②青藤雪个远凡胎,老缶衰年别有才。我欲九原为走狗,三家门下转轮来。(《老萍诗草》)

③前身祢正平,后身王尔德,大儿斯大林,小儿毛泽东。

例①是清代郑板桥刻的一枚图章,自称是徐青藤门下的走狗。例②是齐白石写的一首诗,自表衷肠愿做徐青藤、雪个等三家的走狗。以上两个"走狗"都是从猎犬引申出褒义"为人出力者",跟后来的引申出的贬义"帮凶"不同。郑板桥、齐白石崇敬的徐青藤是明代嘉靖年间成才的诗文书画大才徐渭,初字文清,改字文长,一号青藤道士。至今,他的故乡绍兴等江南地区还流传着敬佩徐青藤的许多故事。例③是杰出的民主革命战士、诗人、毛泽东的好友柳亚子请人为他刻的赞革命领袖的印章(按周总理指示,中国革命博物馆收藏陈列)。其中的"大儿、小儿"是汉代对杰出男子的尊称。《后汉书》有祢正平(字)《祢衡传》,说他"少有才辨,而尚气刚傲",认为四方贤士大夫碌碌莫足数,只称赞说:"大儿孔文举,小儿杨德祖。"(文举即孔融,年长祢二十岁)后仿此尊称有苏轼诗句"大儿汾阳中令君,小儿天台贺季真";有邹容的"大儿华盛顿,小儿拿破仑"。自魏晋始称自己的大小儿子,称他人则为詈骂辞。作为尊称,连《汉语大词典》都漏收了这个义项。难怪十年动乱之初,一些只读过《语录》的青年从博物馆里发现柳亚子那枚印章,胆敢辱骂红太阳,气愤至极,上报康生,定为反动印章,又制造了一个文字狱冤案。

贬降和扬升,这两种演变所占比例虽然只有 0.90% 和 0.71%,但是因为这两种义位质变在变化前后所表之意天悬地隔或似是而非,所以特别令人瞩目,中外学者在一百多年间一直把它们摆在词义演变诸结果之中的不可忽视的两种。在这两种演变之中,有人认为,语言发展总的倾向是意义的降格。(汪榕培,1997$_b$:229)不管这话是否准确,但是它说明贬降多于扬升。

5.3.3.9 弱化和强化

保罗在他的 ENT 逻辑模式之外增加了 hyperbole 和 litotes 二法,常译为夸张法和曲言法。布龙菲尔德继承此说,中文本译为夸喻和曲意。这是从手法角度说的。从结果角度说,布氏认为夸喻是"意义由强烈而变微弱",这是由于滥用夸张手法造成的词义由重变轻;曲意(即曲言法)是"意义由较弱转为较强",这是由于曲言法故意轻描淡写而造成的词义由轻变重。我们分别称之为弱化和强化。当然,弱化和强化,并不完全是由夸张和曲言造成的。

根据我们统计,弱化和强化所占比例只有 0.12% 和 0.53%。但是在词义发展史的长河中,总会找到几十个乃至上百个例子。

弱化,如:购(重金悬赏→购买)、感激(愤激→感谢)、赏(以物赏赐→以言赞赏)、病(重病→病)、饿(严重饥饿→饿)、怨(怨恨、仇视→不满意、责怪)、穷(极贫→贫)。法语的 blâmer(咒骂→责备)、ennui(很大的痛苦→烦恼)、gêne(拷问→束缚)。(梁守锵,1964:63)英语的 great(伟大的)、terrific(可怕的、极大的、极妙的)等许多词弱化了。(陆国强,1983:101~102)

强化,如:诛(责备→杀)、恨(遗憾→仇恨)、诬(言语不真实,欺骗→捏造罪状害人)、惩(鉴戒→处罚)。

在外语研究中,弱化比强化更引人注意。拉耶芙斯卡娅的《英语词汇学引论》以谈夸张法为主,曲言法只是附带谈及。陆国强的《现代英语词汇学》和汪榕培的《英语词汇学教程》在"词义升格"中未谈"强化",而在"词义的降格"中论述了许多弱化现象。梁守锵的《法语词汇学》单独讲了弱化,没谈强化。

第四节 义位演变的原因

5.4.1 词义演变原因研究简史

语言的起源问题基本属于思辨课题,而语义演变原因的研究则具有客观的实在的可论证因素。不过各派论证的视角不同。

语义演变研究中的心理学派,都用心理学说明演变的原因。19 世纪末,首推索绪尔的两位高足——法国的格拉蒙和梅耶。20 世纪初,更有影响的是德国的哲学家冯特,他提出联想中的多次诱因和偶然诱因以及统觉说。20 世纪 30 年代斯培尔伯探讨过情感原因。

修辞学派是用修辞学说明演变原因的。在传统语义学之前,18 世纪意大利哲学家维科特别注意拟人化隐喻在语义演变中的作用。在传统语义学之初,19 世纪 80 年代的达尔梅司脱,后来 20 世纪 30 年代布龙菲尔德、40 年代的雅柯布逊都从修辞的几个方面分析了语义演变原因。

逻辑学派主要研究的是词义演变的结果,而不是原因。历史学派或发生学学派,主要研究词义演变的原因,而不是结果。20 世纪 20 年代的德国学者魏兰德、30 年代的斯特恩、50 年代俄国学者阿尔诺德都属于历史学派,他们讨论了语义演变的内外因。乌尔曼的眼光是多角度的综合视角。他的《语义学》(1962)第八章"意义的演变"一开始就列举了促成意义演变的六个因素:语言的历时非连续性,语义的模糊性,理据的缺乏,多义现象,歧义现象,词汇的结构。接着便用十三页的篇幅论述了语义演变的六方面原因:语言的原因,历史的原因,社会的原因,心理的原因,外来语的原因,新事物需要新名称。其中更注重历史,特别是心理原因。他总结、继承、推进了词汇演变原因的研究。但是,他的六分法缺乏统一的逻辑分类标准。

吸收各家的成果,按照我们的义位来源的三界说和三种因素的观点(见 2.3.4 节),义位演变的原因相应的有三个视角:客体世界、主体世界、语言世界。前两个世界是外部原因,后一个世界是内部原因。

5.4.2　客体世界的原因

在语言诸要素中,唯有词汇,特别是词义跟客体世界的关系最密切。哲学所谓世界和语言具有一定同构性,主要表现在词义上,词义中包含着客体物质因素,词与物具有对应性。因此,客体世界每一个引起人们注意的变化都及时地反映到词义中。客体世界的变化发展是推动义位演变的第一动力。这个动力又包括许多不同方面的动力,诸如:自然客体(多是物质形态)、社会客体(科学技术、政治、经济、民族种族、社会集团、历史的发展变化、文化、军事、风俗习惯)。

5.4.2.1 自然客体

物质有的是从无到有(发现、发明、制造),即产生;有的是从旧到新(改造、改进、革新),即变化。反映上述情况,都采用两种方式:一是创造新词,这是新词及其词义的创立;二是利用旧词赋予新义,这就引起词义演变,或旧义位发生各种量变,或增加一个引申义位,或旧义位发生各种质变(深化或升降等)。语言要尽可能地实现最有效的工具职能,就必须把语言单位限制在便于人们掌握的数量内,必须解决语言单位的有限性和表义的无限性的矛盾。因此,语言不能无限制创造新词,而必须用旧词反映新义。采用哪个旧词反映新义,并不是任意的,而是必须受理据的制约,其中主要是事物之间的相似或相近,词的语音形式和词义内容的相应联系。

5.4.2.2 社会客体

在现代文明史上,1769 年在法国产生了汽车。汉语造了一个新词"汽车"。英语借用了一个旧词 car,英语这个旧词的原义是四轮马车(在恺撒的高卢战争中曾发挥过重要作用)。四轮马车和汽车的外观相似,功能相似,因此 car 能引申出"汽车"这个义位。

公元前 26 世纪,中国始祖黄帝已经挖木为舟。到秦末汉初,汉语的"船"渐渐用开。8~10 世纪北欧海盗用的还是古式木船。1807 年在美国才有了装发动机的钢铁轮船。近十几年又有了宇宙(太空)飞船、登月飞船。能指没变,汉语还是"船",英语还是 ship,法语还是 navire,而所指变了,意义变了,即向着现代化的方向不断扩大。

科学技术的发展,促使义位演变。如"光环",《现汉》的 1960 年试印本至 1973 年试用本都说是"土星周围的环状物……是由无数小陨星或小石块组成的"。1978 年 1 版至 1983 年 2 版改为"某些行星周围明亮的环状物,是由冰和铁组成的,如土星有一个光环,天王星有八个光环"。1996 年修订本又改为"……如土星、天王星等都有数量不等的光环"。每一版的释义都反映了当时的科技水平。最后的说法是依据 1986 年 1 月 24 日飞临天王星的旅行者 2 号太空飞船考察的结果。除了土星之外,木星等也有光环,而天王星的光环起初发现八个,后来发现九个,最后发现有二十个。

科学技术的发展促使普通义位和科学义位互动演变。计算机的兴起和普及,使"菜单"由普通的"菜肴单子"义演变为计算机的"选择项目表"术语义;使计算机的"硬件"和"软件"术语义分别演变为普通义——"借指生产、科研、经营等过程中的机器设备、物质材料等","借指生产、科研、经营等过程中的人员素质、管理水平、服务质量等"。(《现汉》)

社会集团(含阶级、阶层及其他群体)的出现或历史变化,促使义位升降。汉语的"臣",在奴隶社会是奴隶,到封建社会扬升演变为君主的高级官吏。英语的 minister 由仆人扬升演变为大臣、部长等高级官吏,marshal 由马夫扬升为元帅。法语的 marechal 由马夫扬升为元帅,chancelier 由看门人扬升为司法大臣,ministre 由仆人扬升为部长。德语的 Minister 也由仆人扬升为部长,Marschall 在中世纪是马夫,后扬升为宫廷奴仆总管,又扬升为宫廷内务大臣,16 世纪再扬升为骑兵司令,最后扬升为全军的元帅。这些同场同模式的演变都是由奴隶时代、封建时代到资本主义时代的发展印迹。

社会经济的发展,促使义位演变。渔猎经济时代,从生产工具角度说,是旧石器时代;从开化的程度说,是蒙昧时期。距今绝对年代约在八千年以前,当时没有文字记载传下来。从后世的文字资料看,只能推测当时对鱼、鹿等每一种对象区分出十几个、几十个、近百个特称词,每个特称词的义域较窄。到了畜牧时代对渔猎对象的区分渐粗,相应的义域渐宽。畜牧经济时代,从生产工具角度说,是新石器和青铜时代,从开化的程度说,是野蛮时期和文明时期的早期;从社会制度说,从母系氏族公社,中经父系氏族公社,到了奴隶社会。这时已经有了文字记载,在中国已经有了陶器文字和甲骨文。从当时和后世的文字资料看,那时对猪、马、牛、羊等每一种家畜都区分出几十乃至上百种特称词,每个特称词的义域都较窄。到了农业经济时代,对畜牧对象的区分渐粗,相应的其义域较宽。如

"猪"由小猪到泛称猪,"驹"由两岁马到泛指小马(刚出生的至两岁多),"狗"由小狗到泛指狗。由农业经济时代到工业经济时代也有其特称词群。

民族种族矛盾,促使义位演变。汉语的"夷、戎、番、狄、胡、虏、蛮",最早都是华夏周边四方部落氏族、部族、民族的自称,后来随着民族矛盾的发生和激化,这些称呼变成了华夏统治者和汉族对他们的蔑称。起初用四方分称:东夷、西戎、西番、西胡、北狄、北胡、北虏、南蛮。后来用其中一方特称扩大泛指外族,如说"北夷、南夷、西南夷、以夷制夷、戎心、戎夷、戎狄、戎华、戎虏、戎蛮、西蛮、北蛮、番兵、番邦、群狄、狄道、狄隶、胡人、胡奴、胡虏"。

英语中的 Dutch(荷兰人),因为从 17 世纪以来英荷矛盾战争频繁,渐渐带上浓重的贬义,用于许多熟语和惯用语中。如要表示"处于困境",就说"处在荷兰人之中"——in Dutch;要表示"酒后之勇",就说"荷兰人的勇气"——Dutch courage;要表示"妓女"的意思,就说"荷兰寡妇"——Dutch widow。由于种族的歧视,Negro(黑人)的陪义由中性变贬义,由于黑人民族运动的口号中不断用"Black"(黑),结果这个词的陪义变得庄重了。(汪榕培,1997$_b$:258~259)

社会是语言的外部因素(索绪尔,1980:43),但是社会又不是一般的外部因素,而是客体世界中最重要的外部因素,因为语言是特殊的社会现象,语言跟社会诸因素有千丝万缕息息相关的关系。仅从以上因素说明促使义位演变的客体世界及其中的社会原因。

5.4.3 主体世界的原因

义位的第二个主要来源是主体世界,义位中包含的第二个主要因素是主体因素,即精神内容。(见 2.3.4.2 节)因此,主体世界的变化发展,必定是推动义位演变的第二个动力。这个动力包括的主要方面是:思维认识,思想观念,心理感情。

5.4.3.1 思维认识

人类思维最重要的功能是越来越善于抽象化,由认识物体的具体的可感特征到认识事物的抽象的本质属性。这个思维规律推动着义位的演变。

"锋利"至少有一千八百多年的历史。在东汉末年的《汉记》等书中用它形容武器等尖利,容易刺入或切入物体。到中古演变出抽象意义,用它形容言论、文笔等尖锐,一下子切中事情的要害。把原来物体的具体的可感特征抽象为事物的内在属性。

随着人类认识的科学化和现代化,有许多义位也逐渐科学化和现代化。公元前 3 世纪,约与孟子同时的亚里士多德认为脑是冷却过热血液的调解器。东汉末年,距今近一千九百年的时候,《说文解字》说"脑"是"头髓"。公元 12 世纪,金代张洁古认识到各种感觉是脑的活动。到 16 世纪,李时珍认识到"脑为元神之府",有精神意识、思维活动。这一看法被 17 世纪英国解剖学家威利斯的实验证实了。从此以后,各语言的"脑"才渐渐产生"思维、记忆、意识"等意思,侵入"心"所占据的千万年的思维义场。汉语说"脑力、脑神经、脑筋(动~、~好、旧~、~开通)、脑子(~快、~灵、动~、~好使)"。英语的 brain(脑、脑子)用复数常指脑力、智能、智慧、有头脑的人等。cudgel one's brains over 是"苦思苦索",lack(want) brains 是"智力不足",tax one's brains 是"费脑筋",use your brains 是"开动一下脑筋",have a good brain 是"聪明、有好脑筋",have a lucid brain 是"思路(头脑)清晰",a man of brain 是"聪明人"。从亚里士多德至今两千多年,人脑这个客体基本没变,只是到了近代,随着人类认识的提高,"脑"才产生了新的科学义位。

5.4.3.2 思想观念

思想观念的更新,促使义位由旧变新。宗教迷信类的义位多从虚幻意义引申出较现实的意义。"天堂",在宗教思想观念里跟"地狱"相对,指人死后灵魂升天所住的永享幸福的地方。由此引申指现实世界中特别幸福美好的地方。"灵魂",宗教、迷信者认为它是人的躯体的精神主宰者,它存于躯体中人就生存,它离开躯体人就死亡。由此引申指人的心灵、思想、精神、良心,又指事物之中起主导和决定作用的因素。

指称人的一类义位随着思想观念而升降。1949年建立新政权、新社会,许多思想观念更新。"老板"这个词贬降,除了是戏曲界的旧尊称之外,只指私营工商业的业主,后来被尘封了三十多年。直到80年代,随着市场经济的观念更新,"老板"升值了,私营工商业主自然仍旧可以称为老板,国营工商业的领导人也荣获了"老板"桂冠,连政府、大学等事业单位及其部门的主管,甚至博士生导师、硕士生导师也得了个民用诨号"老板"(在非正式场合)。百万富翁荣膺"老板"还算名副其实,囊空如洗的打工仔也被人戴上"老板"的高帽,实在敬重过头了。更有甚者,"老板"的势力扩张到物,市场上充斥着"老板杯、老板裤、老板鞋、老板台、老板椅、老板方便面"等。

英语的 actor(演员),在莎士比亚年代,其社会地位低,是令人鄙视的职业;到了影视时代,演员从舞台走上银幕屏幕,地位提高,令人仰视。因而在人们的思想观念中,词义随之扬升。

法语的 soldat(士兵、军人),在实行义务兵役制以后,在法国人的思想观念里,这个词义褒化扬升,甚至一个将领也可以用这个词指称,第一次世界大战刚结束时这个词还有"英雄"陪义。(梁守锵,1964:64)

5.4.3.3 心理感情

心理感情的因素促使义位不断演变。

人们的心理包括多种多样的心理欲望:求新、求美、求省、求雅和求秩序等等。在语言使用中的每一个欲望都是义位演变的永不停止的动因。

求新,就是追求语言表达上的新颖、新奇。汉族人的面部从甲骨文时代至今三千多年还是那张脸,可是表达它的名称却从"面"变成"脸",而且"脸"的义域从面颊扩大到整个面部。其演变的重要原因是中古文学表达在这个语义场中开始弃旧("面")求新("脸")。(解海江、张志毅,1993)客体没变,词义变了,这就是"词义变动的典范领域"。(梅林格)它充分体现了莱昂斯(1978:45)的"新奇价值"(surprise value)。符号形式越新颖,新奇价值越高,信息量越多。

求美,就是追求语言表达上的美感,生动形象。美感的形象化是语言表达的基本原则之一,这就是义位的比喻义层出不穷的动因。"恩惠"比较抽象,文人常用"春风"做比喻,内含春风送暖、春风送雨、春风送生机,给人以美的形象。这样"春风"便演化出"恩惠"义。

求省,就是追求语言表达上的省力、省略、经济、简洁。这样常使义位演变出新义。"机"的基本义是机器,引申义是飞机,但是这两者并不是直接演变的,其间有个省略的过程——"飞机"省略为"机",如:机场、机票、机群、客机、班机、运输机、轰炸机,等等。这样的省略促使"机"派生出"飞机"意义。

英语的 gold(黄金)演变出"金牌"义,也是由一个省略过程促成的:gold medal(金牌)省略为 gold。

求雅,在这里是以点代面,指多种心理倾向:避俗求雅、避凶求吉、避讳求饰、避恶求好。这样常促使义位派生出新义。"老"是汉语里资格最老的义位之一,仅有文字记载的历史就有三千五百年以上,初始意义是老人或年龄很大的,到唐代为求雅,用它婉称"死"(当时可以单说,不用跟上"了",后来都得跟上"了",都说"老了"),于是"老"便有"死"义。"方便"在汉语里资格不老,大约是魏晋时代才在文献里露面,有"便利"等意义,到了明代为求雅才有了引申意义:婉称去大小便。英语 elevated 原有"升高的、振奋的"等意义,为求雅在口语里引申出委婉义:酒醉。accident 原义是"意外的事情",引申婉称"车祸"。雅体语言需要避讳的内容很多,诸如神灵、魔鬼、上帝、天子、首领、战争、灾祸、疾病、死亡、污秽、詈骂、人体阴部等。其中较少的是人类文明早期的远古对自然的敬畏和不解,较多的是各民族传统文化礼貌的需求。因此莱文森(1983)认为"委婉开始是一种礼貌的隐喻"。

在求秩序这一心理影响下,新词、借词、方言词等进入共同语后,人们便在语义场内进行系统调整,使形成新的有序分工。(束定芳,2000:60)

作为义位演变的动因,还有一个重要的心理因素——感情。早在

1923年,斯培尔伯就详细论述过下意识的感情因素对词义发展的作用。他认为,早期德语的 Kopf(碗儿、罐儿)到中古因为一位诗人说战士因强烈的情绪要粉碎敌人 Kopf(头颅),于是引申出"头颅"义。"它包括爱好和嫌弃的感情,其中紧要关头是被爱好的形式伸展到一向属于受嫌弃的形式的实际应用中去。"建筑商用一个富有感情含蓄义值的 home(家)代替 house(住宅)做广告。(布龙菲尔德,1980:543~546)结果 home 在美语里引申出"住宅"新义位。乌尔曼(1962)再次强调了感情动因。事实上语言中不乏"仇、恨"和"爱"相互转化的妙例。"冤家"是仇人,对仇人自然充满仇恨,而仇恨这种感情因为千丝万缕的恩恩怨怨也隐寓对配偶(或情人)的情感之中,有恨更有爱,有苦恼更难舍难分,这个导情索居然把"冤家"导出"配偶(或情人)"义位。"小鬼"是对神的差役的憎称,转成母亲对孩子的爱称或一般人对小孩的爱称。母亲对孩子似憎实爱、明骂实爱的称呼还有"小淘气"、"(小)调皮鬼"、"(小)坏蛋"等,只不过这样的称呼还停留在修辞用语阶段,尚未引申出新的义位。感情因素促使义位演变的一个显著结果就是义位的贬降和扬升。详见5.3.3.7和5.3.3.8两节。

  以上是强烈的感情促使词的超常使用,因而引起词义的演变。此外,还有移情,也能促使词义演变。移情,在心理学上指把主体情感活动移嫁客体事物,使之变为有感情的;或把 A 有生命客体事物的情感活动移嫁 B 无生命客体事物。"喜"是高兴、快乐的人的感情,把这种感情移嫁给"事",在中古就造出"喜事"。这个词起初泛指令人高兴、值得庆贺的事情,如结婚成亲、怀孕生子、及第升官、大病痊愈、丰收发财,等等。但是,升官发财等喜事跟百姓的缘分极少,而结婚成亲的喜事则家家必有,家家都有的情感因素推动着"喜事"到了近现代又缩小义域,可以特指结婚这一种喜事。"吼"在中古以前是牛叫和猛兽发怒大声叫喊,是特指词(同类的还有犬"吠"、马"嘶"、鸟"鸣"、人"叫"[后来也泛化了]),带有令人畏惧厌烦的感情,以这种感情为导线,"吼"演变出"发怒或情感超常时大声地叫喊"。可以用于人,也可以移情用于风、雷、汽笛、大炮等(指发出巨响)。

以上便是心理因素的动因。一个外国学者鲁德过分地夸大了心理动因:"每个(词义)变化的直接原因都是一种存在于个人内心的心理学的现象,即说话者为运用其语言来表达他的思想所作的努力。"(梁守锵,1964:72)心理因素只是主体世界的一部分,而主体世界仅仅是客体世界的反映。主体世界和客体世界都是义位演变的外因,而外因又离不开义位演变的内因——语言世界。

5.4.4 语言世界的原因

在 2.3.4.3 节讲过,语言世界是义位的重要来源。当代西方哲学主流学派认为,语言世界和客体世界具有同构性。现代语言学的结构主义学派认为,命名的同时就是携带客体世界或主体世界的一个或一类事物到语言世界系统中选择一个适当的位置,因而义位必然受到聚合和组合纵横坐标的多项多种要素的相互关系及差异性的制约。简言之,就是义位受制于语言结构系统。因此,语言世界既是义位三大来源之一,又是义位演变的三大原因之一。

在客体世界和主体世界都没变的情况下,义位变了。这时只好到另一个世界去寻找动因,这就是语言世界的动因——语言结构的不平衡性。其中主要是语音的有限性、任意性同语义的无限性、理据性的矛盾。语音单位(词的语音形式)是有一定数量限制的,语音单位同事物的初始联系是任意的;语义单位(义位等)是无限的,随着表意的需要不断产生新义位(已经记录在词典中的有几百万乃至上千万。每年产生几万甚至十来万,记入各种词典的数量不等,但记录下来的毕竟是少数)。语义的派生单位同语音的联系不是任意的,而是受事物的、语义的、语法的、语音的各种关系制约,因而是有理据的。对这个不平衡性的矛盾,语言在自发地调整、解决,结果就是一个词的语音形式先后表示两个以上的有联系的义位,这就造成了义位的演变。其中的动因可以分解为三个方面:语义原因、语法原因、语用原因。

5.4.4.1 语义原因

语义系统对义位演变的制约,集中表现在同义、反义、类义等语义场中义位对义位演变的左右。

同义义场中比较显著的现象是新词的产生和借词的引入促使义位演变。英语的一个同义义场有的涌入几个借词,如拉丁语或希腊语的古典词、法语词、美语词等,这些借词促使同义义位转移、扩大或缩小。英语的 harvest 本义是"秋天"或"收获时节",后来从法语借来 autumn(秋天),促使 harvest 转义为"收割、收成"。英语的 deer 本义是"动物",后来从法语借来 beast(兽),促使 deer 的意义缩小为"鹿"。(伏尔诺,1959:19)

英语 motor 译成汉语,最初有两个音译词:"摩托"、"马达",都指发动机。在一个义场里出现了两个完全等值的义位,造成了义场的失衡,趋势是:或者淘汰其中一个,或者分工。结果二者按绝对同义词分化的"同义词分配法则"(布雷阿尔)分化了:"摩托",指内燃机;"马达",指电动机。再进一步分化:"摩托"在一些地区口语里又可以指摩托车(以内燃机为动力的两轮或三轮脚踏车),"摩托"和"马达"在许多语境中又分别被意译词"内燃机"和"电动机"所代替。

五四时期许多混用的词,如:性命/生命,时间/时刻,信条/教条,和平/平和,决议/议决,展开/开展,后来都按同义词分配法则分化了。

"左、右"两个义位处于一个对立义场,互相拉动演变。在甲骨文里,左右都被描画成左右手的形状,古人发现右手力量大于左手,于是权势系统里第一次引申出一个抽象概念——尊右尚右。因此,《战国策》说"胜者为右",《史记》说"贵戚诸有事在己之右",《汉书》说"无能出其右者"。由此,"左"变为卑下,于是便有官吏的"左迁、左降"。第二次"右"引申出"崇尚、尊敬、重视、亲近"等义,"右文、右武"就是崇尚文治、武治。由此,"左"引申出"右"的反义,说"右贤左戚"(《史记》)就是尊重贤能,不尊重贵戚。在方位系统里,受阴阳观念的制约,"左"为阳,"右"为阴,因此引申出"左"为尊,"右"为卑,《仪礼》说"长在左"、"宾入门左"。古人的庙位、墓位、祭位、民车车位都是左尊右卑,直至今日还有"男左女右"

的说法。也许出于偶合,在1789年法国资产阶级革命会场内,进步的山岳党人也坐在左侧,保守的基朗特人也坐在右侧。(张乃一,1988)于是法、英、俄、德、汉等等语言中的"左、右"都演变出"左派,右派,左倾,右倾,左翼,右翼,进步,保守,革命的、反动的"等相对的义位。

"白"的演变拉动了"红"的演变。"白"在汉代引申出"丧事"义(因为办丧事时常穿白衣服),拉动"红"在汉末引申出"喜事"义(因为办喜事时常穿红衣服)。"红、白"开始进入反义义场,接下来的演变是"红"和"白"互相推动,而且拉动了"红"的同义伙伴"赤"。20世纪初,俄国革命前后,把"红、白"引申指政治评价义:分别象征革命的和反动的。汉语把俄语的"红"也译为"赤",于是就有了"赤俄、赤都、赤潮、赤党、赤旗、赤区、赤化、赤卫军(队)、赤色政权(分子)"、"红军、红旗、红区、红小鬼"等。相对应的,有"白军、白匪、白旗、白区(地)、白狗子、白色恐怖"等。

"文"本义是"图形、花纹","字"的本义是"乳,生子"。后来"文"引申出"文字"义,"字"也引申出"文字"义,"文"和"字"开始进入同义义场,类比演变便从这里开始。首先是分化,独体为文,合体为字。然后又合流,都可以指金属币有文字的一面,即正面。

同场同模式是义位演变的一个规则。这个规则有时是以等比规则表现出来的。例如上述实例的比例是:

右(手):左(手) = 尊:卑

右:左 = 卑:尊 = 保守的:进步的

白(色):红(色) = 丧事:喜事

白(色):红(色) = 反动的:革命的

这些演变中包括类推法:以语言单位A的变化模式为标准,推导出单位B(或B、C)等变化的同类规则模式,即让B的变化依照A例而规则化、模式化,包括语音、语法、词汇等各类的规则化。

5.4.4.2 语法原因

语法促使义位演变,主要表现在三个方面:语法功能促使义位产生转类义位,语法功能促使动词等义位产生使动义位,语法功能促使实词产生虚词义位。

(1)不是先产生转类义位,而是语法功能的改变在前。语法功能的改变促使义位产生转类义位,仔细分析,类别是不同的。

①由多功能变为单一功能,促使词位由"兼类"义位变为单类义位。"衣、饭、雨"等在先秦汉语中,处于主宾位置和处于谓语位置的分布比例数量,几乎是相当的,兼有名动二义。后来,渐渐只用来做主语和宾语,而谓语的位置代之以更便于表意的"穿、吃(喂)、下",因而"衣、饭、雨"等只保留了名词义。

先秦的"衣、饭、雨",足以证明"静词与动词最早是不分的","它们的分化是发展的结果,这是许多语言的历史所证明了的"。(契科巴瓦,1956:71)它们在分化之初,界限不严,"名词在句中广泛地起着谓语作用"。(布达哥夫,1956:224)"在很多语言中动词和名词的区别很小或者根本没有区别"。(柯恩,1959:42)如果认为"衣、饭、雨"等是词类活用,那就是以今律古。上古早期的实际是,"衣、饭、雨"从不分词类到分而不严,充其量是"兼类",绝不是活用。

②由A语法功能派生出B语法功能,使词位由A类义位派生出B类义位。"兵、城、门"在古汉语中初始的和优势的分布是居主宾语位置,本是名词义位,演变的和劣势的分布是居谓语位置,演变出动词义位:"兵"是以兵器杀人,"城"是筑城墙,"门"是守门或攻门。可是这些转类义位不常用,表意不准确,因此没有延续到近现代汉语。有些转类义位常用,表意又较准确,一直沿用至今。如"点、关、盖"由名词转成的动词义位,"香"由名词转成的形容词义位。

(2)语法功能的改变促使动词等义位产生使动、意动、为动、被动等义位。不及物动词、形容词、名词,一般不用在名词宾语之前;如果用在名词宾语之前,即改变了通常的语法功能,久而久之,促使其自身产生使动义位。如:

项伯杀人,臣活之。(《史记·项羽本纪》)

放郑声,远佞人。(《论语·卫灵公》)

起死人而肉白骨也。(《国语·吴语》)

"活之"、"远佞人"、"肉白骨",其表层结构是述宾,深层结构是递系结构:"之"、"佞人"、"白骨"都是兼语,述语都含有使令义位,被某些辞书记录在案——"活"是使活、"远"是使远离、"肉"是使长肉。这些义位后来在口语中消失了,口语中又产生了新的使动义位。如"方便群众"、"端正态度"、"整齐步调"等。

有些及物动词偶尔也有使动用法,久而久之也产生使动义位。如:

华元杀羊食士。(《左传·宣公二年》)
晋侯饮赵盾酒。(同上)

及物动词带名词宾语,表层语法功能未变,语境使得它们改变成另一种深层语法功能和语法意义:"士"、"赵盾"都是兼语,动词产生了使令义位,被某些辞书记录在案——"食"是使食,"饮"是使饮。尽管这类义位常用语音(音质音位和非音质音位)标记,如"食"读 sì,"饮"读 yìn(还有"远"读 yuǎn),但是表达上常出现歧义,因此后来还是消失了。

(3)语法功能促使实词产生虚词义位。虚词在人类语言史上是产生较晚的词类,大多数虚词义位都是由实词义位转化而来,其转化的重要条件是实词的语法功能的改变。

"被"在上古有施加、施及、蒙受、遭受、使蒙受等动词义位,带体词宾语。到战国末期以前,"被"又用在充当谓语的及物动词之前,也表示使遭受某种行为,如"万乘之国被围于赵"(《战国策·齐策》)。这个语法功能的改变,就促使"被"向介词转化,成为被动句的标志,表示"被动"义位。到汉末以前,"被"又用在名词之前,引进行为主动者,表示主语是受事,如"臣被尚书召问"(蔡邕)。这个语法功能的改变又强化"被"的表被动的义位。唐代以后,"被"字式被动句渐渐占据了被动式的主流。(王力,1990)

5.4.4.3 语用原因

语境是语用层面的首要因素。离开语境,语言的一切演变便成为无本之木,无源之水。语境是语言演变的土壤。语流义变自然植根于语境,非语流义变也萌芽于语境。语流义变促使一些非语流义变的产生。

最小的语境便是邻近组合词围,它启动了义位演变。按照量器"斗"的语义特征说,无缘派生出"大"、"小"义。可是,当"斗"第一次被孔子说成"斗筲之人,何足算也"(《论语·子路》)的时候,便萌发了义位比喻变体"小"。后世又常说"斗室、斗门、斗船、斗帐、斗城、斗舍"(A),"斗胆、斗印、斗石、斗碗、斗笔"(B)。A类词围是"斗"的后面跟上个比斗大的名词义位,这样就比喻小如斗,"斗"演变出"小"义;B类词围是"斗"的后面跟上个比斗小的名词义位,这样就比喻大如斗,"斗"演变出"大"义。

"闻"在上古早期汉语,一直是听见的意思。到战国末期,《韩非子·十过》使用了一个新的组合"闻酒臭而还"。后来,曹丕说"五里闻香",《孔子家语》说"如入芝兰之室,久而不闻其香",杜甫说"伫闻粳稻香",苏轼说"时闻风露香"等等。直至宋代末年,"闻"完成词义转移:"闻"的"听见"义渐渐被"听"这个词位取代,从"听觉"义场退出;"闻"开始侵入"嗅觉"义场,并渐渐取代了"嗅、齅"的主导地位。这个转移就导源于从"闻声"的正常组合转为"闻味"的超常搭配。因为词用在不平常的搭配中,就开始产生转义。(伏尔诺等,1955)总之,新的线性义场是新义位产生的温床。在温床中发生的演变,多数是伙伴间的语义感染,少数是组合语义从A伙伴流淌并凝聚在B伙伴上。(倪波等,1995:229)这类演变的主要原因,不是客体世界,也不是主体世界,而是语言世界的语用。

利奇(1983)等几位语言学家把修辞学纳入了语用学研究范围,认为修辞学研究的是人际或者语篇的对话原则和准则。修辞对语义的影响是显而易见的。

孔子说"修辞立其诚。"(《易·乾》孔颖达疏:"诚,谓诚实也。")比孔子小82岁的苏格拉底(柏拉图的老师)说修辞学是"谎言之母"。

从现代语用学来解释,孔子的说法和格赖斯的"质的准则"是一脉相通的。而苏格拉底的说法,大概是片面地注重了修辞语言的一个缺憾——有违"质的准则"。由此导引出柏拉图等人把比喻看成语病。他们也只是孤立地看到了比喻的非逻辑性。逻辑的原则是"异类不比",可是"凡喻必以非类"。(钱钟书)有人把这类修辞手段称之为"逻辑变异法"(metalogism)。因为这种变异法符合语用的另一个原则——兴趣原则(interest principle,利奇,1983),所以它们在语言中永存,并且成为义位演变的永久动因。其中动力显著的依次是:比喻、借代、委婉、夸张。

比喻,在外语研究的论著中,是个较广泛的概念。包括:明喻(simile)、隐喻(metaphor,汉语常叫暗喻)、转喻(metonymy,或译换喻,来自希腊语的meta[代用]和onyma[名字],汉语常叫借代)、提喻(synecdoche,来自希腊语的syn[共同]和ekdechomai[收取],专用于转喻或借代中的整体和部分的借代,因而雅柯布逊认为提喻是转喻或借代的一个亚类)。

明喻带有一定的真实性,而隐喻是虚的(戴维森,1978),"人类思维是隐喻性的。"(理查兹、雷科夫)因此隐喻更富有活力,在推动义位演变的能力方面远远超过明喻。比喻义中大多数是隐喻的结果。难怪从18世纪意大利哲学家维科到20世纪开头的德国心理学家冯特都特别注重隐喻。20世纪30年代,布龙菲尔德在五种修辞动因中格外强调"语言是一部褪了色的隐喻的书"。后来雅柯布逊又把隐喻和换喻并称为言语活动的两大支柱。乌尔曼(1962:214~218)分析了各种隐喻动因。隐喻和转喻的结果往往是义位的转移,提喻的结果常常是义位的扩大或缩小。

借代,在汉语研究的论著中,包括转喻和提喻,是跟比喻并列的。

委婉,实际上是变体隐喻:禁忌隐喻,礼貌隐喻,美化隐喻。委婉有两种:创造新词的婉称,促使词汇丰富;利用旧词的婉称,促使词义演变。从人类文明的早期直至现代文明的今日,委婉都以其强盛的生命显示出极高的能产性。

夸张(hyperbole,来自希腊语的huper[超过]和ballō[扔],或译为夸喻)是最明显地违背质量和真理原则,也最明显地符合兴趣原则的修辞手法。夸张最初的作用是使义位的基义和感情陪义由弱变强,但是由于某一夸张长久使用,反而使义位由强变弱。这是夸张普遍的最终结果。(布龙菲尔德,1980:527。拉耶芙斯卡娅,1960:126~128)

夸张和隐喻有时融合在一起使用。"海"的夸张和隐喻义位是广大。凡是见过海的人,无不惊叹其广大。庄子赞叹说:"夫海,千里之远,不足以举其大；千仞之高，不足以极其深。"潘岳惊叹说："流沫千里，悬水万丈，测之莫量其深，望之不见其广。"由此，人们便用"海"比喻夸张"极广、极大、极多"。唐代有"海口"（大而深的嘴，又指大话）、"海学"（博学），元代有"海量"，清代有"海碗"（特大的碗）、"海骂"（肆意大骂）。历代累积至今有"学海、墨海、曲海、宦海、苦海、林海、火海、血海、云海、菊海、麦海、棉海、人海、人山人海"等。外语也有同样的比喻和夸张：英语的 sea（海）可以说 a sea of faces（人山人海）、a sea of flame（火海）、seas of blood（血海）。法语的 mer（海）可以说 une veritable mer humaine（人山人海）、une mer de mots（浩瀚如海的词汇）、une mer de sable（茫茫如海的沙漠）、une mer de ble（麦海）。俄语的 море（海）可以说 море людей／людское море（人山人海）、море огня（火海）、море крови（血海）、житейское море（苦海）。

总之，在语用中，语言单位先闯进了一个异常语境，寻觅一个新搭配伙伴（词或义位），造成了语义结构网络的新差异。这种差异起初只是千千万万个修辞用法，其中有数以万计的在时间上延续下来、在空间上扩展开去，继而引起不同程度的义变，得到语言共同体的认同，取得义位系统的正式席位。语言实际上就是由差异构成的网络，由差异引起的语义链中的新旧质的生灭过程在历史长河中永动不停。

以上谈了义位演变的三个原因：客体世界的原因、主体世界的原因、语言世界的原因。这只是为了讨论的方便而构拟的理论框架。事实上，一个演变的结果，常是两个或两三个动因交互作用的结果，只不过其中有主次或先后之分。

第 六 章

义位描写论

第一节　义位两种变体的描写

6.1.1　三种词典的描写比较

《现代汉语词典》(为了列表比较,在这里简称为《H》)、《简明牛津词典》(1990年牛津,简称《N》)和《俄语词典》(奥热果夫,1963年莫斯科,简称《E》)都是中型的语文辞书。下面先观察它们对"水"和"太阳"语义特征的选择(见图表6－1),然后再评论其中对义位变体的描写。

图表6－1

水	《H》	最简单的氢氧化合物,化学式 H_2O。无色、无味、无臭的液体,在标准大气压下,冰点0℃,沸点100℃,4℃时密度最大,比重为1。
	《N》	无色、透明、无臭、无味的液体,氢氧化合物,化学分子式是 H_2O。
	《E》	透明、无色的液体,纯净的状态是氢氧化合物。
太阳	《H》	银河系的恒星之一,是一炽热的气体球,体积是地球的130万倍,质量是地球的33.34万倍,表面温度约6,000℃,内部温度1,500万℃,内部经常不断地进行原子核反应而产生大量的热能。太阳是太阳系的中心天体,距地球约1.5亿公里。地球和其他行星都围绕着它旋转并且从它得到光和热。
	《N》	地球轨道所围绕的天体,地球从它那吸收了光和热。
	《E》	炽热的球形天体,地球等星球围绕它旋转。

从图表比较中,可以得出以下几点看法：

(1)对"水"这个义位,《H》选择了七个范畴特征,《N》选择了三个范畴特征,《E》选择了两个范畴特征。《H》比《N》、《E》多选了四到五个特征。

(2)对"太阳"这个义位,《H》选择了十一个范畴特征,《N》选择了两个范畴特征,《E》选择了两个特征:一个指称特征,一个范畴特征。《H》

比《N》、《E》多选了九个特征。

(3)《H》比起《N》、《E》,向百科性倾斜,它选择的是学科义位或准学科义位。这样做,在词典编纂上也有一定的理论根据。兹古斯塔(1983:38)认为"在现代文明复杂的世界中,几乎所有使用语言的领域,都在不同程度上存在着一种追求越来越精确的倾向……在那些有悠久的语文学、哲学和一般文化作品的语言中,有一大部分所指内容倾向于接近准确的概念……帮助并且促使(即便是间接地)这种概念和术语明确起来,是词典编纂者一项最重要的任务。"当然,这项任务的主要承担者是百科性辞书,而不是语文性辞书。

(4)《N》和《E》比起《H》,向语文性倾斜,它选择的虽然不是普通义位,但是已经把学科义位大大地简化了。

6.1.2 描写原则

在兹古斯塔(1983:348)看来,《N》和《E》尽管已经向语文性倾斜,但是不够。他认为"说明语义特征的依据"是"对说这种语言的普通人相关的东西,而不是通过科学研究才能感知的特点"。对此,他解释说:"这可能是词典学的语义处理和布龙菲尔德语义学之间差别的主要一点。布氏语义学归根结底是以对所指客观对象的研究为依据的。"实际上就是语义学范畴或原则在词典中的相对性问题。由此他得出结论:

英语 water(水)一词(作为普通用语)定义为"the liquid as in rivers, lakes, seas and oceans"(江河、湖、海洋中的液体)比定义为"the liquid when pure consists of an oxide of hydrogen H_2O"(纯净时仅由氢二氧一 H_2O 构成的液体)要好得多。

这里对"水"的较好定义是突现其指称特征。这种直观定义,是语文性辞书中最常用的"词典定义"。它不同于逻辑定义和科学概念,在俄语中,它们叫 дефиниция,而词典定义叫 толкование(意为解释、说明。兹古斯塔,1983:345),其间的区别较清楚。远在奥热果夫 1949 年编《俄语词典》之前,即 1940 年,谢尔巴院士就在《科学院通报·语言和文学部分》发表了《词典编纂法一般理论初探》,其中第二部分是"对立面之二:

百科词典和普通词典",结尾一段特别强调了术语在标准语和职业语中往往有不同的意义。例如 золотник(活塞阀)"普通词典只能作如下解释:'蒸汽机上的一个零件'"。又如"прямая(линия)(直线)的几何定义是:两点间最短的距离"。而在标准语中,在生活中,"'直线'是指一根不左右(或上下)弯曲的线。""总之,必须记住,没有任何理由给语言强加一些不是它固有的概念,因为这些概念并非语言交际过程中必需的因素,这一点是主要的和起决定作用的。"(石肆壬,1981:20~21)可见,语文性辞书选择的语义特征是言语交际的必需因素。这些因素主要是义位的表意特征和指物特征,其次是范畴特征。德国德语研究所计划编一部《疑难词手册》(*Handbuch der schweren Wörter*),专收重要的常用常见的专业词汇,用外行所能理解的方式释义。这种方式主要是指选择表意和指物特征。

第二节 义位描写的整体论

6.2.1 现代语文词典的整体论

传统语文性辞书编纂思想是原子观占主导地位,现代语文性辞书编纂思想是整体观占主导地位。这种转变导源于20世纪初以来的语言哲学、语言学、心理学等的新思潮。

现代哲学的始祖弗雷格早在19世纪末就主张整体论——整体决定原子,词语的意义(言语意义)只有在语句中才能确定。到了20世纪初,索绪尔才认为,语言系统的词义是受语言整体系统决定的。后来,哈克、蒯因、戴维森、心理学格式塔(Gestalt)学派、哲学维也纳学派逐渐形成、发展为较有影响的整体论思潮。《简明牛津词典》(以下简称《牛津》)、《小罗贝尔法语词典》、奥热果夫的《俄语词典》(以下简称《俄词》)和《现汉》等现代中型语文性辞书就是在这一思潮中产生的代表作。

现代语文性辞书编纂法中从前只是有以"相关条目"为代表的整体观念雏形,还远不成体系,急待充实、推进、完善。辞书编纂的整体论有十分丰富的内容需要探讨。现代语言学、词汇学、语义学从宏观和微观两个方面促进了辞书编纂整体论的发展。

6.2.2 宏观整体论

辞书编纂的宏观整体论,除了哲学思潮之外主要来源是宏观语言学(macrolinguistics),其中诸多社会因素直接影响许多种类词的释义。无论以教人理解语言为己任的描写性辞书(20世纪初兴起,如韦氏三版),还是以教人使用语言为己任的规范性辞书(形成于18世纪中期,如《法兰西学院词典》)以及居于二者之间的辞书(形成于20世纪初),都必须把科学、民族社会、历史、文化、政治、思想作为自己的宏观整体背景。

受这个宏观整体背景制约,已经没有纯粹的语文性辞书,只有语文性突出的辞书。现代语文性辞书向百科性靠拢,增加科学因子,显出一定的兼容性,已成为一种趋势。但是靠拢的步子大小,实在令编者举步维艰,令读者说三道四。《现汉》对"米"(公尺)的释义是:"长度单位。在国际单位制中,1米是光在真空中于1/299792458秒时间间隔内所经过的路程……"这是1983年巴黎第17届度量衡大会所决定的,用物理学的一种基本常数界定"米"的长度。《现汉》向这一科学成果迈了一大步。而1990年版的《牛津》还维持传统的释义,或许其编者认为反映"米"的物理学界定应当是百科性辞书的任务。《现汉》释"三星"为"猎户座中央三颗明亮的星……"比《辞海》只释古籍中的"三星"更得体。

历史像一面巨大的镜子照着与之相关词条释义的原形以及扭曲的尺寸。《汉语大词典》(以下简称《汉大》)是语文性的历时大辞书,卷一876页给出"卒"的第五个义项是"古代指大夫死亡,后为死亡的通称"。可是,历史上的一些事实告诉我们:不是"古代",而是周代,到了唐代已定为"五品以上称卒"。更严格地说,也不是整个周代,而是周代礼制之一,因为同是《礼记·曲礼下》的礼制另定"寿考曰卒,短折曰不禄"。其实《礼记》常记礼制的理想,实际则不尽然。正如《史通》所说:"夫子修春秋,诸国曰卒,鲁独称薨。而马迁史记西伯以下与列国诸侯同加卒称。此略外别内耶?向贬薨而书卒也?"

6.2.3 微观整体论

微观语言学(microlinguistics)和语义学给微观整体论注入了诸多营养。

阿普列祥(1986)提出辞书编纂中对语言进行整体描写的原则,是属于微观整体论范畴的。他的原则包括六个总则:能指(词形、语音等),形态,语义,语用,交际特性,句法。每个总则又包括一些细则、细目。如"语义"之下又有十个细则、十个细目。(倪波等,1995:267)但是,他的总则和细则,大多数讨论的是一个词位或一个义位内部的多种信息整体。这是辞书微观整体论的一个侧面,我们要讨论的是另一些侧面,从这些侧面才能纵览微观整体论的全貌。

(一)语义场的整体观是现代语义学影响下的语文辞书编纂的第一新思想。

一种语言是由千百个高层义场、中层义场、底层义场构成的语义整体网络。尽管语义场的切分至今还没有一个令人满意的结果,但是已有的类似成果是可以参考的:罗杰特的《英语词汇宝库》(译法多种)分出6个大类,1000个小类;巴利在《法语修辞学》(一译"风格学")改进分类法,分出10个大类,297个小类;梅家驹等的《同义词词林》分出12个大类,94个中类,1428个小类,3925个词群;林杏光等的《简明汉语义类词典》分出18个大类,1730个小类。对于语文辞书的编者来说,最重要的不是高层义场和中层义场,而是底层义场,即上述的小类(包括相关的小类)和词群。

只有掌握底层义场,才能从整体观了解场内缺少的义位(或词项)。如果对《现汉》来说,收词必须讲究选择的高度智慧和技巧,那么对于《汉大》来说,收词尤其需要突出语文性内容的广泛,语文性词条的齐全。如果按其部首及所属下的词目去检查它收词齐全与否,常常是瞎子摸象。如果按底层义场去检索,往往会发现它漏收了许多义位。如"银行"底层义场,只收了"银行、钱店、钱庄",漏收了"银馆、钞店、钞商、版克"等。敬谦中层义场的几个底层义场都漏收了许多义位:诸翁、尊方、尊台、贤婿、阁府、芳驾、芳鉴、芳教、芳影、芳踪、小孙、愚弟、敝上、拜晤、恭迎、鼎助、粲正、台启、勋鉴、鉴纳、枉临、承问、承询、承惠、奉陈、拜陈、呈上、呈准、谨领、领悉、敬复、敬念、惠示、菲礼、殡天、借聆……

只有掌握底层义场，才能从整体观了解场内义位的价值。索绪尔(1916)多次谈到价值，特别是分析出了构成价值的两个因素：一是表示观念、有意义；一是跟"表达相邻近的观念的词"相对立，"任何要素的价值都是由围绕着它的要素决定的"。(1980:161~162)如果用其后1924年出现的新概念——语义场——表示他的卓识，就会简而赅：价值首先并主要表现为语义场中义位(或词位)之间的对立和差异。而语文辞书的中心任务就是反映、描写这些价值，提取现代语义学所说的区别性语义特征。义位包括由义场内外一系列因素决定的许多语义特征。而辞书，即使是详解辞书的释义也不能做穷尽式的描写。提取什么？这就显露出编者的见识、学识和智慧，显示出辞书的高低优劣。如：

[桌子]家具，上有平面，下有支柱，在上面放东西或做事情。(《现汉》)

一种家具，上面是平的，有一个或几个腿，用来吃喝、写作、工作或游戏等。(《牛津》)

在高支柱或腿上有宽而水平板子的一种家具。(《俄词》)

跟"床、凳子"同一底场的义位比较，《俄词》没有释出"桌子"的核心义素——功用这一区别性语义特征。这是释义的缺欠。但是其后用例语做了弥补：饭桌，写字桌，圆桌，等等。再如：

[球]指某些体育用品。(《现汉》)

[球]泛指某些圆球形的体育用品。(《汉大》)

跟"铁饼、哑铃"等同一底场的义位比较，《现汉》没有释出"球"的个性义素，比《汉大》稍显逊色。

只有掌握底层义场，才能做到同场同模式，从整体观统一场内各义位的释语模式。威尔兹比卡(1985)把日常词分为四个范畴：简单的人工制品，如口杯和大杯；复杂的人工制品，如自行车和汽车；民俗生物或自然类,如猫和狗;集合概念,如家具和衣服。同时建构相应的释义模式。阿普列祥提出"词汇的词典释义类别"(lexicographic group)(张家骅等,2003:151)要做到这一步,很不容易。因为词典的编写,一般是按音序或形序(如部首)分工的,即使到后期制作阶段统一处理相关条目,也照顾不到所有的场及其包含的义位。因此,从底层义场整体观视角重新审视现代语文性辞书的代表作的释语模式,常有不统一的缺憾。家具义场是被各国语义学家经常分析的底场,几近经典的范例,且看《现汉》对其中的三个义位给出的释语:

[椅子]有靠背的坐具,主要用木头、竹子、藤子等制成。
　　　　S_1　　CS_1　　　　　　　　S_2
[凳子]有腿、没有靠背的、供人坐的家具。
　　　　S_3　　S_4　　　CS_2
[沙发]装有弹簧或厚泡沫塑料等的坐具,两边一般有扶手。
　　　　　　　　S_5　　　　　　CS_3　　　S_6

从比较中可以看出 S_6 是"沙发"独有的语义特征,跟统一模式无关。此外,释语的模式有四点不统一:

第一,上坐标义位 CS_1 和 CS_3 是"坐具",CS_2 是"供人坐的家具",应统一为"坐具"。

第二,区别性语义特征之一,"椅子"和"凳子"给出 S_1 和 S_4,语义学记作[±靠背]。那么"沙发"有没有靠背呢?应该有。

第三,区别性语义特征之二,"椅子"给出 S_2,"沙发"给出 S_5,这是"质料"特征。而"凳子"没有给出这一特征。事实上,这一特征对三个义位有性质的分别:对于"沙发"是主要的、中心义素;对于"椅子"、"凳子"是次要的、边缘义素,给不给出无关紧要,以不给出为宜。

第四,区别性语义特征之三,"凳子"给出 S_3——"有腿","椅子"、"沙发"也应给出这一特征。是不是因为有上坐标义位"坐具",就不必说"有腿"呢?不是。因为"坐具"不都有腿,如"鞍子"等。

从底层义场释语模式审视,《汉大》的缺憾更多,如"现在、未来、过去"、"上款、下款"、"立春、雨水、惊蛰……"(二十四节气)、"角、亢、氐、房、心、尾、箕……"(二十八宿)等等义场释语模式都不统一。不再赘述。这是不可避免的。因为《汉大》起初是数千人大兵团作战,后来虽然收缩到四百多学者,但是三十多个编写组分散在华东地区五省一市的三十多个地点,编写人员及主要审稿人训练有素者较少,通晓词典学和语义学的人更少得可怜。

(二)等值语义链的整体观

辞书中的等值语义链有显性的和隐性的。

显性语义链指左项条目和右项释语是一个等式。列公式如下:

$$G = V + F \quad V = B + C$$

G 是词位或义位。右项常是一个义素配列式,把它分解开,有两个子项:V 是义值(相当于而不等于"概念义"),F 是义域(相当于而不等于"外延")。把 V 再分解开,又有两个次子项:B 是基义(相当于而不等于"理性义"),C 是陪义(相当于而不等于"感情义")。右项两个层次的子项 V、F 及 B、C 之和必须跟左项等值。《现汉》绝大多数右项两层子项都跟左项等值。极少数似乎也有待商量。先看右项的义值。如:

[家父]谦辞,对人称自己的父亲。

[情绪]人从事某种活动时产生的兴奋心理状态。

"家父"右项次子项陪义"谦辞"跟左项相当。可是基义大于左项,因为"称"可以是面称,也可以是引称(叙称或背称)。依据实际用例,"家父"不用于面称,而用于引称,因此,这里的"称"应改为"称述"。《汉大》用的是"称说",也较准确;可惜,这个词条的编者是不自觉的,对其余的"家~"谦辞引称的释语欠妥。至于"家~"之外的谦敬引称,更是莫守一式,这是出于众人之手的必然结果。《现汉》对"家父"的释义,就理解词语而言是通得过的,但是就指导运用词语而言有点偏差。

"情绪"右项小于左项,因为"兴奋"仅仅是情绪的一种。像"失败情绪、悲观情绪、忧郁情绪、情绪低落"不宜归属"兴奋"。此外还有"反抗/不满/对立/抵触/急躁/高涨/乐观/激昂/爱国/革命/战斗/不安/偏激……+情绪",是否可以概括为"一种情感状态",它是由爱憎、惊惧、欲望、喜悦、厌恶、怜悯等引起的,多是不稳定的。

再看右项的义域。如果说义值是义位的质义素,那么义域是义位的量义素。"量可以分为大小或多少两大类"。(亚里士多德)义域的量不仅表现为义位这个集所含元的大小或多少,即意义范围,还表现为使用范围。《现汉》使用多种方式方法准确地给出了跟义位等值的义域,偶尔也有千虑一失者。如:

[年龄] 人或动植物已经生存的年数。

[家属] 家庭内户主本人以外的成员,也指职工本人以外的家庭成员。

实际上,"年龄"的义域不限于"人或动植物",还可以用于有演化过程的某些物体:天体的年龄、地球的年龄、同位素的年龄、北京的年龄。而同一义场的"年纪",义域没有那么大。"家属"的义域不限于"户主"和"职工"的,还可以是"军人"、"烈士"、"被害人"、"罪犯"等的家庭成员。

显性等值语义链的"值"不仅包括词汇意义的义值,而且包括语法意义的义值。而这种值是语文性(区别于百科性)辞书给定的词的特有属性之一。因此,显性等值语义链也要求左右项语法意义相等。如:

[老奸巨猾] 指阅历很深,老于世故,而手段又极其奸诈狡猾者。(《汉大》)

左项是形容词,右项是名词性短语,左右词性不等值。《现汉》该条的右项是"形容十分奸诈狡猾",左右项词性等值。再如:

[固执] 坚持己见,不肯改变。(《现汉》)

左项是形容词,右项是动词性短语,左右词性不等值。右项之前应该加上"形容"二字。"固执"偶有动词用法,可以用例语提示该用法。

由以上各节可见,义位的义值(基义和陪义)和义域包含着多种因素,仅仅认为"词典是处理内涵意义的领域"是不符合整体观的。

隐性等值语义链,列公式如下,并代入实例:

① a = b [医治] 治疗。

② b = c［治疗］用药物、手术等消除疾病。
③ c = a［医疗］医治；治疗。

①、②是两个等值的左右项，③表示①的左项等于②的右项。这个等值的语义链，有很强的隐性：第一，左项的 a、b、c 在汉语辞书中不在一个字头下，甚至不在一个字母或部首中；第二，右项的 b、c、a 又常常不是一个词，而是一个短语，短语中包含一个跟左项等值的关键词 x 或 y；第三，编者或读者又不注意到相隔较远的地方去核对 a、c 是否等值。因此 a、c 难免出现不等式。如：

［壮士］豪壮而勇敢的人。（《现汉》）
［豪壮］雄壮。（《现汉》）

用"雄壮"置换"豪壮……"，结果是：

壮士 = 雄壮而勇敢的人。

这是一个不等式，即语义链不等值。再如：

［红］像鲜血或石榴花的颜色。（《现汉》）
［石榴］……花红色、白色或黄色。（《现汉》）

《俄词》说"红"是"血的颜色"，《牛津》说"红"是"从血到桃色或深橘色渐变的颜色"。用具体物的颜色去解释一般颜色，内中已经有一点不等值，而这里用"石榴花的红色、白色或黄色"去置换"……石榴花的颜色"，结果是一个更大的不等式，更大的不等值的语义链：

［红］像……石榴花的红色、白色或黄色。

为了防止出现不等式，《牛津》在以物色释"红"之前加了一句可见光谱的知识来限定。

（三）组合整体观

这是现代哲学和语义学赋予辞书学的突破性的观点。它是对传统辞书学原子观的突破，也是对传统训诂学诠释语段词、随文生义的突破；是在整体观指导下阐释语言系统中的义位及其语境意义，是纵向聚合和横向组合新思想的兼容,为辞书开辟了新天地,展现了新面貌。

组合的整体观,反映的重要方式是在释语中使用夹注号概括组合对象。这是新时代辞书的特征之一。如:

[霏霏]〈书〉(雨、雪)纷飞;(烟、云等)很盛……(《现汉》)

"霏霏"最早见于《诗·小雅·采薇》:"今我来思,雨雪霏霏。"毛传:"霏霏,甚也。"《广雅·释训》:"雪也。"毛传和《广雅》属于原子观,而《广雅》又有偏误。到了王念孙《广雅疏证》才萌发了整体观:"雪盛貌也。"但是对组合概括还不够。《现汉》则进一步概括为"雨雪、烟云等"。《汉大》先概括为"雨雪盛貌",然后说"泛指浓密盛多",并用多个书证提示可组合者:云、木屑、杀气、古树等。当然,《汉大》还有许多条目的释义走了回头路,沿用了传统训诂学的旧模式:"勃勃①兴盛貌"。实际上,并不是泛指兴盛貌,而是指精神、欲望等。再如:

[豁免]免除(捐税、劳役等)。(《现汉》)

修订本之前的版本夹注为"捐税或劳役",概括的组合范围过窄。因为《维也纳外交关系公约》规定,豁免的内容有:刑事管辖、民事管辖、行政管辖、关税和其他直接捐税、作证等。修订本把原夹注中的"或"改为顿号,"劳役"后加个"等",这是符合实际的。

组合的整体观,反映的常见方式还有:用例语或书证提示组合对象。如:

[白净]白而洁净:皮肤~。(《现汉》)
[英俊]容貌俊秀又有精神:~少年。(《现汉》)

"白净"条,修订本之前是"(皮肤)白而洁净",修订本去掉夹注,并将夹注的"皮肤"改为组合例语,这是符合语言实际的。因为"白净"既常形容"皮肤",又不限于"皮肤",老舍《骆驼祥子》里就用来形容"大白石桥"。"英俊"条,修订本之前只有释语,没有例语,修订本加上"~少年"例语,十分重要。但是,还不够,应该再补两个例语:~小伙子,~青年。借以提示"英俊"多用于青少年男子。

弗斯的名言是:"观其伴知其义"。也可以反其言而用之:知其义,观其伴。但是,伴毕竟是伴,不能反伴为主。否则,就会重蹈传统训诂学随文生义的旧轨,就会又染上乌沙阔夫词典等一些俄语详解词典时常诠释语段词的老病。

6.2.4　词典元语言整体论

辞书中解释词条的语言,是元语言之一。对象语言是被"谈论"的语言,元语言是用来谈论对象的语言。(塔尔斯基:1993。卡尔纳普:1934)元语言就是用来描写语言的语言。(莱昂斯,1995:7)这种元语言的整体观包括元语言的整体简化,即只使用民族共同语的有限的常用词,即释义用词(defining vocabulary)。《牛津高阶英语学习词典》用 3500、3000 以内(2000 年版)《柯林斯高阶英语学习词典》用 2500,《剑桥高阶学习词典》用 2000,《麦克米伦高阶英语学习词典》用 2500《朗曼当代英语词典》1935 年以来用近 2000 多个常用词解释 56000 个词条,《朗文当代英汉双解词典》(朗文出版集团,1988)用 2182 个词解释(例解)55000 个词条,威斯特和因迪科特的教学词典(第 4 版)用 1490 个词解释 24000 个词条,法国古根海姆(Gougenheim)两卷本词典元语言包括 1374 个"成分词汇"和 55 个下定义词。(阿普列祥,1967:11)国内"知网"提出释义要素词 2000 个。实际上,释义用词最低量,肯定超过这个数。下定义词指的就是属词。辞书应该设计"属词框架",就是给下定义用的上位词或上坐标词定量。我们《现汉》的元语言还没有从整体上予以控制。如解释"正、恰恰、可巧、正巧、赶巧、刚巧、碰巧、偏巧、恰巧、凑巧、正好、刚好、恰好、可好"14 个词,从被释词任取八个词作为同义词对释,即其元语言有八个同义词,应该简化为一个。

《现汉》元语言的字、词、句,注意了总体统一规范。如:

　　［辈出］(人才)一批一批地连续出现。

《现汉》前几版"辈出"条夹注用的是"人材",修订本改为"人才",因为"人才"是正体、主条。再如:

〔房子〕有墙、顶、门、窗,供人居住或作其他用途的建筑物。

《汉大》这条释义照抄《现汉》,其中只是把"做"改成"作",这一改动是不合适的。因为"做"有"用做"义,而"作"无此义。当然《现汉》也有些疏漏。如:

〔一孔之见〕……(多用作谦词)
〔厕身〕……(多用作谦词)
〔试想〕婉词……(1~4版)

"用作"现在通用,"用做"以前常用,应该统一。"谦词"、"婉词",按通例应改为"谦辞"、"婉辞"。《现汉》中"谦辞"是唯一的词位,"婉辞"是正体、是主条。又如:

〔纱帽〕古代文官戴的一种帽子。后用做官职的代称。
〔乌纱帽〕纱帽。比喻官职……

《现汉》释前一条为"代称",释后一条为"比喻",自乱体例。"代称"是对的,"比喻"是错的。类似的还有"桑梓""比喻故乡",应为"借指故乡"。"半""比喻很少","百""千""比喻很多","万""形容很多",释语中的"比喻"不如"形容","形容"不如陈望道(1979:88)的"借指"("以定数代不定数"),也不如宽泛地释为"表示"。

《现汉》的"下台"、"雅观"、"识羞"、"压根儿"、"声息",前三个词夹注"多用于否定式",后两个词夹注"多用于否定句"、"多用于否定"。应统一为"多用于否定式"。

不独是我们,就连维特根斯坦这样的大哲学家也是"通过几乎貌似琐碎的细节所考察的恰恰是高度形式化的规范问题"。(徐友渔等,1996:289)规范,就是在形形色色的表达层面上,在语言历史演变至今的现状中,为语言共同体寻求共同信守的、守恒的用法规则。

《牛津》是几代数十个学者上百年的劳动成果,已做过八次修订。而我们的《现汉》只是两代数十个学者只经过四十多年就占领了辞书界的一个高峰,当然需要攀登的路还更长、更高。

附 录

(一) 参考、引用和转引主要文献[*]

A

Амосова, Н. Н./阿摩索娃, 1957/1958, К вопросу о лексическом значе-нии слова./论词的词汇意义,《Вестн. ЛГУ. Сер. истории, яз. и лит.》, 1957, №2., 152~168./语言学译丛,创刊号.

АН СССР/苏联科学院, 1980, Русская грамматика, Москва.

Апресян, Ю. Д. 1957, Проблема синонима,《Вопросы языкознания》№6.

——— 1959, Структуральная семантика С. Ульмана,《Вопросы языкознания》№2.

——— 1967, Экспериментальное исследование семантики русского глагола, Наука, Москва.

——— 1974, Лексическая семантика-синонимические средства языка, Наука, Москва.

——/杜桂枝, 1995/2011, Интегральное описание языка и системная лексикография/语言整合性描写与体系性词典学, Москва/北京大学出版社.

Аракин, В. Д. 1979, Сравнительная типология английского и русского языков, Москва.

Арнольд, И. В. 1959, Лексикология современного английского языка, Москва. (国内有个编译本《词汇学简论》)

Ахманова, О. С. Виноградов, В. В. Иванов, В. В. 1956, О некоторых вопросах и задачах описательной, исторической и сравнительно-исторической лексикологии,《Вопросы языкознания》№3., 8~9.

——— 1957, Очерки по общей и русской лексикологии, Москва.

艾科/王天清, 2006, 符号学与语言哲学, 百花文艺出版社.

---

[*] 为了突出学术思想史的时间因素,有些译著尽可能先列原著及其初版时间,再列中译文及其时间.

B

Bally, C. 1909, Traite de Stylistique française/《法语修辞学》。(参见张会森《关于 Connotation[коннотация]及其研究》)

Бархударов, Л. С. 1975, Язык и перевод, Москва.

Березин, Ф. М. Головин, Б. Н. 1979, Общее языкознание. Москва.

Bierwisch, M. 1970, Semantics,《New Horizons in Linguistics》(Lyons)

Bloomfield, L./布龙菲尔德, 1933/1980, Language/语言论, New York: Holt, Rinehart & Winston/商务印书馆。

Богословский, В. В. и т. д./波果斯洛夫斯基等, 1973/1979, Общая пси-хология/普通心理学, Москва/人民教育出版社。

Bronot, F. 1936, La Pensée et la langue (见李友鸿 1958)。

Будагов, Р. А/布达哥夫, 1953/1956, Очерки по языкознанию/语言学概论, Москва/时代出版社。

——1958, Введение в науку о языке, Москва.

C

Cameron, L. Low, G, 1999, Metaphor,《Language Teaching》No4.

岑麒祥 1961, 论词语的性质及其与概念的关系,《中国语文》第 5 期。

——1981, 历史比较语言学讲话, 湖北人民出版社。

——1992, 国外语言学论文选译, 语文出版社。

陈中立等, 1997, 反映论新论, 中国社会科学出版社。

程祥徽, 1996, 传意需要与港澳新词,《中国语文》第 3 期。

Cruse, D. A. 1986, Lexical Semantics, Cambridge Un. Press. 中文节译章节见汪榕培等编译《八十年代国外语言学的新天地》, 辽宁教育出版社 1992 年。

Crystal, D/克里斯特尔, 1988/1995, Cambridge Encyclopedia of Language/剑桥语言百科全书, Cambridge Un. press/中国社会科学出版社。

D

戴浩一, 1985, 时间顺序和汉语的语序,《国外语言学》1988 年第 1 期。

——1989, 以认知为基础的汉语功能语法刍议(上),《国外语言学》1990 年第 4 期。

Descamps, J. L. 1992, Sémantique et Concordances, Paris: Klincksieck. 简介见《国外语言学》1995 年第 2 期。

Dowty, D. 1979, Word Meaning and Montague Grammar, Dordrecht: Reidel.

杜任之 涂纪亮, 1988, 当代英美哲学, 中国社会科学出版社。

E

Eco, U. / 艾柯, 1976 / 1990, A Theory of Semiotics / 符号学理论, Indiana University / 中国人民大学出版社。

Engelkamp, J. / 恩格尔坎普, 约., 1983/1997, Psycholinguistik/心理语言学, München/ 上海译文出版社。

F

Vendryes, J/房德里耶斯, 1921(法), 1925(英), 1937(俄)/1992, Le Language/语言, Paris/北京, 商务印书馆。

Ворно, Е. Ф. … / 伏尔诺等, 1955 / 1959, Лексикология английского языка /英语词汇学, Учпедгиз/ 商务印书馆。

符淮青, 1985, 现代汉语词汇, 北京大学出版社。

——— 1996, 词义的分析和描写, 语文出版社。

——— 2004, 词典学词汇学语义学, 商务印书馆。

Frege, G / 弗雷格, 1892 / 1988, Uber Sinn und Bedeutung / 论涵义和指称(一译《论意义和意谓》), 见《语言哲学名著选辑》, 三联书店。

Филин, Ф. П. 1972, Вопросы изучения лексики русских народных говоров. Диалектная лексикология. Л.

Фомино, М. И. 1990, Современный русский язык, лексикология, Москва.

G

Gadamer, H / 伽达默尔, 1986, Wahrheit und Methode / 真理和方法, Tuebingen。参见徐友渔等 1996:166~183。

高名凯, 1948, 汉语语法论, 上海开明书店出版。

——— 1963, 语言论, 科学出版社。

———石安石, 1963, 语言学概论, 中华书局。

Garza-Cuarón, Beatriz, 1991, Conntation and Meaning, Mouton de Gruyter/汪榕培, 1992 年,《九十年代国外语言学的新天地·关于语义三角》(译出原书第五章), 辽宁教育出版社。

Greimas, A. J. /格雷马斯, 1966/1999, Sémantique structurale, recherche de méthode/结构语义学, 方法研究, Larousse/生活·读书·新知三联书店。

Галкина-Федорук, Е. М. 1951, Слово и понятие в свете учения классиков, марксизма-ленинизма,《Вест. Моск. Ун – Та》№9.

———/ 加尔金纳 - 费多鲁克, 1954 / 1958, Современный русский язык, Лексика / 现代俄语词汇学, Московкий университет / 商务印书馆。

Головин, Б. Н. 1962, Заметки о грамматическом значении,《Вопросы языкознания》,1962. 2.

―― 1977, Введение в языкознание, Москва.

――、Березин, Ф. М. 1979, Общее языкознание, Москва.

Горелов, В. И. 1989, Теоретическая грамматика китайского языка, Москва.

辜正坤,1999,外来术语翻译与中国学术问题,《读书》第8期。

桂诗春、宁春岩,1997,语言学方法论,外语教学与研究出版社。

Гак, В. Г. 1977, Сопоставительная лексикология, Москва.

H

Halliday, M. A. K. 1980, Text and Context, 日本索菲亚大学出版社。

Hayakawa(哈亚卡瓦,日本人,一译早川), S. L. 1949, Language in Thought and Action (思想和行为中的语言), New York.

哈特曼, R. R. R. 等,1981,语言与语言学词典,上海辞书出版社。

何九盈、蒋绍愚,1980,古汉语词汇讲话,北京出版社。

Heidegger, M. / 海德格尔,1959/1997, Unterwegs zur Sprache / 在通向语言的途中, Neske / 商务印书馆。

黑格尔,1980,自然哲学,商务印书馆。

洪堡特,威廉·冯.1997,论人类语言结构的差异及其对人类精神发展的影响(草拟于1827～1829),商务印书馆。

Hudson, R. A. / 赫德森,1981 / 1990, Sociolinguistics / 社会语言学, Cambridge University Press / 中国社会科学出版社。

Hudson, R. ,1991, English Word Grammar, USA.

J

Jespersen, O. 1924, The Philosophy of Grammar. New York.

Jackendoff, R. 1983, Semantics and Cognition. Cambridge, MA: MIT Press. 沈家煊译述,见《国外语言学》1985年第4期。

吉拉茨,德克.1988,词汇语义学史略,见汪榕培等《八十年代国外语言学的新天地》,辽宁教育出版社1992年。

贾彦德,1992,汉语义学,北京大学出版社。

江怡,1996,维特根斯坦:一种后哲学的文化,社会科学文献出版社。

蒋绍愚,1986,关于古汉语词义的一些问题,《汉语语义学论文集》下册,湖南人民出版社。

―― 1989,古汉语词汇纲要,北京大学出版社。

金岳霖主编,1979,形式逻辑,人民出版社。

Денисов, П. Н. 1980, Лексика русского языка и принципы её описания. М.

Johnson, M. , The Body in the Mind: The Bodily Meaning, Imagination, and Reason. Chicago: The University of Chicago Press. 参见王学勤《〈心中之身:意义、想象和理解的物质基础〉评价》,《国外语言学》1996 年第 1 期。

K

卡谢维奇,1984,普通语言学基础(摘译),《语言论集》第二集,中国人民大学出版社。

康德拉绍夫,H. A. 1985,语言学说史,武汉大学出版社。

Караулов, Ю. Н. 1976, Общая и русская идеография, Москва.

—— идр. 1982, Русский семантический словарь. Опыт автоматического построения тезауруса:от понятия к слову. Москва.

Касаткин, Л. Л. и. т. д. 1989, Русский язык, Ⅰ, Москва.

Katz, J. J. Fodor, J. A. 1963, The Structure of a Semantic Theory,《Language》

—— 1972, Semantic Theory, Harper & Row.

克里斯特尔,戴维,1997/2000,现代语言学词典,商务印书馆。

Kempson, R. M. 1977, Semantic Theory, Cambridge: Cambridge Un. Press.

柯 恩,马赛尔,1959,语言,科学出版社。

Кодухов, В. И./柯杜霍夫,1974 / 1987, Общее языкознание / 普通语言学, Москва/外语教学与研究出版社。

Ковтун, Л. В. 1955, О значение слова,《Вопросы языкознания》№5.

Косовский, Б. И. 1974, Общее языкознание. Учение о слове и словарном составе языка. Минск.

Кузнецова, Э. В. 1989, Лексикология русского языка, Москва, Издание второе. 第 1 版中译本,1988,上海外语教育出版社。

L

Lamb, S. M. 1969, Lexicology and Semantics, Linguistic Today, New York.

Leech, G. N. 1980, Explorations in Semantics and Pragmatics. 阿姆斯特丹。

—— / 利奇,1983 / 1987, Semantics/语义学, Penguin / 上海外语教育出版社。

Левковская, К. А. 1956, Лексикология немецкого языка, Москва.

—— 1957, О принципах структурно—семантического анализа языковых единиц,《Вопросы языкознания》№1.

—— 1962, Теориа слова, Москва.

Levinson, S. 1983, Pragmatics, Cambridge University Press. 第三章 会话含义(Conversational Implicature),见《国外语言学》1986 年第 2 期。

Levi-Strauss, C. / 列维－斯特劳斯,1962 / 1987, La Pensée Sauvage / 野性的思维, Paris /

商务印书馆。

黎良军,1995,汉语词汇语义学论稿,广西师范大学出版社。

李安宅,1935,意义学,商务印书馆。

李瑞华,1996,英汉语言文化对比研究,上海外语教育出版社。

李锡胤,1963,介绍乌尔曼新著《语义学》,《语言学资料》第 1 期。

—— 1991,李锡胤论文选,黑龙江人民出版社。

李秀琴,1985,法语词汇学概述,外语教学与研究出版社。

李延福,1996,国外语言学通观,山东教育出版社。

李友鸿,1958,词义研究的一些问题,《西方语文》第 1 期。

李幼蒸,1993,理论符号学导论,中国社会科学出版社。

李裕德,1990,词语搭配是相应义素的协同,《语文建设》第 4 期。

梁守锵,1964,法语词汇学,商务印书馆。

—— 1988,法语词汇学教程,外语教学与研究出版社。

廖秋忠,1992,现代汉语并列名词性成分的顺序,《中国语文》第 3 期。

林杏光等,1987,简明汉语义类词典,商务印书馆。

—— 1999,词汇语义和计算语言学,语文出版社。

刘叔新,1990,汉语描写词汇学,商务印书馆。

—— 1993,语义学和词汇学问题新探,天津人民出版社。

Рождественский, Ю. В. 1990, Лекции по общему языкознанию, Москва.

Lyons, J. 1977, Semantics, Ⅰ、Ⅱ, Cambridge: Cambridge Un. Press.

—— 1987,语言学的新天地,第二集,企鹅图书出版社(汪榕培等译第一、五、七、八、九、十三章,见《八十年代国外语言学的新天地》辽宁教育出版社,1992 年。)

—— 1995, Linguistic Semantics: An Introduction. Cambridge Un. Press.

Locke, J. / 洛克,1690 / 1983, An Essay Concerning Human Understanding / 人类理解论, London / 商务印书馆。

陆国强,1983,现代英语词汇学,上海外语教育出版社。

陆宗达 王宁,1983,训诂方法论,中国社会科学出版社。

吕 波,1996,试析《现代汉语词典》对词的理据的注释,《辞书研究》第 2 期。

吕叔湘,1947,《中国人学英文》(1947 年前单篇发表),后改名《中国人学英语》,商务印书馆,1962 年。

—— 1980,语文常谈,生活·读书·新知三联书店。

—— 1981,《简明同义词典》序,上海辞书出版社。

—— 1983,吕叔湘语文论集,商务印书馆。

—— 1984,语文杂记,上海教育出版社。

M

Мальцев, В. И. 1961, Значение и понятие,《Проблемы значения в лингвистике и логике》,Москва.

Martinet, A/马丁内,1973/1979,Pour une Linguistigue des Langues/研究语言本身的语言,《语言学译丛》第一辑,中国社会科学出版社。

Martinich, A. P. / 马蒂尼奇,1985 / 1998,The philosophy of language / 语言哲学,Oxford University Press / 商务印书馆。

马庆株,1991,顺序义对体词语法功能的影响,《中国语言学报》第4期,商务印书馆。

——1996,敬辞、谦辞和詈词,《语言学论辑》2,北京语言学院出版社。

毛茂臣,1988,语义学:跨学科的学问,学林出版社。

梅家驹等,1983,同义词词林,上海辞书出版社。

梅祖麟,1980,四声别义中的时间层次,《中国语文》第6期。

Мельников, Г. П. 1978, Системология и языковые аспекты кибернетики, Москва.

Morgan, L. H. / 摩尔根,1877 / 1981,Ancient Society / 古代社会,New York / 商务印书馆。

Morris, C. W. / 莫里斯,1946 / 1989,Signs, Language and Behavior / 指号、语言和行为,New York / 上海人民出版社。

Москович, В. А, 1965, Опыт квантитативной типологии семантического поля, 《Вопросы языкознания》№4.

N

倪波、顾柏林,1995,俄语语义学,上海外语教育出版社。

Nida, E. A. ,1975,The Componential Analysis of Meaning. The Hague.

Новиков, Л. А. 1982, Семантика русского языка, Москва.

O

Ogden, C. K. , Richards, I. A. /奥格登、里查兹 1923/2000,The meaning of meaning/意义的意义(1927 London,1932 London,1936 London,1938 New York,1946 London,1949 London,1925 London ,1956 London,1958 Ark,1989 San Diego,New York,London.)/北京师范大学出版社。

Ожегов, С. И. 1963, Словарь русского языка, Москва.

P

Paul, H. 1880, Prinzipien der Sprachgeschichte. (莫斯科 1960)

Palmer, F. R. / 帕尔默,1981 / 1984,Semantics / 语义学,Cambridge Un. /《国外语言学》1984 年第1期至第4期译述、摘译。

Попов, П. С. 1956, Значение слова и понятие, 《Вопросы языкознания》№6.

Потебня, А. А. (1835 ~ 1891), Из записок по русской грамматике (1874 年博士论文

答辩通过)Т. Ⅰ-Ⅱ,Москва.1958 再版.
皮亚杰,1968/1984,结构主义,商务印书馆。
——— 1970/1985,发生认识论原理,商务印书馆。

Q

戚雨村,1997,现代语言学的特点和发展趋势,上海外语教育出版社。
———等,1993,语言学百科词典,上海辞书出版社。
Quine, W. V. 1953, From a Logical Point of View. Harvard Un.
——— 1960, Word and Object, C. M., M. I. T.
Чикобава, А. С./ 契科巴瓦,1953 / 1956,Введение в языкознание,часть,I/ 语言学概论,第一编,Учпедгиз/ 高等教育出版社。

R

Rayevskaya, N / 拉耶芙斯卡娅,1957 / 1960, English Lexicology / 英语词汇学引论, Kiev/ 商务印书馆。
Russell, B. 1948/1983, Human Knowledge, its Scope and Limits / 人类的知识, London / 商务印书馆。

S

Sapir, Edward / 萨丕尔,爱德华,1921/1964, Language / 语言论, New York / 商务印书馆。
Saussure, F. de / 索绪尔,1916 / 1980, Cours de Linguistique Générale / 普通语言学教程, Paris / 商务印书馆。
Schaff, A./ 沙夫,1962 / 1979, Introduction to Semantics / 语义学导论, Warszawa / 商务印书馆。
沈家煊,1994,"语法化"研究综观,《外语教学与研究》第 4 期。
——— 1998,实词虚化的机制,《当代语言学》第 3 期。
石安石,1993,语义论,商务印书馆。
——— 1994,语义研究,语文出版社。
石肆壬,1981,词典学论文选译,商务印书馆。
束定芳,2000,现代语义学,上海外语教育出版社。
斯沃涅波埃尔,P. H. 1995. 语言理据性及其在词典编纂中之应用,《辞书研究》第 6 期。
宋振华、刘伶,1984,语言理论,辽宁人民出版社。
苏新春,1992,汉语语义学,广东教育出版社。
孙常叙,1956,汉语词汇,吉林人民出版社。

——1998,孙常叙古文字学论集,东北师范大学出版社。
孙曼均,1989,动词对宾语褒贬选择的语义分析,《中国语文天地》第2期。
孙维张,1981,略论词义的形象色彩,《吉林大学社会科学学报》第5期。
——1991,汉语社会语言学,贵州人民出版社。
Sweetser, E. E. / 斯威策, From Etymology to Pragmatics, Cambridge University Press 1990.(从词源学到语用学·第二章的语义结构与语义变化,见汪榕培等《九十年代国外语言学的新天地》,辽宁教育出版社,1997。)
Семенас, А. Л. 1992, Лексикология современного китайского языка, Москва.
Смирницкий, А. И. 1954, К вопросу ослове(Проблема《тождества слова》), Труды Института языкознания АН СССР. Москва, Т. 4.
——/ 斯米尔尼茨基,1955a / 1958,Значение слова / 词义,《Вопросы языкознания》№2 /《语言学译丛》创刊号。
——1955b, Лексическое и грамматическое в слове, в кн.《Вопросы грамматического стороя》. Москва.
——1956, Лексикология английского языка, Литературы на иностранных языках. Москва.
Смирнова, А. А. / 斯米尔诺夫,1956 / 1957,Психология / 心理学,Москва / 人民教育出版社。
Степанов, Ю. С. 1989, Счёт имена чисел, алфавитные знаки чисел в индоевропейских языках,《Вопросы языкознания》№4~5.
Шмелёв, Д. Н. 1964, Очерки по семасилогии русского языка, Москва.
——1977, современный русский язык. лексика, москва.

T

Томсен, В. / 汤姆逊,1902(丹麦)/ 1938(俄)/ 1960(中),История языкове-дения до конца X IX века/ 十九世纪末以前的语言学史,Учпедгиз / 科学出版社。
Taylor, J. R. 1989, Linguistic Categorization: Prototypes in Linguistic Theory. 见《〈语言的范畴化:语言学理论中的典型〉评介》,《国外语言学》1991年第4期。
Травничек, Ф. 1956, Некоторые замечания о значении слова и понятия,《Вопросы языкознания》№1.
涂纪亮主编,1988,语言哲学名著选辑,三联书店。
——1996,现代西方语言哲学比较研究,中国社会科学出版社。

W

汪榕培、李冬,1983,实用英语词汇学,辽宁人民出版社。
——顾雅云,1992,八十年代国外语言学的新天地,辽宁教育出版社。

―― 1994,关于语义三角,《外语与外语教学》第 2 期。
――顾雅云,1997a,九十年代国外语言学的新天地,辽宁教育出版社。
――卢晓娟,1997b,英语词汇学教程,上海外语教育出版社。
王超尘等,1984,现代俄语通论,商务印书馆。
王德春,1983,词汇学研究,山东教育出版社。
王凤阳,1993,古辞辨,吉林文史出版社。
王 力,1958,汉语史稿·下册,科学出版社。
―― 1990,王力文集,第十一卷,山东教育出版社。
王 路,1996,弗雷格思想研究,社会科学文献出版社。
王 宁,1997,训诂学原理,中国国际广播出版社。
王守元等,1994,文体学词典,山东教育出版社。
王宗炎,1985,语言问题探索,上海外语教育出版社。
―― 1988,英汉应用语言学词典,湖南教育出版社。
―― 1998,汉语词汇学的新探索――评张志毅、张庆云合著《词和词典》,香港《语文建设通讯》10 月。
文 旭,1998,《语法化》简介,《当代语言学》第 3 期。
Ullmann, S. 1951, Words and their Use, N. Y.
―― 1951, Principles of Semantics(1951、1957、1959、1963 各版)。
―― 1962, Semantics, An Introduction to the Science of Meaning, Oxford: Blackwell.
Wierzbicka, A. ,1985, Lexicography and Conceptual Analysis. Karomo pubishers.
Wittgenstein, L,1922, Trectatus Logico-philosophicus(逻辑哲学论), London.
―― 1933, Philosophical Investigations(哲学研究), Oxford: Blackwell.
伍谦光,1988,语义学导论,湖南教育出版社。
伍铁平,1979,评高名凯《语言论》中的"位"、"素"理论,《语言教学与研究》第 2 期。
―― 1989a,再论语言的模糊性,《语文建设》第 6 期。
―― 1989b,术语的模糊性和语言规律,《中国翻译》第 2 期。
武占坤,1983,词汇,上海教育出版社。
――王勤,1983,现代汉语词汇概要,内蒙古人民出版社。
Васильев, Л. М. 1990, Современная лингвистическая семантика, Высшая школа, Москва.
Виноградов, В. В. / 维诺格拉多夫 1938/1960, Современный русский язык. вы п. 1. / 词的语法学说导论(现代俄语第一册绪论), М. /科学出版社。
―― 1953 / 1958, Основные типы лексических значений слова / 词的词汇意义的主要类型,《Вопросы языкознания》№5 /《俄文教学与研究》1~2。
―― 1955, Итоги обсуждения вопросов стилистики / 风格学问题讨论总结。
《Вопросы языкознания》№1 / 语言风格与风格学论文选译,科学出版社 1960 年。

X

萧国政,2009,现代语言学名著导读,北京大学出版社。
Щерба / 谢尔巴,1940 / 1981,Опыт общей теории лексикографии / 词典编纂学一般理论初探,《Известия АН СССР,Отдел литературы и языка》№3 / 词典学论文选译,商务印书馆。
解海江、张志毅,1993,汉语面部语义场历史演变,《古汉语研究》第4期。
邢公畹,2000,邢公畹语言学论文集、商务印书馆。
休 谟,1957,人类理解研究,商务印书馆。
徐国庆,1999,现代汉语词汇系统论,北京大学出版社。
徐烈炯,1990,语义学,语文出版社。
——1993,当代国外语言学:学科综述,河南人民出版社。
徐通锵,1991,语义句法刍议,《语言教学与研究》第3期。
——1997,语言论,东北师范大学出版社。
徐小波,2005,知觉词的意觉语义转移,《烟台教育学院学报》9月。
徐友渔等,1996,语言与哲学,生活·读书·新知三联书店。
许余龙,1992,对比语言学概论,上海外语教育出版社。

Y

杨升初等,1986,汉语语义学论文集,湖南人民出版社。
杨振兰,1996,现代汉语词彩学,山东大学出版社。
姚德怀,1996,华语词汇的整理和规范,香港《词库建设通讯》总第9期。
姚启钧,1989,光学教程,高等教育出版社。
姚振武,2007,"认知语言学"思考,《语文研究》第2期。
岳长顺,1991,上位词下位词研究,《语言研究论丛》第六辑,天津教育出版社。

Z

Zgusta, L. / 兹古斯塔,1971 / 1983, Manual of Lexicography / 词典学概论, Prague-The Hague-Paris / 商务印书馆。
詹人凤,1997,现代汉语语义学,商务印书馆。
张德禄,1998,功能文体学,山东教育出版社。
张涤华等,1988,汉语语法修辞词典,安徽教育出版社。
张会森,1991,张会森论文选,黑龙江人民出版社。
——1997,关于Connotation(Коннотация)及其研究,《外语与外语教学》第4期。
张今,1981,英汉比较语法纲要,商务印书馆。
张可任,1992,俄语词的搭配和搭配词典,《辞书研究》第4期。

张乃一,1988,"左"、"右"纵横谈,《辞书研究》第1期。
张庆云等,1993,古今汉语词类活用同异论纲,《古汉语研究》增刊。
张寿康等,1992,现代汉语实词搭配词典,商务印书馆。
张谊生,1996,副词的连用类别和共现顺序,《烟台大学学报》第2期。
张志毅、张庆云,1994,词和词典,中国广播电视出版社。
——— 2007,词汇语义学与词典编纂,外语教学与研究出版社。
赵艳芳,2001,认知语言学概论,上海外语教育出版社。
赵元任,1976,汉语结构各层次间形态与意义的脱节现象,《国外语言学》1981年第1期。
郑奠等,1956,中型现代汉语词典编纂法,《中国语文》第7~9期。
郑述谱,1991,试论词汇的比较研究,《中国俄语教学》第4期。
周荐,1994,词语的意义和结构,天津古籍出版社。
——— 1998,词汇学问题,天津古籍出版社。
周士琦,1986,实用解字组词词典,上海辞书出版社。
周祖谟,1955,词义,《语文学习》第7期。
——— 1966,问学集,中华书局。
Звегинцев, В. А. 1957, Семасилогия, Москва.
———/ 兹维金采夫,1962 / 1981, Очерки по общему языкознанию / 普通语言学纲要, Московского университета / 商务印书馆。
朱德熙,1982,语法分析和语法体系,《中国语文》第1期。
朱寄尧,1988,现代英语语法学词典,陕西人民出版社。
朱水林,1992,逻辑语义学研究,上海教育出版社。
朱星,1981,汉语词义简析,湖北人民出版社。
邹崇理,1955,逻辑、语言和蒙太格语法,社会科学文献出版社。

（二）外国人名中外对照

(根据《中国大百科全书》、《辞海》、权威译著和《五种外汉语译音表》)

A

阿贝拉尔	Abelard, P.
阿尔诺德	Арнольд, И. В.
阿赫曼诺娃	Ахманова, О. С.
阿摩索娃	Амосова, Н. Н.
阿普列祥	Апресян, Ю. Д.
艾尔德曼	Erdmann, O.
艾柯	Eco, U.
艾伦	Allan, K.
艾耶尔	Ayer, A. J.
奥格登	Ogden, C. K.
奥热果夫	Ожегов, С. И.

B

巴利	Bally, C.
巴尔胡达罗夫	Бархударов, Л. С.
巴怀士	Barwise, J.
巴乌格赫	Baugh, A. C.
鲍丁杰	Baldinger, K.
柏拉图	Platon
保罗	Paul, H.
贝尔	Bell, A.
本逊	Benson
比尔维希	Bierwisch, M.
别列津	Верезин, Ф. М.
波尔齐格	Porzig, W.
波蒂埃	Pottier, B.
波铁布尼亚	Потебня, А. А.
伯德威斯特尔	Birdwhistle, R. L.
伯林	Berlin, B.
伯洛	Berlo, D. K.
布达哥夫	Будагов, Р. А.
布莱克	Black, M.
布莱特	Bright, T.
布勒尔	Bühler, K.
布雷阿尔	Bréal, M.
布龙菲尔德	Bloomfield, L.
布鲁格曼	Brugman, K.
布伦塔诺	Brentano, F.
布吕诺	Brunot, F.

D

达尔梅司脱	Darmesteter, A.
达尔文	Darwin, C.
戴维森	Davidson, D.
德谟克利特	Demokritos
笛卡穆普斯	Descamps, J. L.
杜威	Dewey, J.
多伍蒂	Dowty, D.

E

厄赫曼	Öhman, Suzanne
恩克维斯	Enkvist

F

法斯特	Fast, J.

房德里耶斯	Vendryes, J.		
菲尔莫	Fillmore, C.		**K**
菲林	Филин, Ф. П.		
冯特	Wundt, W.	卡茨	Katz, J. J.
伏尔诺	Ворно, Е. Ф.	卡拉乌洛夫	Караулов, Ю. Н.
福多	Fodor, J. A.	卡尔纳普	Carnap, R.
福科	Foucault, M.	卡沙特金	Касаткин, Л.
福米纳	Фомина, М. И.	卡谢维奇	Касевич, В. Б.
福伍勒	Fowler, R.	凯伊	Kay, P.
弗莱希曼	Fleischman	康德拉绍夫	Кондращов, Н. А.
弗雷格	Frege, G.	柯林斯	Collins
弗罗姆金	Fromkin, V.	柯日布斯基	Korzybski, A. H. S.
弗斯	Firth, J. R.	科索夫斯基	Косовский, Б. И.
		克鲁斯	Cruse, D. A.
	G	肯普森	Kempson, R. M.
		库拉斯	Kurath
戈洛温	Головин, Б. Н.	库兹涅佐娃	Куэнецова, Э. В.
格拉蒙	Grammont, M.	夸克	Quirk, R.
格莱格里	Gregory	奎因	Quine, W. V. O.
格赖斯	Grice, H. P.	阔索夫斯基	Косовский, Б. И.
格雷马斯	Greimas, A. J.		
格利森	Gleason, H. A.		**L**
古德曼	Goodman, N.		
古迪纳夫	Goodenough, F. L.	拉耶芙斯卡娅	Rayevskaya, N.
		莱布尼茨	Leibniz, G. W.
	H	莱昂斯	Lyons, J.
		莱曼	Lehmann, W. P.
哈利格	Hallig, P.	莱文	Levin
哈特莱	Hartley, D.	莱文森	Levinson, S. C.
哈亚卡瓦	Hayakawa, S. L.	赖尔	Ryle, G.
海德格尔	Heidegger, M.	兰姆	Lamb, S. W.
韩礼德	Halliday, M. A. K.	朗格克尔	Longacer, R. W.
赫尔巴尔特	Herbart, J. F.	雷科夫	Lakoff, G.
洪堡特	Humboldt, W. F.	雷西	Leisi, E.
胡塞尔	Husserl, E.	雷西格(莱齐希)	Reisig, C. Chr.
华生	Watson, J. B.	理查兹	Richards, I. A.
霍尔	Hall, E. T.	利科	Ricoeur, P.
霍凯特	Hockett, C. F.	利奇	Leech, G.
		列夫科夫斯卡娅	Левковская, К. А.
	J	列维-斯特劳斯	Levi-Strauss, C.
		林耐	Linne, C.
加克	Гак, В. Г.	刘易斯	Lewis, C. I.
加里	Gallie, W. B.	罗宾斯	Robins, R. H.
伽达默尔	Gadamer	罗贝尔	Robert, P.
贾肯道夫	Jackendoff, R.	罗德曼	Rodman, R.
捷尼绍夫	Денисов, П. Н.	罗杰特	Roget, P. M.

罗姆	Room, A.	裘斯	Joos, M.
罗斯	Ross, J. R.		
罗素	Russell, V.	**S**	
洛克	Locke, J.		
		萨洛蒙	Salomon, L. B.
M		萨丕尔	Sapir, E.
		塞尔	Searle, J.
马蒂索夫	Matisoff	施皮策	Spitzer, L.
马丁内	Martinet, A.	什麦廖夫	Шмелёв, Д. Н.
马里采夫	Мальцев, В. И.	史密斯	Smith, H. L.
马林诺夫斯基	Malinowski, B.	史蒂文森	Stevenson, C. L.
马托雷	Matore, G.	舒尔茨	Schultz. D.
迈农	Meinong, A.	舒哈特	Schuchardt, H.
麦考莱	Macawley, J.	斯宾塞	Spencer
梅利尼科夫	Мельников, Г. П.	斯米尔尼茨基	Смирницкий, А. И.
梅林格	Meringer, R.	斯培尔伯	Sperber, H.
梅洛–庞蒂	Merleau-Ponty	斯泰兰克	Stalanker
梅耶	Meillet, A.	斯坦塔尔	Steinthal, H.
蒙塔古	Montague, R.	斯特恩	Stern, G.
密尔	Mill, J. S.	斯特赫尔	Stöhr, A.
米图恩	Mithun	斯威策	Sweetser, E. E.
莫利诺	Molino, J.	苏格拉底	Sokrates
莫里斯	Morris, C. W.	苏卡连柯	Сукаленко, Н. И.
N		**T**	
奈达	Nida, E. A.	塔尔斯基	Tarski, A.
诺伦	Noreen, A.	泰勒	Taylor, J. R.
诺维科夫	Новиков, Л. А.	汤姆逊	Thomsen, V. L. P.
		特拉弗尼切克	Травничек, Ф.
P		特拉乌戈特	Traugott
		特里尔	Trier, J.
帕尔默	Palmer, H. E.	铁钦纳	Titchener, E. B.
帕尔默	Palmer, F. R.		
派克	Pike, K. L.	**W**	
佩里	Perry, J.		
皮尔士	Peirce, C. S.	瓦尔特布尔格	Wartburg, W.
皮亚杰	Piaget, J.	瓦西利叶夫	Василев, Л. М.
普尔曼	Pulman	威尔兹比卡	Wierzbicka, A.
普罗克洛	Proklos	威利斯	Willis, T.
		威斯杰伯	Weisgerber, L.
Q		维尔纳	Werner, H.
		维科	Vico, G.
乔姆斯基	Chomsky, N	维特根斯坦	Wittgenstein, L.
契科巴瓦	Чикобава, А. С.	维诺格拉多夫	Виноградов, В. В.
切斯	Chase, S.	魏兰德	Wellander, E.

沃尔夫	Whorf, Benjamin, L.	雅柯布逊	Jakobson, R.
乌尔班	Urban	叶尔姆斯列夫	Hjelmslev, L.
乌尔曼	Ullmann, S.	叶斯泊森	Jespersen, O.
乌沙阔夫	Ушаков, Д. Н.	伊普生	Ipsen, G.
		约翰逊	Johnson, M.

X

希尔伯特	Hilbert, D.
谢尔巴	Щерба, Л. В.
谢米纳斯	Семенас, А. Л.
休谟	Hume, D.

Z

扎德	Zadeh, L.
詹达	Janda
兹古斯塔	Zgusta, L.
兹维金采夫	Звегинцев, В. А.

Y

亚里士多德	Aristoteles

(三) 主要术语索引

(所标数字为页码)

B

百科词典	19
百科意义	129
柏拉图主义	platonism 113
半概念	semi-conceptual 98, 125
伴随色彩	35
伴随意义	сознaчение 35
褒化	213
褒义	melioration 40, 41, 190
被思之物	92
背景义	38, 82
笔语体	44
比喻	57, 275
边缘词	73
边缘类组合	175
边缘义	82, 107
编码度	67, 160, 164
贬化	214
贬降	256
贬义	depreciation 41, 191
变元	variable 221
辨义成分	distinguisher 20
标记	marker 20, 63, 69
标记性	markedness 198
标记序列	198
标志语	217
标准语体	44
表达法	expression 47
表达色彩	35
表象	image 117
表意特征	17, 18, 222
补充义值	35
布拉格学派	174
不可分离性	non-detachability 220
不可取消性	non-defeasibility 220
不可推导性	non-calculability 220
部分与整体关系	meronymy 74
部分与整体结构	meronomies 74

C

操作论	127
操作性定义	14, 119
层次语法	144
层次性	144
层级系统	144
常识概念	19, 131
常识世界	103
场	field 221
场图法	27
超常类型组合	175
衬托义	82
称名义	106
成分词汇	24, 288
成分分析法	componential analysis 20
抽象	abstract 186, 248
传统规则	192
传统语义学	1~3
创始性的词	originating words 101

纯理语言	23
词的指物性	предметная относıнность слова 132
词典定义	толкование 278
词典意义	129
词汇场	wortfeld 65
词汇化	lexicalization 111
词汇空缺	lexical gap 63
词汇情态	лексическая модальность 35
词汇意义	107
词汇语义变体	ЛСВ/лексико-семантический вариант 82
词汇·语义词群	84
词汇语义学	9~12
词围	217,274
词位	81,156
词义	108
词义的功能转换	246
次语域	subregister 50
从属义位	85,86

D

搭配	69,172
搭配义	201
搭配意义	collocative meaning 202
大语境	217
单项蕴涵	71
等值原则	31
底层义场	26,68,281,282
地位序列	197
地域	63
地域陪义	48
典型层级词	basic level terms 73
动作—施事	action-actor 178
动作—受事	180
对比原则	principle of contrastiveness 26
对分法	binary opposition 26
对立系统	139
对文则别,散文则通	204
对象	113~116
对象·逻辑义	17
对象说	112
对应论	113
多义词	82,161
多义（词义）场	81
多义结构	81
多义聚合	137
多值倾向	67,153

E

二项对立	binary opposition 26
二项现象	binarism 26
二元法	26
二元属性描写法	binary feature system 26
二值划分	19
二值倾向	67,153
二值思维	153

F

反义结构	68
反义聚合	137,169
反映说	125
泛称	138
范畴化	categorization
范畴特征	17,222,277
方言法	dialectism 48
非标准的特性	37
非标准语体	45
非称名义	106
非存在物	90
非存在性实体	92
非等同原理	6
非共变	91
非离散语法	non-discrete grammar 148
非全原理	6
非特指的	nonspecific (reference) 223
非自然意义	218
非自由义	106,173
非自由义位	173
分布规则	186
分类词	taxonym 71
分析论	127
分析性定义	15
分析哲学	148
风格陪义	42
弗雷格原则	Frege's principle 176,202

符号语言	23			
辐合点	64		**H**	
辐射型	237			
附带意思	nebensinn 35		涵义	connotation 34, 215
附带意义	35		汉字词	52
附加含义	35		行话化	50
附加义	35		行业语言变体	49
附加意义	35		核心分类词	core taxonym 73
附属义	36		核心义	81, 82, 94, 238
附属义素	22		恒常的	constant 221
副语言环境	paralinguistic context 216		宏观语境	217
			宏观语言学	280
	G		互补分布规则	186
			互补系统	142
概括表象	schematic representation 99		话语	utterance 218
概念场/概念领域	sinnbezirk/sinnfeld 65		话语场	field of discourse 49
概念内涵	conceptual connotation 37		环境词围	217
概念说	124		环境语言变体	49
概念/概念意义	17, 107		环境上下文	217
概念主义	conceptualism 113, 124		换喻	230, 275
感官的世界	103		会话含义	conversational implicature 219
感情功能	emotive function 38, 105			
感情色彩	35		会话寓义	219
感情意义	40		混合词	hybrid 53
格式塔	Gestalt 31		伙伴域	61
个性义素	22			
功能论	127			**J**
功能意义	109			
功能语体色彩	функционально-стилевая окраска 43		基本层级词	basic level terms 73
			基义	17
共变关系	116		级别性	gradability 152
共类词	71		记号素	20
共时	231		继发义	214
共现规则	cooccurrence rule 173		家族相似性	family resmblance 96
共现趋势	173		价值	16
共性义素	22		简单枚举法	235
构词结构	83		简化原则	32
构词义场	62, 84		交叉分布规则	188
古义位	46		交叉结构	76
关系说	120		结构段	85
关系值	16		结构性定义	16
观念	117		结构意义	109
观念说	117		结构语义学	3
广化	210		解释语义学	interpretive semantics 3, 4
广义语境	218		借词	52
过渡义	106		借代	57, 165

近义	ближайшее значение 19	联觉	240
境况语义学	7	联系说	120
旧义位	46	联想	229~230
句法场	66	联想场	champ associatif 64
句法义场	85	联想集合	64
矩阵法	28	联想意义	108
距离语	217	链条序列	80
具体	concrete 182,249	临摹原则(性)	171,201
聚合义场	85	临时义	218
聚合关系	168	零类	61
		零外延	92
		论旨角色	177
		逻辑定义	дефиниция 278

K

科技语体	44	逻辑语义学	4
科学概念	19,131	逻辑学的语义学	6
可变的	changeable 221	螺旋序列	80
可分离性	detachability 220		
可接受性	acceptability 176		

M

可能世界	90	美好音译法	52
可取消性	220	蒙塔古语义学	4,7
可推导性	220	面目语	217
客体世界	88	民俗分类结构	folk taxonomies 73
客体语境	217	民族文化义素	национально-культурные семантические доли /с д / 225
空间序列	79,195		
空类	61		
空指号	115	民族性	158~171
口头语体	44	明喻	275
夸喻	230,260	命名度	codability 67
夸张	275	命名说	112
扩大	231,233,253	命题意义	220
		模糊	fuzziness 147~158

L

		模糊性	147~158
		摹状词	description 113
类连结	colligation 199	目标语言	object-language 23
类素	classeme 21,31,32		
类推法	271		

N

类型学	typology 159		
类义关系	taxonymy 71	内部形式	38
(分类关系)		内部环境	217
离散性	discreteness 140	内涵义	35
理据	motivation 38,39,171	内涵意义	connotation 35
理性意义/理性义	38,108	内外向	182
历时	231	内外质	95
历史义位	45	内省式	12,235
连锁型	237	黏着	177
连续统	82		

黏着性	204	区别性原则	32
念及	meint etwas 97	曲意	230, 260

O

偶发义	218
偶值特征	28

P

派生义位	163
陪义	34~58, 109, 165
配列	172
偏义化	252
坡度	gradience 152
朴素概念	19, 131
普遍性	universality 158
普通词典	19
普通义位	17~18, 129
普通语义学	universal semantics 6, 159
谱系树	family tree 28

Q

七因素新说	128
奇异反应	176
歧义	ambiguity 148, 150
前科学语感	18, 99
前思维	99
潜义素	virtume 22
潜在世界	92
强化	208, 259
强弱质	94
侨词	52
倾向同一规则	190
倾向性的词语	bias words 190
情调	feeling tone 35, 107
情感内涵	emotional connotation 37
情感评价	gefuhlswert 35
情感—评价意味	40
情感性	affectivity 155
情感意义	55
情景语境	context of situation 215, 217
情景(境况)语义学	7, 8
情态陪义	39, 40
情态义	92
区别特征	22

R

人化信息	90
认知意义	220
认知语义学	4, 5
日常生活概念	131
弱化	259

S

三度说	103
三元论	123, 124, 127
色彩	35, 55
色彩意义	35
上层词/上类词/上坐标词	superordinate 69, 185
上下层语义关系	hyponymy 69, 185
上下文(广义)义	218
上下向	183
上下义结构	69, 70
上义词	69
社会文化意义	226
社团语言变体	49
身势语	217
深化	255
生成语义学	generative semantics 3, 4
生活概念	19
声调序列	200
施事—动作	actor-action 178
施事规则	177
施事体词	agent-substantive 178
施事作用	agentive role 178
实验社会心理学	experimental social psychology 219
实物·逻辑义	17
实物义	88
实体—特性	181
实存	existieren 92
实虚规则	186
实在的意义	88
实指定义	ostensive definition 113
时域	63
时域陪义	45

时代义	224,225	通俗范畴	folk category 100
时间序列	78,193	通俗生物学	folkbiology 67
式	mode 221	通语义	106
受事规则	180	同层规则	185
受事体词	180	同场同模式	239,241,271,282
受事—动作	goal-action 180	同构性	88,93
受项	180	同化	203
书面语体	44	同级部件关系	co-meronymy 74
属性定义	15	同级分类关系	co-taxonymy 71
属性陪义	36	同级下义词	co-hyponym 69
术语	51	同极引申	182
数	96	同素规则	177
数量序列	79,197	同素义族	137
树形法	28	同现规则	cooccurrence rule 169
树形分析法	tree analysis method 28	同向规则	182
树形图	tree diagram 28	同系规则	181
双重性能的词	17	同义聚合	136,168
双向蕴涵	71	统觉	230
思维义	101	投射世界	90,129
斯多葛	Stoikoi 116	突出	highlighting 220,222
四角说	127	图表法	27
缩小	225,228,243	图式象征论	201
所思	cogitatum 94		
所指概念	сигнификат 129	**W**	
所指物	денотат 128		
所指意义	referential meaning 18	外部意义	88,220
索引词	223	外部语境	217
索引句	223	外来词	52
		外来陪义	52
T		外围分类词	peripheral taxonym 73
		外围义	82
态度同一规则	190	婉辞	41
态度意义	40	网络说	network theory 4
特称	138	微观语境	217
特性—实体	character-substance 181	唯实主义	realism 113
特征说	feature theory 5	委婉	275
特指的	specific(reference) 223	委婉陪义	41
特指化	205	委婉语	41
特指性	definiteness 132,205,223	位置值	16
特指义	18,107,217	文化标记	culturally-marked 48,163
梯度	gradience 82,84,152	文化负荷	culturally-loaded 48,163
提喻	230,246,275	文化局限词	163
体	entity/aspect 119	文化语境	context of culture 215
调整	modulation 220,222	文学语体	44
通常类型组合	175	无标记	unmarked 45,63,199
通感	240	无灵	неодушевленные 179

无灵动词	179	行为反应说	122
无灵名词	179	性	96
无声语言	silent language 217	修辞规则	191
五因素说	127	修辞色彩	35
物	97,113,129	修辞义	106
物体词	object word 115	修饰成分	adnominal 186
物象	129	虚存	bestehen 92
物性	114,129	虚化	206,248
物自体	thing-in-itself 90	虚幻世界	92
		虚幻义	92
		虚设的意义	92
	X	序列规则	sequencing rule 169,173,193
析言则异,		序列结构	78
浑言则同	204	选择	selection 220
习惯规则	192	选择规则	selection rule 169,173
习惯序列	180	选择限制	selection restriction 173
系统	134~147	学科义位	17,98,129
系统性	134~147		
系统性定义	15		Y
系统原则	31		
系统意义	64	言语词围	217
系统值	16,64,94	言语近况	217
狭化	210	言语情景	speech situation 219
狭义的语境	218	言语远境	218
下层词/下义词	hyponym/subordinate 69,185	言语作品	7
		扬升	213,258
显化	209	依存系统	140
显性组合	175	移情说/移情	240,268
现代词汇学	9,172	疑难词手册	Handbuch der schweren Wörter 279
现代语义学	3~10		
线性义场	85	义丛	cluster 13,14
羡余现象	177	义符学	semasiologie 1
羡余信息	redundancy 207,208	义核	17,149
象声词	102	义素	sememe/seme/noeme 11,13,14,19,20
小语境	29		
新奇价值	surprise value 267	义素分析法	sememic analysis 20~26, 33~34
新义位	47		
心理事件宇宙	90	义素配列	28
心灵表象	mental representation 99	义素悬置	222
信道	97	义位	sememe/glosseme 13, 20, 81~82,91,92,130~134
信息牢靠度	177		
形容规则	181	义位组合	172
形式层	144	义项	14
形式概念	19,131	义域	16,59~63,131,161
形式语言	23	义值	значимость 16
形象陪义	42	义子	seme 20

（三）主要术语索引

义族	84
异化	204
意味	оттенки значения 37
意谓	114
意向对象	92
意象	image 101,114,117
意义	113,114
意义对应理论	correspondence theory of meaning 113
意义色彩	36
意义指称论	113
意译词	52
因果说	123
音节协调规则	193
音位配列/音位及其配列	phonotactics 172
音响形象	128
音响语	217
音象	128
音意兼借	52
引申	232
隐退	backgrounding 220,222
隐性组合	175
隐义	35
隐喻	230,275
《英语词汇宝库》	64
应用语体	44
硬度	146
用	118
用法	193
用法说	118
有标记	marked 63,199
有灵	одушевленные 178
有灵动词	178
有灵名词	178
有限枚举法/有限（简单）枚举法	12,235
语差词典	дифференциальный словарь 159
语段义位	86
语法化	grammaticalization 111
语法序列	199
语法义素	грамматическая сема/ граммема 21
语法意义	109,110~111
语境	215~227
语境构型	contextual configuration 221
语境关系	contextual relation 220
语境结构	216
语境意义	219~227
语素义	1,14
语体	43
语体变体	stylistic variety 44
语体标签	stylistic label 45
语体陪义	43
语体色彩	stylistic colouring 43
语体同一规则	189
语体同义词	stylistic synonym 45
语体意义	stylistic meaning 43
语形学	217
语言变量	148
语言环境	linguistic context 217
语言世界	93
语言学的语义学	6
语言性	130~134
语言意义	220
语言哲学	148
语义包含	69
语义变体束	82
语义标示	semantic marker 20
语义标示语	23
语义层	144
语义场	3,64~85
语义成分	semantic component 20
语义成素	semantic element 20
语义公设	meaning postulate 71
语义基元	20
语义角色	semantic role 177,178
语义三角	sematic triangle 123
语义特征	semantic feature 19,20,24,139
语义特征群	sets of semantic feature 139
语义特性	semantic property 20
语义学	semantics 1
语义溢出	semantic overflow 58,62,202
语义意义	110
语义原子	semantic atom 20
语义因子	semantic factors 20
语义·语法义素	21
语义值	семантические валентности 16
语音区别特征	24

语用	96,131	中心成员	99
语用意义	55,109	中心类组合	175
语域	register 49,218	中心义	107
语域交叉	registermixing 50	中性义	106
语域陪义	49	主导义位	86
元语言	metalanguage 23,288	主体抽象义	91
原形词	53	主体世界	90
原型分类词	prototypical taxonym 73	主体语境	216
原型论	73,99	主要义	106
圆环序列	80	专名	proper name 113,115
远义	дальнейшее значение 19,129	专业范畴	expert category 98
		转佳	213,258
		转类	234,246

Z

		转移	231,233,242
栅性结构	173	转义	106
早期白话	47	转喻	275
哲学的语义学	6	字面意义	220
真值论	121	自然意义	218
整体词	holonym 74	自由	173
整体论	135,279	自由义位	173
正负序列	199	总分结构	74
正式程度	level of formalities 43	族征	99
知觉世界	103	组合	86,169,172~216
直感内涵	intuitive connotation 37	组合规则	86,176,201
直观定义	ostensive definition 13	组合结构	85
直接投射	201	组合模式	86
直接下义词	immediate hyponym 70	组合体	85
直观义	101	组合系统	143
直义	106	组合义场	65,66,85
直指定义	ostensive definition 113	组合义值	86
指称说	referential theory 112	组合意义	201,218
指称义	18	组合域	86
指示说	denotative theory 112	组合原则	principle of compositionality 176,202
指示意义	18,107	组合值	16,86
指物特征	17	最短的上下文	микроконтекст 29
指物性	предметная отнесённость 132,205	最高义素	66
旨	tenor 221		
中间类组合	175		

第一版后记

1988年开始,每年都给中文系高年级学生、助教进修班、研究生讲"词汇语义学"。1989~1990年又到苏联车尔尼雪夫斯基师范学院以词汇语义学为中心主讲词汇学。1990年6月接到了苏联语言研究所所长宋采夫院士的邀请,他和功勋科学家郭列洛夫教授、谢米纳斯博士、谭傲霜博士都为我提供了种种方便,使我能够在语言所、东方所、莫斯科大学亚非学院和几个图书馆、书店做报告、座谈、访学、购书、复印、借阅,获得了词汇学、语义学、语言学等丰富资料。这些资料又一次地证实了欧美人的惊叹:俄国人在词汇学天地发现了那么多新东西!我们试图站在俄国人的肩上,吸收欧美人营养,从学术思想史的高度俯瞰描写词汇语义学的中心——义位的多侧面和多层面。希望对该学科的研究、教学以及词典编纂、计算机语言设计有点用处。

学如海,海如庄子所言:"千里之远,不足以举其大;千仞之高,不足以极其深。"我们这一习作是沧海一粟,颇有未尽读天下书的缺憾。学海无涯,我生有涯。不得不在年过花甲之时将这一习作献给同行们,献给哺育和影响我一生的师长:我的母亲、祖父、叔父(张祥琳)、匡亚明校长、吕叔湘先生、孙常叙老师。

感谢山东省社科规划办和省教委的多次资助。

感谢外语界的泰斗王老宗炎先生,以八十五岁高龄指点、教正、评论本稿的序曲《词和词典》,以正航向。

感谢语言学界一代宗匠博士后导师张斌教授百忙中分神赐序题签。

感谢商务印书馆张万起先生的推荐,周洪波先生的鼎助,胡中文先生的编审之功。

张庆云是我的同窗同道,学舟舵桨。于文革尾声,我们蛰居海滨一隅。四十年同舟共济。这习作是我们驶向远洋留下的又一自用航标。

张 志 毅
2000年2月24日
卜居地烟台芝罘

第二版后记

拙稿被国务院学位评审委员和教育部评定并推荐为研究生教学用书。趁修订机会,订补若干处,其中多采用了伍铁平先生的宝贵意见。伍先生审读全书,教正多处,对俄、英、法、德文的讹误衍脱都一一指正。铭谢五内。修订特记。

张志毅

2004 年 7 月 4 日

第三版后记

《词汇语义学》第一版,2001年由商务印书馆出版。不久,被教育部推荐为研究生教学用书,2005年出了第二版。十年来,尤其是后五六年,"211"特别是"985"许多高校的汉语和外语专业博士生、研究生及其导师给予了厚爱。有的作为教材,有的作为重要参考书。有的说"这本书将要影响几代学者",许多学友、学长建议修订再版。趁此机会,根据校内外的意见,再修订一次。

这次修订,改动和补入的,共850多处。除了修改字词句之外,主要订补有六类:

(一)前沿信息。如:①2011年出版的俄罗斯权威语言学家阿普列祥新著的中译本《语言整合性描写与体系性词典学》,②义位组合系列规则中,4.1.4.3节增补了"体点序列",这是认知语言学的新成果。

(二)学术思想溯源。如:①元语言,2.2.6.1节追踪到"至少到20世纪40年代初,希尔伯特、塔尔斯基、卡尔纳普就区分出对象语言和元语言"。②意味,2.2.9.1节追溯说"格罗特(1895)、多比阿什(1897)、乌沙阔夫(1935)、维诺格拉多夫(1938)都阐述过意味"。阿赫曼诺娃《语言学词典》(1966)说"意味"有三种意义:义位的陪义,准义位,义位变体。

(三)充实理论内容。如:①义位结构式,2.2.6.5节增加"义素序列"。②在陪义中增加了2.2.9.10节"文化陪义"。③引申义,增补共有13个小类的例释。④直接投射/临摹原则,4.1.5节补充了200多字的阐述。

(四)极少数论题,其下原来省去了论点,这次补充上了。如:①2.3.1莱昂斯提出"场的历时分析的五种情况"之下补充了五种情况内容。②对同级类义多元结构的认识,2.3.3.4(二)(1)第二段原文只有一句论题,修改后把论题细化为一系列认知论点,共300多字。

(五)解释难点。如4.2.7节(三)"反常性"一段下,"可取消性、不可分离性、可推导性"都举例解释了。

（六）更换、补充了一些例子。

以上修改，是否合适，再请学友和学长批评指正。

张志毅

2011 年 8 月 18 日